Réviser le marxisme ?

5-7, rue de l'École-Polytechnique, 75005 Paris
http://www.librairieharmattan.com
harmattan1@wanadoo.fr
diffusion.harmattan@wanadoo.fr

ISBN : 978-2-296-04729-7
EAN : 9782296047297

Emmanuel Jousse

Réviser le marxisme ?

d'Édouard Bernstein à Albert Thomas, 1896-1914

Des poings et des roses

Dans la même collection

Albert Gazier (1908-1997). Autour d'une vie de militant

Bruno Demonsais,

Gavroche. Un hebdomadaire culturel socialiste de la Résistance à la Guerre froide

Christelle Flandre,

Socialisme ou social-démocratie ? Regards croisés français allemands, 1971-1981

Robert Chapuis,

Si Rocard avait su... Témoignage sur la deuxième gauche

Jacques Moreau,

L'Espérance réformiste.
Histoire des courants et des idées réformistes dans le socialisme français

Des poings et des roses
collection dirigée par Pierre Mauroy et Alain Bergounioux

conception graphique|réalisation **béatriceVillemant**

illustration de couverture : **Karl Marx (1818-1883)**. Portrait de 1875 par Mayall's Photographic Studio, photographie format carte de visite. (Coll. Musée de l'histoire vivante).

Préface

Marc Lazar
Professeur d'histoire et de sociologie politique à Sciences po et professeur invité à la Luiss de Rome (Libera Università Internazionale degli Studi Sociali)

La thèse est connue et très largement répandue. Divers auteurs l'ont défendue avec des arguments différents. Le socialisme français contemporain serait caractérisé par sa dissociation presque structurelle avec le réformisme. Un exemple parmi tant d'autres en serait administré avec éclat par son attitude lors de la fameuse querelle révisionniste au sein du parti phare du socialisme européen, le SPD, au tournant du XIXe et du XXe siècle. Les propositions d'Édouard Bernstein (1850-1933) consistant à réviser le marxisme, dont il fut longtemps l'un des défenseurs les plus orthodoxes, furent condamnées par le parti, notamment après l'intervention décisive de Karl Kautsky. Ce grand débat doctrinal, qui revêt des aspects quasi religieux, ne concerna pas que les Allemands. Du fait de la puissance du SPD, il fut suivi par la plupart des socialistes des autres pays. Sauf, explique-t-on généralement, par les Français qui, à quelques exceptions près, manifestèrent leur indifférence. Ce qui attesterait, d'une part, la déficience théorique du socialisme français et sa faible imprégnation par le marxisme, d'autre part, son insensibilité à tout argumentaire réformiste, voire son incapacité chronique à élaborer une réflexion d'envergure sur le réformisme.

C'est cette thèse que le travail d'Emmanuel Jousse discute. Car ce jeune historien, auteur de ce remarquable mémoire de master recherche de seconde année à Sciences-po, distingué par le jury du prix Jean-Jaurès 2007, discute ; c'est-à-dire qu'il critique les travaux antérieurs, nuance les idées en vigueur, argumente en profondeur et expose ses analyses. Il refuse de se lancer dans ce jeu si courant désormais, pratiqué par de jeunes chercheurs désireux de vite se faire connaître ou des moins jeunes décidés à imposer leurs problématiques par un coup de force symbolique, qui consiste à disqualifier les interprétations existantes pour donner plus de relief à leur propre point de vue. La force de ce travail universitaire, réalisé en à peine quelques mois, devenu maintenant un premier livre, provient de son ambition intellectuelle, de la méthode utilisée et de l'ampleur comme de la finesse de l'enquête entreprise par son auteur.

L'ambition d'Emmanuel Jousse vise, dans un premier temps, à rappeler, après d'autres spécialistes comme il le signale lui-même, que le marxisme en France n'est pas si inconsistant qu'on a bien voulu le dire, et, dans un second temps, que le débat révisionniste a été suivi, voire importé par des socialistes : en ce sens, des balbutiements de réformisme auraient bien existé au sein du socialisme français. Sa méthode, et c'est sans doute là que réside la plus grande originalité de l'auteur, est inspirée de l'étude des transferts culturels dorénavant très pratiquée. Elle autorise la gestation d'une histoire culturelle du et de la politique qui renouvelle l'histoire des idées, d'autant qu'elle est frappée du sceau de la rigueur. Ce qui suppose en effet, autre qualité évidente de ce livre, une enquête empirique de premier ordre exposée ici en trois parties. La reconstitution détaillée, en premier lieu, du contenu, du développement et de l'issue de la querelle révisionniste allemande avec, en particulier, une étude attentive du parcours d'Édouard Bernstein, des influences qu'il a subies et des formulations de sa théorie. Ayant bien identifié la situation de départ, l'auteur cherche, dans un deuxième temps, à suivre le passage de ce débat chez les socialistes français. Il expose la situation de ces derniers et décrit la manière dont ils prennent connaissance des propositions de Bernstein : en germaniste, l'auteur examine en détail les traductions de ses textes et met en lumière de sérieuses distorsions. Il montre que le net rejet du révisionnisme est imputable, entre autres, aux circonstances de son importation : le débat Bernstein-Kautsky interfère avec les préoccupations et les débats strictement français des socialistes, en particulier sur les questions de la participation ou non de socialistes à des gouvernements d'alliance (illustrées par le cas d'Alexandre Millerand) et de l'unité des socialistes avec l'affrontement Guesde-Jaurès. Enfin, dernier temps, Jousse examine avec minutie le comportement des réseaux des « socialistes normaliens » face à Bernstein, à travers leurs écrits, leurs revues, voire leurs correspondances. Voilà un groupement de personnalités qui devraient se montrer plus sensibles aux argumentaires venus d'outre-Rhin que les dirigeants du parti et que la masse des adhérents naturellement peu impliqués dans ces débats. Emmanuel Jousse identifie en fait une fracture générationnelle : les plus anciens, à l'instar de Charles Andler, sont hostiles, les plus jeunes, à l'exemple d'Albert Thomas, tissent des contacts étroits avec l'Allemand (mais aussi avec les socialistes de la chaire), vont diffuser ses idées et tenter d'inventer un réformisme à la française adapté au contexte économique et aux réalités politiques d'un pays démocratique et républicain sur lequel pèse l'héritage de la grande révolution. Jousse consacre des pages importantes à la figure de Thomas, un homme que la jeune recherche historique est en train de redécouvrir en dépouillant des archives très abondantes. Albert Thomas, qui ne se contente pas de puiser son inspiration en Allemagne, apparaît ainsi comme l'artisan d'un réformisme qui se déploiera avant 1914, et sera pratiqué au pouvoir dans le contexte très particulier du premier conflit mondial. Ce réformisme sera balayé par la grande entreprise de régénération du socialisme qui cristallisera dans le communisme si bien étudié par Romain Ducoulombier, l'un des précédents lauréats du prix Jean-Jaurès, qui met un terme cette année à sa thèse de doctorat*.

Les conclusions d'Emmanuel Jousse sont donc claires. Le révisionnisme de Bernstein a pénétré en France selon des modalités spécifiques : notre socialisme français n'a pas été immunisé. Dans le même temps, il a bien mis en lumière, d'un côté, les raisons de l'échec de la greffe révisionniste dans le parti, de l'autre, l'attrait qu'il a exercé sur une sensibilité réformiste, celle que représente Albert Thomas, et qui connaîtra une gloire éphémère. Jousse a ainsi affiné notre connaissance du développement du socialisme français du XXe siècle. Tel est le mérite essentiel d'un livre qui ne manquera pas de susciter des discussions chez les spécialistes de la période et d'intéresser ceux qui, interpellés par le présent et le devenir du Parti socialiste, cherchent à connaître son histoire aussi longue que tourmentée.

Emmanuel Jousse prépare actuellement un doctorat d'histoire à l'Institut d'études politiques de Paris sur les socialistes réformistes en Europe au début du XXe siècle, sous la direction de Marc Lazar.

*. Romain Ducoulombier, *Le Premier Communisme français (1917-1925) : un homme nouveau pour régénérer le socialisme*, Paris, Notes de la Fondation Jean-Jaurès, n° 42, 209 p.

Remerciements

Mes remerciements vont à M. Marc Lazar, qui a accepté de diriger ce travail. Son soutien continu et ses nombreux conseils ont considérablement nourri ma réflexion pendant un an. Qu'il trouve ici toute ma reconnaissance pour la confiance qu'il m'a accordée dès les premiers balbutiements de cette étude.

La réalisation de ce mémoire, dans le cadre du master de recherche « Histoire et Théorie du politique » de l'IEP de Paris, doit beaucoup à l'ensemble de son équipe enseignante. Les séminaires de M. Jean-François Sirinelli sur les intellectuels, leurs réseaux et leurs engagements, au cours des deux années de formation, ont été très féconds. Mme Claire Andrieu et M. Marc Sadoun, par les remarques et encouragements qu'ils m'ont adressés lors de la soutenance, m'ont permis d'envisager certains éléments sous un jour nouveau. Enfin, l'aide précieuse fournie par Mme Odile Gautier-Voituriez, lors de son séminaire sur les sources de l'histoire contemporaine, a été une véritable boussole dans le dédale des archives des socialistes français.

Tous mes remerciements vont également à la Fondation Jean-Jaurès, qui me donne la chance, avec ce prix, de faire aboutir le projet par sa publication, et de lui donner un sens en le soumettant à la critique. Emmanuelle Jouineau et Thierry Mérel, par leur compréhension et leur compétence, ont facilité la tâche de relecture et de correction malgré les impératifs de l'agrégation. Les remarques constructives de M. Frédéric Cépède auront contribué à clarifier de nombreux points.

Enfin, les discussions entamées avec d'autres historiens du socialisme m'ont amené à aller plus loin encore dans la réflexion. M. Gilles Candar, qui a relu mon manuscrit avec attention, m'a fait bénéficier de sa grande érudition et de ses remarques stimulantes sur le socialisme français d'avant 1914. Les échanges avec Romain Ducoulombier et Ismail Ferhat ont également permis d'ouvrir de nombreuses perspectives. Je tiens enfin à remercier M. Michel Prat, bibliothécaire du Musée social, et Mme Hélène Strub, archiviste à l'Institut français d'histoire sociale. Leurs conseils m'ont permis de gagner un temps précieux dans l'exploitation des sources.

Introduction

Mars 1899. Un coup de tonnerre ébranle la social-démocratie allemande. Édouard Bernstein, l'apostat qui se rétracte depuis plusieurs mois déjà, expose publiquement ses thèses contre le marxisme, dans un brûlot intitulé *Die Voraussetzungen des Sozialismus und die Aufgabe der Sozialdemokratie*[1]. Il renonce à la proximité d'une révolution qui fera s'écrouler la société capitaliste, et accuse la social-démocratie allemande d'entretenir les faux espoirs de la classe ouvrière. Branle-bas de combat chez les défenseurs orthodoxes de la doctrine, Karl Kautsky en tête, qui fourbissent leurs armes pour éteindre au plus vite le foyer de l'hérésie. Pendant presque quatre ans, partisans de l'un et l'autre camps ferraillent dans les congrès et dans la presse, s'affrontant pour la théorie de la valeur, la lutte de classe ou le matérialisme historique. À grand renfort de publications et de manifestes, d'appels aux congrès et de recours au jugement des militants se déploie ce qui reste comme la plus fameuse querelle doctrinale ayant secoué le modèle de la IIe Internationale avant la Grande Guerre.

Novembre 1903. Bernstein fait son voyage de Canossa à Dresde. Le révisionnisme qui se délite et se divise en chapelles est condamné par le concile du SPD, mettant fin à une controverse qui n'a que trop duré. L'affaire est close.

1. « Les Présupposés du socialisme et les Devoirs de la social-démocratie ». Le livre a été traduit en français en 1900, sous le titre *Socialisme théorique et Social-démocratie pratique*. Pour les problèmes que pose cette traduction, voir *infra* p. 143.

Naturellement, la querelle révisionniste ne peut être mise sur le même plan que les logomachies conciliaires de l'Église. Mais les protagonistes eux-mêmes en revendiquent l'aspect religieux. Ils l'utilisent, plutôt, qui pour stigmatiser le dogmatisme de ses contempteurs, qui pour disqualifier une opinion contraire. Bernstein dit s'opposer à une « véritable Église orthodoxe[2] », et Kautsky fait de son adversaire un apostat, « un socialiste éminent, un des marxistes "les plus orthodoxes" » qui « écrit un livre dans lequel il brûle solennellement ce qu'il a adoré jusqu'ici et adore ce qu'il a brûlé[3] ». Querelle de mots, querelle de concepts, sans aucun doute. Mais une querelle violente, qui brise des amitiés de jeunesse et de combat, qui fait parfois dériver le débat d'idées vers le règlement de compte, qui jette le trouble dans l'esprit de militants ne sachant plus à quel saint se vouer.

Qu'en disent les socialistes français ? Après tout, les partis européens sont organisés dans une Internationale depuis 1889, ils adoptent, avec plus ou moins de réticences, le canon marxiste comme base de leur action, ce même marxisme dont les fondements semblent menacés par Bernstein. Par conséquent, le choc qui frappe un parti doit, en toute logique, faire vaciller les autres. Et le révisionnisme n'est que l'expression d'un phénomène qui franchit les frontières allemandes : d'autres courants, marginaux, certes, mais actifs, relisent Marx d'un œil critique, à commencer par la Fabian Society en Grande-Bretagne. Or, les Français se taisent. La presse informe bien ses lecteurs que, dans les brumes de l'Est, un ancien marxiste critique la doctrine de son parti. Mais, le constat établi, la discussion ne s'instaure pas. La conclusion qui en découle est simple : le révisionnisme n'a jamais pénétré en France, ou seulement lors d'un débat superficiel, très court et, surtout, marginal[4].

Conclusion rapide, puisque trois faits au moins la contredisent. Premier constat : il existe en France des socialistes qui connaissent bien l'œuvre de Marx et qui la critiquent. Sans parler pour autant de révisionnisme, l'identité de posture peut donner lieu à des rapprochements, rendant les thèses de Bernstein plus familières. Georges Sorel, Lucien Herr, Charles Andler en sont des exemples déjà bien étudiés[5], et, même

2. Édouard Bernstein, *Socialisme théorique et Social-démocratie pratique*, préface pour l'édition française, Paris, Stock, 1900, p. XIII.

3. Karl Kautsky, *Le Marxisme et son critique Bernstein*, Paris, Stock, 1900, p. 1.

4. C'est la conclusion défendue par Marie-Louise Goergen, « Les Relations entre socialistes allemands et français à l'époque de la Deuxième Internationale, 1889-1914 », thèse de doctorat dirigée par Madeleine Rebérioux, soutenue en juin 1998 à l'université de Paris VIII, p. 529-563. Il s'agit du seul ouvrage qui aborde la question. Elle écrit notamment : « Dans ces circonstances, le débat ne peut que les toucher tardivement et la critique reste superficielle ; seuls quelques "élus" seront réellement à même d'apprécier la démarche bernsteinienne » (p. 529).

5. Pour Georges Sorel : Pierre Andreu, *Georges Sorel, entre le noir et le rouge*, Paris, Syros, 1982 ; Shlomo Sand, *L'Illusion du politique*, Paris, La Découverte, 1985 ; Shlomo Sand et Jacques Julliard (dir.), *Georges Sorel en*

s'ils sont isolés dans le socialisme français, leur présence ne peut rendre marginal le problème d'un transfert du révisionnisme en France. Deuxième constat : lorsqu'en 1904 le problème de l'unité des socialistes français est posé devant le congrès de l'Internationale, Jules Guesde, chef du groupe marxiste et adversaire de Jean Jaurès, utilise la motion adoptée par le congrès de Dresde qui enterrait le révisionnisme. Il s'agit d'une utilisation tactique, puisque Guesde veut ainsi condamner la stratégie jaurésienne consistant à accepter, sous certaines conditions, le soutien des socialistes au gouvernement. Mais cet usage, même politique, a au moins le mérite de montrer que le problème de la participation au pouvoir est de même nature que le révisionnisme de Bernstein pour certains socialistes français. Et une telle utilisation de la querelle allemande n'a rien de marginal, si l'on considère que l'unité de la SFIO en 1905 s'est élaborée sur les décisions du congrès d'Amsterdam. Troisième constat : des rumeurs circulent parmi les socialistes français, trouvant leur expression dans certains témoignages. On raconte qu'Albert Thomas aurait été révisionniste[6]. Qui est Albert Thomas ? Il est considéré, à la veille de 1914, comme l'un des chefs de l'aile réformiste de la SFIO, champion du syndicalisme modéré, parfois même comme l'un des successeurs de Jean Jaurès. Il devient, en mai 1915, sous-secrétaire d'État de l'Artillerie et des Munitions, portefeuille central dans cette période de guerre mondiale. Cette rumeur doit être vérifiée, mais elle circule. Et elle montre, à nouveau, que l'entrée du révisionnisme en France ne peut pas être considérée comme un problème marginal. Ces trois constats conduisent à remettre l'objet sur l'établi, et à poser quatre questions : par quels intermédiaires les thèses de Bernstein passent-elles en France ? Ses idées subissent-elles des déformations et dans quelle mesure ? Parvient-il à s'intégrer dans le discours politique des socialistes ? Quelles en sont les conséquences pour la SFIO, alors naissante ?

son temps, Paris, Seuil, 1985 ; pour Lucien Herr : Daniel Lindenberg et Pierre-André Mayer, *Lucien Herr, le socialisme et son destin*, Paris, Calmann-Lévy, 1977 ; pour Charles Andler : Christophe Prochasson, « Sur la réception du marxisme en France : le cas Andler (1890-1920) », *Revue de synthèse*, IVe série, n° 1, janvier-mars 1989, p. 85-120 ; *id.*, « L'"affaire" Andler/Jaurès, une analyse de la controverse », *Jean Jaurès Cahiers trimestriels* n° 145, juillet-septembre 1997, p. 45-62 ; analyses croisées de ces trois intellectuels : Daniel Lindenberg, *Le Marxisme introuvable*, Paris, Calmann-Lévy, 1975 ; *id.*, « Herr, Andler, Sorel, trois intellectuels décomposent le marxisme », *Georges Sorel, Cahiers de l'Herne*, Paris, Éditions de l'Herne, 1986.

6. Cette rumeur est véhiculée par Hubert Bourgin, *De Jaurès à Léon Blum, l'École normale et la politique*, Paris, Fayard, 1938, p. 437-438, dont le témoignage est contestable compte tenu de sa partialité. Mais elle trouve aussi un écho dans Ernest Tonnelat, *Charles Andler. Sa vie et son œuvre*, Strasbourg, Publications de la Faculté des lettres de Strasbourg, 1937, p. 42. Elle est également reprise dans des ouvrages de seconde main : B. W. Schaper, *Albert Thomas, trente ans de réformisme social*, Paris, Puf, p. 36.

Le révisionnisme semble pourtant relever de l'érudition, la querelle restant largement inconnue en France. Elle est isolée dans les éthers de ces discussions sibyllines sur le matérialisme historique, la théorie de la valeur, la concentration capitaliste... Question de spécialistes? Rien n'est moins sûr. Il faut approfondir les voies déjà exposées pour mettre en valeur les enjeux d'un travail sur l'impact du révisionnisme en France.

Alain Bergounioux et Gérard Grunberg mettent en avant l'idée d'un « modèle génétique » du socialisme français[7], construit entre le congrès d'unification en 1905 et le triomphe de la synthèse jaurésienne au congrès de Toulouse en 1908. Il aurait été marqué par la difficulté de définir la relation entre socialisme et République, de concilier l'espoir eschatologique de la révolution et la prise en compte nécessaire d'un régime démocratique, au moins dans ses formes. Le simple fait que la motion de Dresde ait été utilisée pour trancher cette question (Guesde choisit l'extériorité du socialisme à la République, l'opposition frontale à la démocratie bourgeoise) indique que la référence bernsteinienne, même instrumentalisée, a contribué à clarifier certains termes du débat. Le premier enjeu se formule ainsi clairement : il s'agit de compléter ou de préciser, sur un point limité, ce « modèle génétique », en montrant comment ses composantes s'agrègent progressivement, jusqu'à se concentrer en un temps et des formules situés : les débats au sein de la SFIO pendant ses premiers mois d'existence.

Mais soutenir que l'impact du révisionnisme en France joue un rôle dans la définition progressive du socialisme avant 1914 incite à envisager les prodromes de l'unification et les jeunes années du parti d'un autre point de vue. Au lieu de mettre l'accent sur une spécificité du socialisme français, définie en vase clos et toutes frontières fermées, l'examen de la place tenue par les interprétations françaises du révisionnisme bernsteinien invite à réfléchir sur l'interdépendance des partis de l'Internationale. Au fond, même si chaque socialisme est marqué par les spécificités du contexte qui le voit naître et se développer, les idées circulent, les hommes discutent. Il y a une part dans la doctrine ou les programmes qui n'est pas strictement réductible à l'atavisme national. Étudier l'impact du révisionnisme en France, c'est donc aussi mettre en lumière ces idées partagées, ces débats communs, qui font du socialisme européen davantage qu'une juxtaposition de partis nationaux.

Le socialisme français ne serait donc pas cet atoll isolé, à des lieues du continent de la social-démocratie allemande ou de la grande île du travaillisme britannique. Il ne serait pas non plus rivé à son modèle d'origine, ne pouvant se détacher de son moment fondateur. La spécificité du

7. Alain Bergounioux et Gérard Grunberg, *L'Ambition et le Remords*, Paris, Fayard, 2005, p. 9.

socialisme français, lorsqu'elle est étudiée, est en effet déduite d'une comparaison avec le SPD[8] : ses effectifs sont incomparablement plus réduits, il n'encadre pas le prolétariat dans une contre-société, il n'agit pas de concert avec les syndicats. S'ajoutant à la relation problématique à la République, ces faiblesses auraient considérablement pesé dans le choix par le socialisme français d'une certaine rigidité doctrinale, empêchant l'éclosion d'un réformisme comme en Allemagne. L'étude de l'impact du révisionnisme en France permettrait d'évaluer cette spécificité nationale. Si les Français interprètent des thèses qui ont servi à structurer le réformisme en Allemagne, il faudra reprendre l'hypothèse. Le fait que Bernstein soit reçu par certains militants français prouverait qu'un socialisme réformiste est possible en France avant 1914.

L'étude peut donc être intégrée dans trois problématiques plus larges : celle de la constitution, à l'aube du siècle, d'une identité propre au socialisme français, celle des relations constantes entre les socialistes européens, et des conséquences qui en résultent pour les partis, et celle, enfin, de la définition d'un réformisme français.

Un tel travail suppose un changement de regard sur l'objet. Au fond, les travaux principaux traitant de la question fournissent une analyse statique de l'impact du révisionnisme en France. Il s'agit d'abord d'en donner une définition, puis de montrer qui en parle en France, et par quels canaux (notamment les revues). Et, comme Bernstein ne trouve pas d'équivalent français, c'est un constat d'échec qui est établi à l'arrivée. Et pour cause. Le révisionnisme, au-delà d'une conception alternative au marxisme orthodoxe, est aussi une arme de combat, utilisée dans une querelle en fonction d'intérêts politiques strictement limités au SPD. La tentative de Bernstein a beau se diriger contre une théorie commune à l'Internationale, le simple fait qu'elle donne lieu à une controverse et soit condamnée dans une querelle suffit à en faire un débat tenu par des Allemands et pour des Allemands. De sorte que le révisionnisme, tel qu'il est formulé outre-Rhin, ne peut être transposé tel quel en France. Soutenir qu'il ne franchit pas la frontière se réduit donc à une tautologie : la France est différente de l'Allemagne. Au fond, une telle analyse pose deux problèmes : d'abord, elle suppose qu'il soit possible qu'un concept ou une théorie politique puissent franchir le Rhin sans subir de transformations, ce qui est impensable puisqu'ils passent d'une langue et d'une culture à une autre. Ensuite, elle postule l'existence de trois phases délimitées dans le temps : la querelle, son passage en France, son échec. Mais l'itinéraire est complexe : il peut

8. *Ibid.*, p. 38-46 ; Hugues Portelli, *Le socialisme français tel qu'il est*, Paris, Puf, 1980.

s'élaborer en différentes phases qui se superposent en palimpseste, son aboutissement varie en fonction du canal qu'il emprunte et du champ où il s'installe. Ces deux défauts amènent donc à reconsidérer, non la pertinence de l'objet d'étude, mais la méthode avec laquelle il faut le traiter.

Une grille d'analyse peut être fournie par les transferts culturels, dont la problématique est formulée en particulier par Michel Espagne et Michael Werner[9]. Cette méthode apporte des réponses aux problèmes posés : il s'agit, en effet, de rechercher les transformations, les inflexions d'un objet d'étude passant d'une sphère culturelle à l'autre ; elle intègre au cœur de l'analyse le problème de la traduction ; elle amène enfin à mettre en valeur la respiration propre du transfert, en lien avec celle de son environnement, mais dont il faut dégager la particularité.

Cela étant, une telle grille doit être adaptée à l'objet d'étude. La méthode des transferts culturels, telle qu'elle est utilisée ici, consiste à mettre en valeur les transformations qu'une pensée subit lorsqu'elle traverse les frontières. Elle s'apparente au jeu enfantin du « téléphone arabe » : un message est formulé en un temps, un espace et un contexte donnés, puis se transmet de bouche à oreille par un nombre déterminé d'intermédiaires qui déforment son contenu. De sorte que le message final diffère plus ou moins de sa forme originelle. Transposée à l'objet « révisionnisme », une telle méthode pose donc trois questions : quel est l'objet d'origine ? Par quelle chaîne d'intermédiaires passe-t-il et comment en déforment-ils le sens ? Quel est le message final ? Une telle étude permettrait d'aborder la question de l'impact du révisionnisme en France sous un jour différent : au lieu d'en rechercher la réplique exacte, elle suivrait l'idée de son point de départ à son point d'aboutissement, qui ne peut être qu'un révisionnisme déformé, transformé, interprété.

La définition de la méthode implique trois orientations de recherche. Toute la signification de la déformation due au transfert culturel réside dans le postulat suivant : l'objet d'origine, le révisionnisme, est marqué par les hommes qui l'entourent, par le contexte dans lequel il baigne. Si le révisionnisme est une réalité politique, s'il se formule et s'élabore en une querelle de parti, s'il est inséparable des usages qui en sont faits, il ne peut être dissocié de ses conditions d'émission. De même, il est impossible de comprendre les raisons profondes des déformations successives sans prendre en considération l'adaptation nécessaire d'idées étrangères à un cadre différent. Il s'agit avant tout d'enraciner les phénomènes décrits dans leur contexte.

9. Michel Espagne, *Les Transferts culturels franco-allemands*, Paris, Puf, 1999 ; Michel Espagne et Michael Werner (dir.), *Qu'est-ce qu'une littérature nationale ?*, Paris, Éditions de la Maison des sciences de l'homme, 1994.

L'étude d'un transfert vise en outre à rendre visible une chaîne d'interprétations, dont les maillons sont les hommes qui s'en font les vecteurs. Qu'ils traduisent les idées de Bernstein, qu'ils en rendent compte ou qu'ils les interprètent, tous doivent être étudiés comme des points de contact, permettant l'entrée du révisionnisme en France. Mais comment les définir concrètement ? Trois principes méthodologiques sont posés. Il faut d'abord établir un contact entre ces hommes et Bernstein. Si ce contact n'est pas avéré, rien ne sera prouvé. Le seul résultat de l'analyse sera de rapprocher des idées semblables, et il est parfaitement possible que deux hommes puissent formuler les mêmes arguments sans qu'ils soient en rapport l'un avec l'autre. Ce contact peut être établi par la correspondance ou les mémoires, lorsque de tels documents sont disponibles. Un autre moyen serait de s'appuyer sur des textes qui prouvent qu'un individu a connaissance de certaines thèses ou de certains mouvements d'idées. Ainsi, une préface, un compte rendu critique permettent, mais par défaut, d'établir une relation au moins intellectuelle. C'est seulement après la définition de ce contact que l'étude de transfert doit s'élaborer, par l'étude des éléments où la déformation se donne à voir, c'est-à-dire par l'analyse des textes (articles, ouvrages). Ce qui est recherché, c'est une déformation, souvent assez peu visible. Les textes doivent donc faire l'objet d'une lecture détaillée et d'une déconstruction méthodique qui réduiront le propos à ses éléments les plus simples, pour distinguer les utilisations du révisionnisme (dans certaines formules, dans une logique argumentaire), puis ses déformations. Le troisième principe pose enfin le problème du degré de la déformation. Il faut établir que celle-ci a lieu, mais également préciser son ampleur. Ce qui implique de disposer d'un point de référence fixe, pour évaluer la distance entre la référence d'origine et ses interprétations françaises. Ici, la référence adoptée sera le texte principal de Bernstein[10].

La définition de ces portes d'entrée doit être complétée par une analyse de la transmission des interprétations qui en sont issues. Les réseaux que forment ces hommes doivent donc être étudiés, ces « groupes à vocation prosélyte[11] » qui, structurés de différentes manières (revues, maisons d'édition, organisations politiques...), diffusent les idées qu'ils ont interprétées. Il sera possible de repérer des chaînes d'interprétation constituées, qui agissent comme autant de fils rouges, d'en définir la chronologie particulière. Logiquement, ces chaînes d'interprétation

10. Édouard Bernstein, *Die Voraussetzungen des Sozalismus und die Aufgaben der Sozialdemokratie*, Stuttgart, Dietz, 1899.
11. Christophe Prochasson, *Les Intellectuels, le Socialisme et la Guerre, 1900-1938*, Paris, Seuil, 1993.

doivent aboutir à un point d'arrivée, où le révisionnisme interprété est intégré dans des schémas de pensée plus larges.

À quel moment peut-on considérer que le transfert a réussi ? L'objet lui-même fournit la réponse. Après tout, le révisionnisme est un ensemble d'idées politiques dont la formulation s'élabore dans un parti, et qui a pour objectif d'en transformer l'action. Son transfert en France réussit s'il est intégré par un socialiste français dans sa propre stratégie ou sa propre théorie politique. Au moment où ce révisionnisme transformé entre au contact de l'arène de la SFIO, il sera légitime de considérer que le transfert a bien abouti.

Les axes de recherche découlent logiquement de cette méthode, et peuvent être résumés par la formule de Marc Bloch : « Une contagion suppose deux choses : des générations de microbes et, l'instant où le mal prend, un "terrain"[12]. » Comment définir la « génération de microbes », c'est-à-dire le révisionnisme ? La question est d'autant plus difficile à étudier que la nature du mouvement initié par Bernstein glisse entre les doigts. Il est impossible de séparer ses idées de la polémique qu'elles provoquent, impossible, également, de la dissocier des usages qui en sont faits. Étudier un transfert nécessite de déterminer, au préalable, la référence d'origine, et il faudra donc séparer nettement le révisionnisme de ses utilisations postérieures.

Quel est le « terrain » favorable au transfert ? Une première méthode consisterait à isoler les circonstances qui ont permis l'éclosion du révisionnisme en Allemagne, puis de chercher une configuration semblable en France, conduisant ainsi à privilégier l'étude des partis socialistes et de leurs réseaux. À partir de ces éléments, des chaînes d'interprétation pourraient être dégagées, avec leur chronologie propre. Le problème de ce terreau est qu'il obéit à des mouvements qui ne semblent pas permettre le développement du transfert. Ainsi, la logique de l'unité, qui suppose une cohésion doctrinale minimale, rendrait impossible toute contestation théorique de fond comme celle de Bernstein. De sorte que le révisionnisme, refoulé à la frontière, ne pourrait pénétrer en France après 1904-1905.

Mais cette conclusion n'est pas satisfaisante, car les réseaux liés aux organisations socialistes qui sont les plus susceptibles de faire entrer le révisionnisme en France (revues théoriques, cercles de réflexion) sont généralement composés d'intellectuels. Et il est illusoire de réduire leurs interventions à ces seuls groupements. Globalement, ils se rattachent à un autre réseau, de sensibilité socialiste mais indépendant des partis : le socialisme normalien. Il se constitue dans le sillage de l'affaire Dreyfus

12. Marc Bloch, *Apologie pour l'histoire ou métier d'historien*, Paris, Armand Colin, 1997, p. 57.

autour de personnalités marquantes comme Lucien Herr et Charles Andler, et de structures spécifiques (revues, maisons d'édition...). Il est constitué d'intellectuels, c'est-à-dire des « homme[s] du culturel, créateur[s] ou médiateur[s], mis en situation d'homme[s] du politique, producteur[s] ou consommateur[s] d'idéologie[13] ». Comme Bernstein, ces hommes sont prudents ou hostiles face au marxisme. Leur formation, fondée sur la critique et la rigueur scientifique, les amène généralement à prendre leurs distances vis-à-vis de la doctrine. Comme Bernstein, ils sont favorables à un socialisme réformiste et progressif. Les ressemblances sont frappantes, et l'on peut logiquement poser l'hypothèse d'un transfert du révisionnisme par ce groupe, qui constitue un deuxième terreau pertinent.

Le cadre chronologique découle de ce qui précède : la querelle révisionniste doit être étudiée dans toute sa durée, entre 1896 et 1903 en Allemagne ; le transfert parmi les socialistes français doit être analysé entre 1898 et 1905, et celui parmi les socialistes normaliens, dont il faut déterminer la postérité, entre 1898 et 1914. Le début de la Première Guerre mondiale est une date butoir pour cette étude. Le conflit entre la France et l'Allemagne bouleverse entièrement les données du problème : il est difficile d'analyser de la même manière les relations, même intellectuelles, entre la France et l'Allemagne en temps de paix et en temps de guerre. Celle-ci distend également les réseaux, change la signification des engagements. Elle appartient donc à une autre période.

La première partie définit la référence du transfert, en caractérisant le révisionnisme, en décrivant les circonstances de sa formulation et les interprétations qui en sont faites en Allemagne entre 1896 et 1903. De cette manière, il sera possible de dégager une première phase d'interprétation, qui a lieu au beau milieu de la querelle, et de mesurer sa distance par rapport au texte de Bernstein.

À partir de cette définition, la deuxième partie donne une étude du premier terreau envisageable, le socialisme français, et de la manière dont un premier transfert s'organise. Il donne lieu à certaines déformations, ce qui permet d'expliquer également pourquoi la frontière se ferme en 1904-1905.

Les limites du terreau primitivement adopté conduisent à changer la focale dans une troisième partie, et de comprendre les logiques du transfert au sein du réseau des socialistes normaliens. Il faut le définir en décrivant ses structures, et étudier la manière dont le révisionnisme est discuté dans ses revues, cadres d'une troisième phase de transformation.

13. Pascal Ory et Jean-François Sirinelli, *Les Intellectuels en France, de l'affaire Dreyfus à nos jours*, Paris, Perrin, 2004, p. 15.

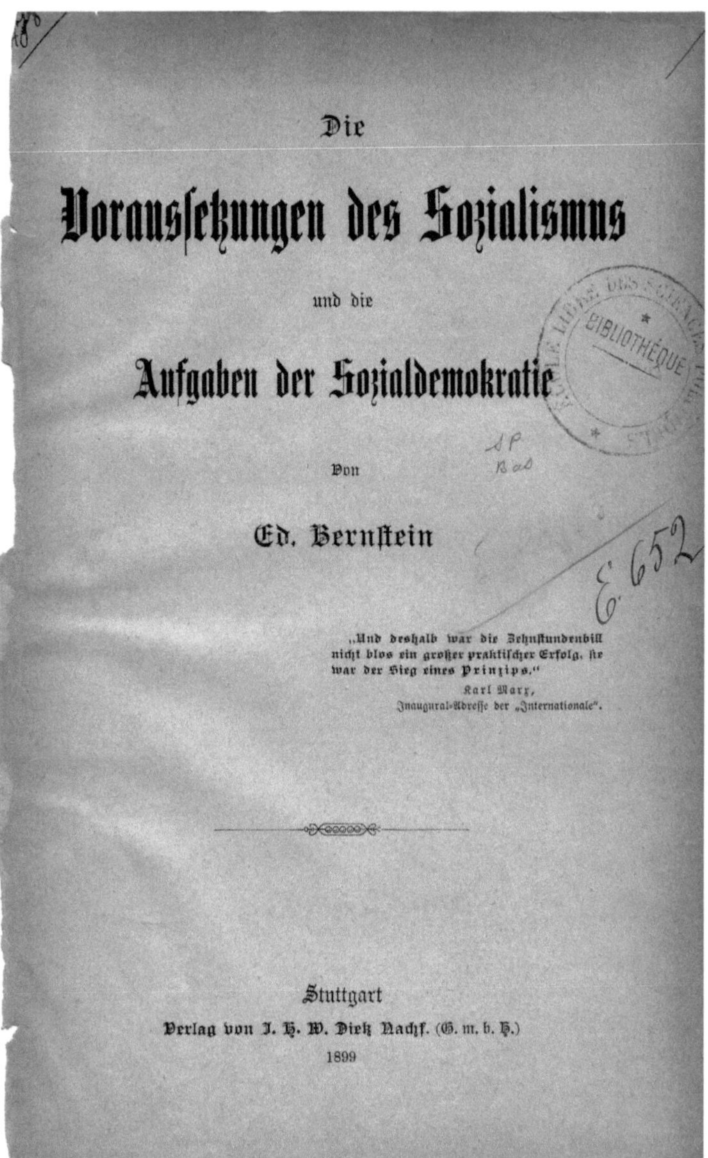

Die

Voraussetzungen des Sozialismus

und die

Aufgaben der Sozialdemokratie

Von

Ed. Bernstein

„Und deshalb war die Zehnstundenbill nicht blos ein großer praktischer Erfolg, sie war der Sieg eines Prinzips."

Karl Marx,
Inaugural-Adresse der „Internationale".

Stuttgart
Verlag von J. H. W. Dietz Nachf. (G. m. b. H.)
1899

Le livre publié par Bernstein en mars 1899, *Die Voraussetzungen des Sozialismus und die Aufgaben der Sozialdemokratie* (« Les présupposés du socialisme et les devoirs de la social-démocratie »), rassemble des idées formulées depuis trois ans. Cet ouvrage constitue l'une des références majeures du révisionnisme naissant. (Coll. Bibliothèque de l'Institut d'études politiques de Paris.)

Édouard Bernstein à Londres, 1899. En exil en Angleterre, c'est l'époque où il publie *Die Voranssetzungen des Sozialismus (« Les Présupposés du socialisme »)*, et où il formule les premiers arguments révisionnistes. Grâce à l'adresse de son vieux compagnon d'armes Ignaz Auer, il est autorisé à rentrer en Allemagne en 1901, et à défendre lui-même ses idées devant son parti. (DR, coll. Fondation Friedrich-Ebert.)

Édouard Bernstein, 1903. Les arguments de Bernstein aux congrès de Lübeck (1901) puis de Dresde (1903) ne suffisent pas à convaincre le SPD : piètre orateur, il parle avec « une voix cassée » et « des phrases tranchantes », selon Lily Braun qui soutient Bernstein à l'époque. En somme, « un homme [...] habitué à l'exiguïté du cabinet de travail, et non aux rassemblements de masse ». (Coll. Fondation Friedrich-Ebert, Archiv der sozialen Demokratie.)

Karl Kautsky (1854-1938) en 1904, lors de la condamnation du révisionnisme. Il avait rencontré Bernstein à Zurich en 1878-1880, et ils avaient approfondi ensemble leur connaissance du marxisme. Leur amitié et leur collaboration, qui triomphe lors de la rédaction conjointe du programme du SPD à Erfurt en 1891, sont mises à mal lors de la querelle. Les deux hommes rompent alors tout contact. (Coll. Fondation Friedrich-Ebert, AdsD.)

Bernstein et Kautsky, vers 1930. Les deux hommes se retrouvent après 1918. Il aura fallu la Grande Guerre, la révolution d'Octobre et le soutien accordé par le SPD à la république de Weimar pour que les attaques personnelles et les anathèmes réciproques de la querelle soient oubliés. (Coll. Fondation Friedrich-Ebert, AdsD.)

Wilhelm Liebknecht (1826-1900) vers 1890. Il est l'un des dirigeants historiques du SPD, à la tête du *Vorwärts*, le plus important journal social-démocrate de l'époque. Il meurt en 1900, alors que l'attitude de la direction du parti envers le révisionnisme passe d'une neutralité inquiète à une franche hostilité.
(Coll. Fondation Friedrich-Ebert, AdsD.)

August Bebel en 1912 (un an avant sa mort). Né en 1840, fondateur avec Liebknecht en 1869 du premier parti social-démocrate d'inspiration marxiste en Allemagne, c'est Bebel qui mène l'attaque contre le révisionnisme lors des congrès, en s'appuyant sur les critiques théoriques de Kautsky. Mais entre les deux défenseurs du marxisme existe une nuance considérable : Kautsky veut éradiquer le révisionnisme qui gangrène la pureté doctrinale du parti, Bebel cherche avant tout à maintenir un équilibre entre la droite du SPD qui soutient Bernstein, et la gauche radicale, dont l'importance croît progressivement. (Coll. Fondation Friedrich-Ebert, AdsD.)

Clara Zetkin (1857-1933) et **Rosa Luxemburg** (1870-1919), vers 1910. La gauche radicale au sein du SPD est animée par Rosa Luxemburg et le journaliste Parvus. La querelle révisionniste est la première occasion pour Luxemburg de se faire entendre lors des congrès du SPD. Fraîchement arrivée de Suisse, elle vient d'obtenir la nationalité allemande. Elle se fait remarquer lors du congrès de Stuttgart en 1898 par sa violence contre le révisionnisme. (DR, coll. Fondation Friedrich-Ebert.)

Georg von Vollmar en 1890. Bernstein, en exil, est défendu lors des congrès par des réformistes comme Georg von Vollmar (1850-1922), l'un des chefs de la social-démocratie bavaroise. Cet aristocrate, ancien militaire et rallié à la social-démocratie dès les années 1870, n'est pas préoccupé de questions théoriques. Il souhaite simplement que le SPD tolère les spécificités du sud de l'Allemagne, ses fortes traditions libérales, son industrialisation moins avancée qu'au nord et à l'ouest, son agriculture de petits propriétaires. (Coll. Fondation Friedrich Ebert, AdsD.)

RECHERCHES SOCIALES. — N° 1

ED. BERNSTEIN

SOCIALISME THÉORIQUE

ET

SOCIALDÉMOCRATIE PRATIQUE

Traduction d'ALEXANDRE COHEN

« Et c'est pourquoi la loi des dix heures était non seulement un grand résultat pratique, mais encore la victoire d'un principe. »

KARL MARX. *Adresse inaugurale de l'Internationale.*

PARIS
P.-V. STOCK, ÉDITEUR
(Ancienne librairie TRESSE & STOCK)
8, 9, 10, 11, GALERIE DU THÉATRE-FRANÇAIS
PALAIS-ROYAL

1900

Tous droits de traduction, de reproduction et d'analyse réservés pour tous les pays, y compris la Suède et la Norvège.

Le livre de Bernstein est traduit dès janvier 1900 en français, mais sous un titre transformé, *Socialisme théorique et social-démocratie pratique*. La traduction d'Alexandre Cohen est mauvaise, elle transforme considérablement la portée et la signification de l'entreprise théorique de Bernstein. (Coll. Office universitaire de recherche socialiste.)

Jean Jaurès (1859-1914), dont les positions théoriques et pratiques auraient pu le rapprocher de Bernstein, s'en écarte explicitement en 1900 lors d'une conférence. Alors que le socialisme français, à la recherche de l'unité, ne peut tolérer des divergences doctrinales fortes, le député de Carmaux se range « avec Kautsky ». (Coll. Office universitaire de recherche socialiste.)

Congrès de l'Internationale socialiste à Amsterdam, 1904. Le révisionnisme vient d'être condamné en Allemagne. En France, la participation en 1899 du socialiste Alexandre Millerand à un cabinet «bourgeois», celui de Waldeck-Rousseau, pose avec force la question de la relation des socialistes au pouvoir, et divise le mouvement français. Jules Guesde manœuvre pour faire condamner la participation ministérielle en l'assimilant au révisionnisme, et organiser l'unité des socialistes français sur ces bases. Les Français ne seront jamais révisionnistes. (Photographie publiée dans le volume «L'internationale socialiste», par Jean Longuet, *Encyclopédie socialiste*, Éditions Quillet. -DR., coll. Office universitaire de recherche socialiste.)

Benoît Malon (1841-1893) : autodidacte, socialiste dès la fondation de la 1re Internationale à Londres en 1864, communard, il est le fondateur de *La Revue socialiste* en 1880. L'orientation théorique de la revue, davantage tournée vers la diversité des courants intellectuels du socialisme, en fait un des vecteurs majeurs de la transmission du révisionnisme en France. (Coll. Cedias-Musée social.)

Gustave Rouanet (1855-1927) : défenseur du réformisme politique alors qu'il est député du XVIIIe arrondissement de Paris, il prend la tête de *La Revue socialiste* en 1898. Dreyfusard convaincu, partisan déclaré de l'expérience ministérielle de Millerand en juin 1899, hostile à la rigidité doctrinale des guesdistes, il entretient une correspondance avec Édouard Bernstein. (Coll. Cedias-Musée social.)

Lucien Herr (1864-1926), normalien, devenu bibliothécaire de l'École normale supérieure. Il joue un rôle fondamental dans le ralliement de nombreux intellectuels, plus jeunes, aux côtés des dreyfusards en 1897-1898. Il est aussi l'un des principaux artisans d'organisations qui structurent le « socialisme normalien », comme la Société nouvelle de libraire et d'édition, la revue *Notes critiques. Science sociale*, ou le Groupe de l'unité socialiste. C'est lui qui trouve le titre du journal fondé par Jaurès en 1904, *L'Humanité*. (Coll. Archives d'histoire contemporaine, Centre d'histoire de Sciences Po.)

Charles Andler (1866-1933), l'ami inséparable de Lucien Herr. Normalien également, maître de conférences d'allemand à l'École normale supérieure puis à la Sorbonne, il adopte une position très critique envers Marx dès 1889, qui n'est pas sans rappeler celle de Bernstein. Mais, alors que le révisionniste ne cherche qu'à élargir le marxisme, Andler le condamne. Il s'écarte dès 1913 de la SFIO. (Coll. Archives d'histoire contemporaine, Centre d'histoire de Sciences Po.)

Albert Thomas (1878-1932) : élève de Herr et d'Andler à l'École normale supérieure, il est un partisan déclaré de Bernstein lorsqu'il se rend en Allemagne en 1902-1903. Son activité politique, qui l'amène à diriger plusieurs revues (*La Revue syndicaliste*, *La Revue socialiste*), en fait l'un des principaux chefs du réformisme français avant 1914. L'une de ses principales sources théoriques est le révisionnisme de Bernstein. Mais son action au ministère de l'Armement à partir de 1916, où il tente de mettre en pratique le socialisme démocratique et organisateur qu'il avait défendu jusque-là, rencontre l'hostilité de la SFIO après la guerre. (Photo Manuel, coll. Musée de l'histoire vivante.)

Première partie
La querelle révisionniste en Allemagne (1896-1903)

L'analyse d'un transfert culturel implique de définir l'objet qui franchit la frontière. Avant d'étudier la manière dont le débat révisionniste passe en France, il faut, au préalable, tenter d'en préciser la nature, les modalités et les enjeux.

Posons d'emblée certains éléments de manière à rendre plus claires les analyses qui suivent. L'entreprise de Bernstein consiste à mettre en question certaines affirmations de Marx sur l'évolution de la société capitaliste, en affirmant qu'elle n'est pas au bord de l'effondrement, et qu'elle s'adapte aux développements économiques et sociaux. Par conséquent, il ne sert à rien d'attendre la révolution pour instaurer le socialisme, comme le fait le parti allemand ; il faut en réaliser l'idéal par une évolution progressive pour que le mouvement socialiste suive les mutations de la société présente sans recours à la violence. Le parti social-démocrate ne peut donc conserver sa phraséologie révolutionnaire, il doit s'assumer comme un parti de réformes démocratiques et socialistes. Ces thèses font l'objet d'un vif débat dans la presse socialiste et dans les congrès du SPD entre 1898 et 1903.

Le révisionnisme est un objet mal connu en France. Hormis l'ouvrage de Pierre Angel[14], paru en 1961, et les synthèses sur la social-démocratie allemande ou le socialisme en général, il n'existe pas d'ouvrages publiés sur la question. Les sources d'information se trouvent donc principalement dans des livres anglo-saxons ou allemands. Ces références peuvent être classées selon l'angle d'attaque qu'elles adoptent, puisque le révisionnisme se trouve à la croisée des genres.

Il s'agit d'abord d'un problème d'histoire intellectuelle. Le révisionnisme est inséparable de l'homme qui l'a systématisé, et ses idées sont exposées sous l'influence d'autres groupes de pensée, ou d'autres indi-

14. Pierre ANGEL, *Édouard Bernstein et l'évolution du socialisme allemand*, Paris, Marcel Didier, 1961.

vidus. Enfin, Bernstein s'appuie sur des réseaux constitués par des revues, des alliés politiques… Le premier type d'ouvrages consacrés au révisionnisme prend donc la forme de biographies intellectuelles, qui visent à l'éclairer par l'étude de la vie de Bernstein, à déterminer les influences qui ont joué dans sa formulation théorique, à étudier les groupes qui donnent un impact au mouvement en Allemagne.

Mais, dans la mesure où le révisionnisme de Bernstein a fait l'objet d'une controverse au sein de la social-démocratie allemande, où il s'est allié à certaines franges du parti et opposé à d'autres, il a une dimension éminemment politique. Le deuxième type d'ouvrages éclaire les rapports du révisionnisme avec ceux qui le soutiennent et ceux qui le condamnent, explique les stratégies adoptées lors des débats, dans les congrès ou dans les journaux, met en lumière les enjeux fondamentaux que posent au parti les critiques de Bernstein. Généralement, ces ouvrages intègrent le révisionnisme dans la perspective plus large de la social-démocratie allemande, et l'étudient comme un épisode de l'histoire du parti.

Enfin, le révisionnisme est un objet pour l'histoire des idées, parce qu'il faut comprendre la teneur des thèses de Bernstein, leur cohérence, et leurs différences vis-à-vis d'autres systèmes de pensée concurrents ou proches.

Aucun aspect ne peut se suffire à lui-même, sous peine de commettre des erreurs ou des contresens. L'histoire intellectuelle seule donnerait au révisionnisme une importance qu'il n'a pas eue en réalité. L'étude exclusive des influences ou des réseaux est condamnée à l'échec, parce qu'il est impossible de savoir dans quelle mesure exacte Bernstein a été marqué par d'autres courants intellectuels. Une telle analyse donnerait peut-être une compréhension du révisionnisme en soi, mais non de son importance relative, ni de ses relations avec son contexte d'apparition et de développement. De la même manière, une étude exclusive d'histoire politique aboutirait au constat de l'échec du révisionnisme, effectivement condamné formellement au congrès de 1903. Mais cela masquerait que le travail de sape de Bernstein a été repris par d'autres groupes, parfois à la marge du parti, comme les syndicats. Enfin, une histoire des idées seule ne parviendrait pas à rendre compte de l'importance du débat pour le parti allemand. Réduire le révisionnisme à un ensemble d'idées articulées entre elles, qui combattent d'autres systèmes ou s'allient à d'autres courants, voilà qui en ferait une querelle byzantine autour de notions aussi obscures que « l'effondrement du capitalisme », « la démocratie comme finalité du socialisme »… La formulation des thèses de Bernstein a eu un tout autre impact : elle a semé le doute chez des militants qui vivaient dans l'espoir du « grand soir », elle a profondément ébranlé la vie d'un parti de masse, à travers des débats violents dégénérant parfois en règlements de compte lors des congrès ou dans la presse. Le révisionnisme n'est donc pas enfermé dans la haute sphère des idées, il a une forte dimension affective dont il faut tenir compte.

Les trois approches doivent donc être articulées, de manière à fournir un tableau, incomplet, certes, mais nuancé du révisionnisme, d'en préciser la signification et la valeur pour le parti allemand et pour la théorie marxiste.

C'est pourquoi le premier chapitre, centré sur la figure de Bernstein, tente de déterminer les étapes qui l'amenèrent du marxisme au révisionnisme. Le deuxième chapitre a pour but de comprendre comment Bernstein pouvait répondre à certaines préoccupations de la social-démocratie d'alors, et la manière dont il s'insère dans l'histoire plus large du SPD. Le troisième chapitre décrit la crise révisionniste et ses principales étapes, le quatrième les idées de Bernstein.

Chapitre I
Du marxisme au révisionnisme, parcours d'un apostat

L'âge de la conviction : Bernstein marxiste orthodoxe

Le socialisme allemand dans les années 1870

Deux organisations distinctes coexistent au début des années 1870. La première, l'Allgemeine Deutsche Arbeiterverein (ADAV), est créée en 1863 à Leipzig, sous l'impulsion de Ferdinand Lassalle (1825-1864), considéré comme l'un des fondateurs de la social-démocratie allemande au même titre que Marx. La seconde organisation, la Sozialistische Deutsche Arbeiterpartei (SDAP), s'est d'abord constituée en opposition avec l'ADAV, dont l'organisation autoritaire suscite bien des objections. Certains chefs, comme August Bebel et Wilhelm Liebknecht, tentent en 1868 d'infiltrer les sociétés d'éducation ouvrière des libéraux, et créent une fédération des sociétés d'éducation ouvrière. Ils rattachent ensuite cette nouvelle organisation à l'Association internationale des travailleurs (AIT) instituée à Londres en 1864, dans laquelle l'influence de Marx est prépondérante. Le SDAP est fondé au congrès d'Eisenach en 1869[15]. Au-delà des inimitiés personnelles, qui jouent un grand rôle, la rivalité des deux organisations est enracinée dans des débats fondamentaux, comme celui sur l'État et son rôle.

15. Sur la genèse du parti social-démocrate allemand : Edgard MILHAUD, *La Démocratie socialiste allemande*, Paris, Alcan, 1903, p. 30 et suivantes.

Pour les lassalliens de l'ADAV, le prolétariat doit réaliser la démocratie. L'émancipation des travailleurs ne peut venir de l'organisation autonome du prolétariat, mais de la conquête du pouvoir par le suffrage universel, ce qui impose d'organiser la classe ouvrière dans un parti de masse. Seul l'État, contrôlé par le prolétariat, pourra faire aboutir les revendications sociales des ouvriers. C'est donc la question politique qui prime sur la question de la révolution sociale. Les eisenachiens du SDAP font le raisonnement inverse : la démocratie ne peut advenir que sur les ruines de l'État bourgeois, non dans son cadre.

Cette question de l'État est fondamentale pour comprendre les divisions entre les deux partis. Lorsque Bismarck instaure le suffrage universel pour élire l'assemblée du Norddeutsche Bund (assemblée de la Confédération d'Allemagne du Nord) en 1867, les lassalliens de l'ADAV soutiennent le chancelier. Et lorsque la guerre est déclarée contre la France, en 1870, les députés du parti votent pour les crédits militaires, pensant que l'unité allemande, même par le fer et le sang, est un préalable indispensable à la conquête démocratique du pouvoir, et donc à l'instauration du socialisme. Le suffrage universel ou l'unité n'ont pas la même valeur pour les eisenachiens du SDAP, parce que la satisfaction des revendications sociales ne peut se réaliser à l'intérieur du système bourgeois, fût-il démocratique. D'où leur opposition à la monarchie prussienne, d'où leur attitude lors du vote des crédits de guerre en 1870-1871 : les députés SDAP, parmi lesquels August Bebel et Wilhelm Liebknecht, s'abstiennent, avant de voter contre les subsides demandés par Bismarck. Ils sont alors traduits en justice pour trahison, et les procès, tenus en 1872, leur fournissent l'occasion de clamer leurs idées du haut d'une tribune politique.

De l'importance de la rencontre

C'est dans ce contexte, la même année, que Bebel prononce une conférence publique à Berlin, à laquelle Édouard Bernstein assiste. Né en 1850, ce dernier n'était pas particulièrement disposé à devenir l'un des théoriciens majeurs du SPD. Il est issu d'une famille très modeste (son père est cheminot) et doit interrompre ses études secondaires pour devenir employé de banque à 16 ans. Sa connaissance initiale du socialisme ne découle donc pas d'une approche intellectuelle ou livresque; comme pour beaucoup de militants, Bernstein s'engage dans le mouvement parce qu'il a fait l'expérience des conditions de vie et des difficultés des ouvriers berlinois. Cette culture d'autodidacte, jointe à des traits de personnalité particuliers (il est de santé fragile), en fait un orateur médiocre : il n'a ni le charisme de Bebel, ni la rigueur d'ex-

Les fondateurs du SPD : Wilhelm Liebknecht et August Bebel

C'est par l'intermédiaire de Wilhelm Liebknecht et d'August Bebel, dont le prestige est immense dans la social-démocratie, que le marxisme devient progressivement l'élément dominant de la doctrine du SPD. Liebknecht (1826-1900) fréquente Marx et Engels à Londres entre 1850 et 1862, lors de l'exil que lui a valu son engagement pendant la révolution de 1848. C'est en 1865 qu'il rencontre August Bebel (1840-1913), son cadet, ouvrier tourneur depuis l'âge de 14 ans. Ensemble, ils approfondissent leur connaissance du marxisme et fondent le parti social-démocrate en 1869. Ensemble également, ils s'exposent à la répression des autorités prussiennes et sont fréquemment condamnés, emprisonnés, expulsés. Ils sont donc devenus les symboles vivants de l'histoire du parti, et de la résistance héroïque de ses militants face à la répression. Orateurs hors pair utilisant les congrès du parti comme leurs procès pour défendre leurs idées ; propagandistes prolifiques publiant brochures et articles dans des journaux qu'ils contrôlent (Liebknecht dirige ainsi le *Vorwärts*, le quotidien le plus important du parti, depuis 1875), ils maintiennent tous deux leur prééminence sur le parti. Cette autorité, surtout celle de Bebel, s'expose de plus en plus aux critiques à partir de 1890, dont celle de Bernstein.

pression de Kautsky. La conférence de Bebel, selon son témoignage, semble en tous les cas avoir joué un rôle fondamental dans son engagement, puisqu'il adhère spontanément au SDAP à 22 ans[16], et organise la propagande électorale à Berlin.

Au même moment, l'ADAV et le SDAP fusionnent dans un parti unifié, le Sozialdemokratische Partei Deutschlands (SPD). C'est surtout la question de l'attitude à adopter face au nouvel Empire qui favorise l'union. Les eisenachiens accusaient jusque-là les lassalliens de collaborer avec la réaction, les lassalliens, de leur côté, reprochaient aux eisenachiens de menacer l'organisation du prolétariat par leur extrémisme. Mais, en 1874, la dissolution de l'ADAV par les autorités permet un rapprochement. Les seconds n'ont plus d'organisation à défendre, les premiers ne peuvent plus accuser leurs anciens adversaires de soutenir le chancelier de fer. De sorte que, après les élections au Reichstag de février 1874, les trois députés lassalliens et les sept députés eisenachiens décident de concentrer leurs efforts, créant le premier groupe parlementaire (la Fraktion). En décembre 1874, puis en février 1875 se réunissent des conférences préliminaires, auxquelles Bernstein participe, dans le but d'organiser l'unité. Celle-ci est proclamée lors du congrès de Gotha du 22 au 27 mai 1875.

16. Francis Ludwig Carsten, *Eduard Bernstein, 1850-1933, eine politische Biographie*, Munich, Beck, 1993, p. 13.

Malgré ses responsabilités croissantes dans le parti, Bernstein ne peut être alors considéré comme marxiste. Bien peu d'Allemands le sont, d'ailleurs, le parti étant encore traversé de courants concurrents, contre lesquels Marx et Engels livrent bataille. Comme pour beaucoup de chefs et de militants sociaux-démocrates, à commencer par Bebel, l'apprentissage du marxisme par Bernstein a lieu dans les années 1880.

Le défenseur de la foi

Pour couronner l'unité conquise en 1871, Bismarck entreprend la lutte contre les *Reichsfeinde*, les ennemis de l'Empire, supposés mettre en danger la cohésion nationale. Les socialistes font partie du lot : leur républicanisme s'oppose à la monarchie, leur internationalisme les fait passer pour de « mauvais patriotes ». D'une manière ou d'une autre, Bismarck est décidé à en finir. Deux attentats[17] contre Guillaume Ier lui permettent de dissoudre le Reichstag le 11 juin 1878, et les élections qui suivent sanctionnent la défaite des partis libéraux et progressistes aux dépens des conservateurs et du Zentrum. La nouvelle Assemblée est plus favorable aux lois antisocialistes que la précédente, et les mesures d'exception sont votées le 19 octobre 1878. Les sociétés et organisations socialistes sont dissoutes, les meetings interdits, les publications (journaux, revues, ouvrages) prohibées. Le 13 octobre 1878, la Fraktion, l'exécutif du parti ainsi que d'autres chefs sociaux-démocrates se réunissent à Hambourg, et décident d'abolir les organisations deux jours avant l'application de la loi. La répression est sévère, 352 associations politiques et 1 229 publications (dont 104 journaux) sont interdites.

Bernstein s'est rendu en Suisse dès l'été 1878[18] pour devenir le secrétaire de Karl Höchberg (1853-1884), héritier d'une riche famille de banquiers, qui consacre sa fortune à la cause socialiste. Les divergences d'opinion de ce dernier avec Marx[19] lui valent d'ailleurs, de sa part, cette remarque cinglante : « Il s'est acheté sa place dans notre parti ; comme je le suppose, avec les plus nobles intentions, mais je me moque de ses intentions. » Avec l'application de la loi antisocialiste apparaît la nécessité d'un journal de combat qui tiendrait informés les sociaux-démocrates restés en Allemagne des progrès accomplis par le parti et de ses luttes. *Der Sozialdemokrat* est créé le 28 septembre 1879. Georg von Vollmar (1850-1922), militant social-démocrate depuis 1869, en devient

17. Le 11 mai et le 2 juin 1878.
18. Après le vote de la loi antisocialiste, Bernstein est accusé par les autorités prussiennes de violer la loi, en raison de son activité de propagande. Il ne peut donc retourner en Allemagne avant 1901.
19. Voir *infra* p. 52.

le rédacteur en chef, après avoir été expulsé d'Allemagne pour son engagement politique. Bernstein participe à l'entreprise, ainsi qu'un jeune théoricien autrichien, Karl Kautsky (1854-1938), qui a interrompu ses études d'histoire et d'économie politique à l'université de Vienne pour s'engager totalement dans la propagande socialiste à Zurich. Âgés respectivement de 30 ans et 26 ans, les « Oreste et Pylade rouges », comme on les surnomme, font leurs classes ensemble dans *Der Sozialdemokrat* et approfondissent de concert leur apprentissage du marxisme. En 1880, Vollmar démissionne de la direction du journal et Bebel entreprend de convaincre Marx et Engels de donner leur appui à Bernstein pour le remplacer. C'est là une des raisons du voyage à Londres, et c'est un succès, puisque Bernstein est nommé directeur en janvier 1881, d'abord à titre provisoire, puis définitif. À partir de cette date, et jusqu'à la fin de son exil à Zurich en 1888, il va être l'un des principaux représentants du marxisme orthodoxe dans le SPD, et l'une de ses principales voix théoriques.

La meilleure preuve de l'orthodoxie de Bernstein à cette période est l'opposition qu'il mène, avec d'autres, contre la Fraktion. En Allemagne, la loi antisocialiste instaure une situation exceptionnelle qui se perpétue : les organisations du parti étant dissoutes, les congrès ne pouvant se réunir, c'est le groupe parlementaire qui assume de fait la direction du parti. La stratégie adoptée dès le début est celle de la prudence. La loi antisocialiste agit comme une épée de Damoclès dont il ne faut à aucun prix provoquer la chute par une action ou une propagande inconsidérées. Par conséquent, la Fraktion tente de restreindre l'activité du parti dans les strictes limites fixées par la loi. Mais, rapidement, des dissensions apparaissent entre les députés et les radicaux, qui leur reprochent de trahir les idéaux socialistes en se compromettant avec le régime. *Der Sozialdemokrat*, dirigé par Bernstein, est à la pointe de cette critique de la politique parlementaire du parti.

Après des premières passes d'armes en 1882 entre le journal et la Fraktion sur l'indépendance du premier, la querelle s'aggrave en 1884, sur la question du vote du budget au Reichstag. La même année, les élections législatives donnent vingt-quatre mandats au SPD (9,71 % des voix) et accordent au parti la possibilité d'avoir une influence sur les négociations et les votes parlementaires. Deux options s'offrent alors : rester dans l'opposition et prôner la destruction de l'État bourgeois (position des radicaux) ou assumer les responsabilités qu'implique le jeu électoral (position des modérés). C'est dans ce contexte qu'apparaît la question des crédits maritimes. Le gouvernement demande au Reichstag, en mai 1884, d'accorder 5,4 milliards de marks à l'ouverture de nouvelles voies commerciales maritimes vers l'Extrême-Orient, l'Australie et l'Afrique. Les modérés se déclarent favorables au vote, espérant que la construction des nouveaux navires donnera un emploi aux ouvriers des chantiers navals allemands. Les radicaux soutiennent, à l'inverse, que le projet n'implique aucune avancée sociale, et renforcera le développement capitaliste. À la fin du mois de décembre 1884, un accord est trouvé : chaque député est autorisé à voter selon ses convictions. Mais cela n'enterre pas la querelle. Au printemps 1885, la Fraktion envoie une déclaration accusant l'équipe du *Sozialdemokrat* d'avoir encouragé l'éclatement du parti en prêtant une oreille complaisante aux radicaux. Les modérés en tirent la conclusion suivante : c'est la Fraktion qui doit déterminer la position du journal, et non l'inverse. Bernstein refuse de publier l'article, et pose un ultimatum. La Fraktion devra transformer sa déclaration, ou la faire publier par ses propres moyens. Après l'intervention de Liebknecht, la déclaration modifiée paraît en mars 1885. Le *Sozialdemokrat* reste indépendant du groupe parlementaire.

Les analyses qui précèdent font émerger un problème de taille : comment Bernstein, considéré comme un marxiste radical, a-t-il pu formuler une critique du marxisme ? L'influence d'autres théoriciens socialistes est ici déterminante.

Vers le révisionnisme : le jeu des influences

Dühring

Eugen Dühring (1833-1921), la cible de la célèbre diatribe d'Engels, enseigne à cette époque la philosophie et l'économie politique à l'université de Berlin. Presque aveugle, d'un caractère ombrageux, il doit démissionner en 1877 après avoir suscité l'hostilité de ses collègues.

La philosophie de Dühring tire son origine d'un postulat moral, dont il fait ensuite découler des conclusions politiques et économiques opposées à celles du marxisme. La moralité dérive, selon lui, des volontés individuelles égales entre elles. La loi éthique est fondée sur la reconnaissance de cette égalité, principe que Dühring nomme « moralité intersubjective ».

À cet idéal moral s'oppose la société réelle, où la loi du plus fort sur le plus faible domine, et où l'inégalité et l'oppression sont la règle commune, précisément parce que le principe de la moralité intersubjective n'est pas respecté. Ainsi, la critique de la société présente ne découle pas, comme dans le matérialisme historique de Marx, de facteurs économiques, mais de facteurs moraux.

En revanche, Dühring met en valeur la contradiction entre l'idéal moral posé par la définition de la moralité intersubjective d'une part, et l'état de la société présente d'autre part. Cette contradiction ne trouvera de résolution dans l'histoire que par le rapprochement progressif de l'état de la société et de l'idéal moral, identité qui doit advenir dans un « système socialitaire ». Pour réaliser cet horizon, il faut transformer l'État, qui encourage l'inégalité et l'oppression, et le remplacer par des institutions qui respecteront l'individu, et dont la solidité sera garantie par une obéissance consentie. La différence avec les conclusions politiques de Marx est donc visible : au lieu d'être détruit en raison de sa nocivité intrinsèque, l'État devra être redéfini pour correspondre à de nouvelles exigences de justice.

Peu après son adhésion au SDAP, Bernstein s'enthousiasme pour l'ouvrage de Dühring, *Kursus der National und Sozialökonomie* (« Cours d'économie nationale et sociale »), publié en 1873. Il le rencontre, assiste à certains de ses cours, et tente de convaincre ses camarades. L'intérêt de Bernstein n'est pas isolé, bien d'autres sociaux-démocrates, et non des moindres, apprécient ses idées. Bebel, par exemple, écrit le 20 mars 1874 dans le *Volkesstaat* un article intitulé « *Ein neuer "Communist"* » (« Un nouveau communiste ») :

> « Cette réserve que nous faisons sur l'ouvrage de Dühring ne concerne pas ses conceptions fondamentales qui sont excellentes et ont notre entière approbation, au point que nous n'hésitons pas à déclarer qu'après *Le Capital* de Marx, la dernière œuvre de Dühring compte parmi ce que l'époque récente a produit de meilleur sur le terrain économique[20]. »

Il se constitue même une sorte de « clan Dühring » au sein du parti, dont Bernstein est membre, assez influent pour diffuser les idées du philosophe dans la presse du SPD. C'est cette publicité qui amène Engels à rédiger un violent pamphlet publié sous forme d'articles dans le *Vorwärts* en 1877 et 1878, l'*Anti-Dühring*, où il présente aussi le matérialisme historique. Ce texte synthétique, plus clair que *Le Capital* ou le *Manifeste communiste* de Marx, contribue largement à l'implantation de ses thèses en Allemagne. C'est par ce texte que Bernstein commence son apprentissage du marxisme. Il n'en reste pas moins que le soutien actif qu'il manifeste à Dühring entache sérieusement sa réputation auprès de Marx et d'Engels. Pour eux, il restera quelques années un « socialiste éclectique ».

20. Cité in Friedrich Engels, *Anti-Dühring*, Paris, Éditions sociales, 1963, avertissement d'Émile Bottigelli, p. 14.

Höchberg et les socialistes d'État

Höchberg, qui joue un rôle clé dans le financement du parti interdit, considère le socialisme comme une valeur morale. Il est hostile au matérialisme historique et veut le remplacer par une théorie éthique d'inspiration kantienne. Il illustre bien les courants qui traversent à l'époque la social-démocratie allemande, rétive au marxisme, ouverte aux économistes de la chaire qui prônent le socialisme d'État comme voie vers le socialisme.

C'est dans cet esprit qu'il crée *Die Zukunft* (« L'Avenir »), un journal qui paraît en 1877, ainsi que le *Jahrbuch für Sozialwissenschaft und Sozialpolitik* (« Annales de sciences sociales et de politique sociale ») en 1878, auquel Bernstein participe. Dans cette revue paraît l'année suivante un article intitulé « *Rückblicke auf die sozialistische Entwicklung in Deutschland*[21] ». Il met en cause le marxisme, accusé d'empêcher, par son opposition irréductible à la société bourgeoise, la collaboration avec les partis libéraux qui pourrait faire aboutir les réformes proposées par le marxisme. Cet article, bien que non signé, est attribué à Höchberg, assisté de certains de ses amis, dont Bernstein. Celui-ci, depuis le soutien qu'il a manifesté à Dühring, n'est pas en grâce auprès de Marx et d'Engels, et cette affaire leur inspire plus de méfiance encore. Bebel prend alors l'initiative d'emmener Bernstein à Londres pour regagner leur confiance. Le voyage, qui a lieu en novembre et décembre 1880, est couronné de succès, puisque Bernstein abandonne ses positions « éclectiques » pour adhérer pleinement au marxisme.

L'intérêt manifesté par Bernstein pour des courants socialistes différents n'est pas exceptionnel dans la social-démocratie de l'époque. Les séductions exercées par les thèses de Dühring, des socialistes d'État ou de Lassalle touchent la majorité des militants, et il faudra que Marx et Engels attaquent successivement tous ces courants pour que le marxisme s'impose – mais quelques années plus tard – en Allemagne. Il n'en reste pas moins que les étapes de la conversion de Bernstein au marxisme soulignent à quel point ses rencontres personnelles déterminent ses engagements ultérieurs. L'adhésion au socialisme, puis au marxisme ne résulte pas d'une connaissance théorique ni d'un cheminement intellectuel particulier, mais simplement de la rencontre de chefs qui parviennent à le convaincre du bien-fondé de leurs thèses (de Bebel à Marx en passant par Dühring et Höchberg). La rencontre est donc le vecteur principal par lequel Bernstein choisit d'adhérer à une idée, ce qui donne une clé importante pour comprendre son passage au révisionnisme.

21. « Aspects de l'évolution du socialisme en Allemagne ».

Bernstein et Engels

Der Sozialdemokrat, journal publié à l'étranger et tribune de l'aile radicale de la social-démocratie allemande, représente un danger pour Bismarck, qui veut bâillonner le parti. En 1887, les autorités allemandes ouvrent des négociations pour que la Suisse expulse les chefs du parti en exil. En avril de l'année suivante, Bernstein doit quitter le pays en raison de ses activités politiques subversives. La rédaction du journal s'exile à Londres.

Au même moment, en Allemagne, la période bismarckienne touche à sa fin et, avec elle, la répression contre le SPD. L'année 1889 est celle de grèves de masse prouvant que ni les mesures d'exception contre le parti ni les lois sociales n'ont pu rallier le prolétariat à l'Empire. Bismarck, décidé à en finir, fait déposer un nouveau projet de loi antisocialiste le 25 octobre 1889. Cette fois, il ne s'agit pas d'un projet limité dans le temps, et les mesures sont plus radicales encore[22]. Le Reichstag est opposé à ces dispositions : l'expulsion des chefs socialistes leur attire la sympathie populaire, et ils sont de toute façon réintégrés, même en exil, dans d'autres organisations. De plus, le jeune empereur Guillaume II est de plus en plus hostile aux méthodes de Bismarck. Celui-ci, conscient des réticences du Reichstag, veut engager une épreuve de force, et tenter de changer le mode de scrutin pour obtenir une nouvelle législature plus favorable à ses projets. Guillaume II, lui, désire temporiser, et tenter de gagner les ouvriers à la monarchie par une politique sociale active. Bismarck se trouve de plus en plus isolé. En janvier 1890, la coalition parlementaire qui l'avait appuyé s'effondre sur la question des mesures d'expulsion dirigées contre les chefs sociaux-démocrates. Les conservateurs sont divisés, les nationaux-libéraux et le Zentrum se prononcent contre le maintien de la loi. Désavoué au Parlement, Bismarck est congédié par Guillaume II le 20 mars 1890. Dans les faits, la loi antisocialiste a perdu sa raison d'être.

La fin de cette loi signifie celle de la mission du *Sozialdemokrat.* Créé pour être l'arme de combat du prolétariat contre la réaction, le journal cesse de paraître. Bernstein devient alors correspondant à Londres pour le *Vorwärts*, le quotidien du parti fondé en 1875, et pour *Die Neue Zeit*, la revue théorique créée par Karl Kautsky en 1883. Depuis vingt ans, il avait surtout été un propagandiste ; il se tourne, à Londres, vers l'histoire et la théorie socialistes. Sous le patronage d'Engels, dont il est devenu le confident et le conseiller, il s'intéresse aux théories de Lassalle, à l'histoire

22. La nouvelle loi prévoit notamment des mesures d'expulsion plus sévères à l'encontre des leaders du parti.

du mouvement ouvrier en Angleterre. À la mort du maître, en 1895, Bernstein est donc considéré comme un fidèle disciple marxiste. Et les dernières volontés d'Engels, de ce point de vue, sont une consécration : il devient l'un de ses exécuteurs testamentaires, et entre en possession de certains textes non publiés de Marx et d'Engels.

Bernstein et la Fabian Society

Au moment même où Bernstein approfondit ses liens avec Engels, il entre en relation à Londres avec les Fabians[23] dès le début de son exil, assistant notamment aux conférences publiées en 1889 dans les *Fabian Essays*[24]. Même s'il nourrit certains préjugés contre le groupe, il entretient de bonnes relations avec ses membres[25]. Ont-ils pesé sur son évolution vers le révisionnisme ? Lui-même brouille les pistes, puisqu'il reconnaît ses sympathies, tout en minimisant leur impact :

> « L'opinion diffusée à plusieurs reprises, par exemple, selon laquelle j'aurais été converti à mon révisionnisme par l'exemple du fabianisme anglais, est complètement erronée. J'ai connu, par l'entremise de connaissances proches de la Fabian Society, ses remarquables chefs et son action, mais il a toujours été clair pour moi que la forme particulière de leur agitation était si liée aux conditions anglaises que toute tentative de les imiter sur le continent devait nécessairement échouer[26]. »

Les rapports entre les idées de la Fabian Society et le révisionnisme de Bernstein sont donc difficiles à évaluer. Malgré tout, Bo Gustafsson montre, grâce aux articles divers produits par Bernstein pendant cette période, les évolutions de ses relations avec les Fabians. Dans un premier temps, le protégé d'Engels s'en tient à l'écart, les rapprochant des socialistes de la chaire, qualifiant la société de « *Salonsozialismus* » (socialisme de salon). Mais, progressivement, ses préjugés tombent, et la mort d'Engels en août 1895 accélère cette évolution. Il conclut ainsi en octobre 1895 un article sur l'évolution des partis anglais :

23. La Fabian Society, créée le 4 janvier 1884 à Londres, est animée par Sidney et Beatrice Webb, George Bernard Shaw... C'est un mouvement composé d'intellectuels qui défendent une vision empirique et scientifique du socialisme, basée sur des études, des statistiques. Le mouvement commence son ascension avec la publication des *Fabian Essays* (1889), ensemble de textes qui fournit une base théorique. Leur objectif est la transformation de la société par l'appropriation et la gestion collective des moyens et des biens de production. La transformation de la société devra se réaliser graduellement par la persuasion, excluant toute visée insurrectionnelle. Pour eux, le socialisme adviendra non par une prise du pouvoir, mais par la reconstruction de la société de l'intérieur, au besoin dans le cadre de la société existante (voir François Bédarida, « Le socialisme en Grande-Bretagne de 1875 à 1914 » in Jacques Droz (dir.), *Histoire générale du socialisme*, Paris, Puf, 1974, p. 362-368).
24. Bo Gustafsson, *Marxismus und Revisionismus*, Francfort-sur-le-Main, Europäische Verlangsanstalt, 1972, p. 137.
25. *Ibid.*, p. 138.
26. Cité in *ibid.*, p. 128 (nous traduisons).

«Je lance un appel pour un réel programme fixant des propositions de réformes fondées sur des études adaptées. Je ne m'adresse pas plus longtemps au prolétariat, dont l'initiative politique ne suscite plus ma confiance. Je m'adresse à la génération grandissante des représentants du peuple, peu importent leur parti ou leur classe[27]. »

Ces positions, déjà très avancées sur la voie de la réforme, s'accompagnent de la conviction que la social-démocratie allemande mène les mêmes expériences et obtient les mêmes résultats que le mouvement syndical anglais. Ce qui légitime parfaitement, aux yeux de Bernstein, l'adoption des méthodes des *trade unions* par les syndicats et le parti allemands.

Une telle évolution n'est pas sans préoccuper ses frères d'armes. La désapprobation bienveillante d'Engels, qui parle de « *Fabienschwärmerei* » (fantasme fabien) ou d'un « respect comique[28] » pour la Fabian Society, laisse place à des réactions beaucoup plus inquiètes. Ignaz Auer (1846-1907), journaliste et député socialiste d'orientation réformiste qui connaît Bernstein depuis vingt-cinq ans, écrit ainsi à Kautsky en 1896 : « Je ne reconnais plus Ede[29]. » Et, lors du débat révisionniste, cette inquiétude se transforme en reproche : Bernstein, influencé par les spécificités du mouvement ouvrier en Grande-Bretagne, ne serait plus capable de comprendre la réalité allemande. Ainsi, la référence à la Fabian Society est loin d'être insignifiante, bien au contraire. Elle inspire, pour une part, les nouvelles orientations suggérées par Bernstein, et elle est utilisée par ses adversaires comme un argument stratégique. Sa place dans la querelle est donc fondamentale.

Explication d'un revirement

Pour autant, les relations entre Bernstein et la Fabian Society ne permettent pas de répondre à la question originelle : pourquoi un marxiste orthodoxe décide-t-il de renoncer à certains des aspects de la théorie ? Malgré l'importance de la rencontre dans les évolutions idéologiques de Bernstein, ce sont les circonstances qui paraissent ici primordiales.

Incontestablement, la loi antisocialiste est un choc pour le SPD et ses orientations théoriques. Limitée dans le temps, elle est prorogée deux fois par le Reichstag. La répression, très rude, varie en intensité entre 1878 et 1890, visant d'abord les chefs du parti. Le 28 novembre 1878, le petit état de siège[30] est décrété à Berlin, et 67 dirigeants sont

27. Cité in *ibid.*, p. 140 (nous traduisons).
28. Cité in *ibid.*, p. 130.
29. Cité in *ibid.*, p. 133.
30. Le petit état de siège est une mesure autorisant l'expulsion des personnalités suspectes ou leur assignation à résidence.

forcés de quitter la ville. Entre 1878 et 1880, 600 années de réclusion sont prononcées. Mais l'onde de la répression semble refluer après cette période. Le vote renouvelant la loi, en 1886, donne le signal d'une nouvelle vague : alors que 26 procès ont été instruits contre les sociaux-démocrates entre 1878 et 1886, 55 jugements ont lieu entre 1886 et 1889, et 236 personnes sont condamnées. Mais c'est surtout le quotidien des militants sociaux-démocrates que la loi antisocialiste menace. Les journaux interdits (dont *Der Sozialdemokrat*) passent la frontière clandestinement, camouflés dans des trains ou transportés secrètement à pied de Suisse en Allemagne. Les organisations clandestines, ou qui masquent leurs activités politiques derrière une façade légale (associations sportives...) doivent se méfier des espions de la police, des agents provocateurs qui cherchent à entraîner les militants au-delà des bornes fixées par la loi. En 1886, un décret pris par le gouvernement interdit les grèves, même si elles ne sont pas liées au mouvement socialiste. La conséquence de cette atmosphère extrêmement tendue est de montrer aux ouvriers la réalité de la lutte de classe, la nécessité pour eux de s'organiser par eux-mêmes contre l'État bourgeois, et la nocivité d'un régime dont les foudres s'abattent sur eux. En somme, la loi antisocialiste confirme, en un sens, ce que Marx avait décrit depuis le *Manifeste*, et il est certain que cette période difficile encourage le marxisme en Allemagne, jusqu'à lui donner la prééminence. La rupture de 1886 est capitale à cet égard. Jusque-là, le SPD a réussi à éviter toute condamnation sérieuse, toute décision mettant en danger la sécurité et la liberté des militants, en restant dans les limites de la loi. La vague de répression convainc beaucoup des sociaux-démocrates que cette politique s'engouffre dans une impasse, et a pour résultat une radicalisation du mouvement. C'est dans ce contexte précis qu'il faut comprendre l'engagement de Bernstein aux côtés des radicaux jusqu'au milieu des années 1890. Ce qui pose une hypothèque sur la période suivante : une fois le parti intégré légalement dans le système politique allemand, une fois passé le danger des arrestations, des censures et des condamnations arbitraires, l'attitude radicale peut-elle rester pertinente ?

Il faut donc nuancer la valeur de l'engagement de Bernstein aux côtés des marxistes : plus qu'une adhésion inconditionnelle, il se formule dans un contexte spécifique, qui pousse le socialisme à prendre ses formes les plus extrêmes. Mais, dans la mesure où il est fondé sur des circonstances particulières, il reste soumis aux évolutions conjoncturelles du parti. Pour comprendre la genèse et la nature du révisionnisme de Bernstein, il faut donc le situer dans son contexte, et décrire la social-démocratie allemande dans la dernière décennie du XIXe siècle.

Chapitre II

La social-démocratie allemande entre réformisme et radicalisme

Aux origines de l'interprétation allemande du marxisme

La loi antisocialiste et ses effets

Deux orientations coexistent dans le parti social-démocrate des années 1890, deux options politiques en principe antagonistes, mais dont l'association s'explique par les événements. D'un côté se développe le radicalisme, dont les causes sont politiques et économiques. La répression qui frappe le parti entre 1878 et 1890 et la mise à l'écart de la société civile de la social-démocratie poussent les ouvriers vers les organisations socialistes, qui constituent alors une véritable contre-société. De plus, la dépression économique résultant de la crise de 1873, la menace de chômage et la baisse des salaires incitent les ouvriers à s'organiser. La loi antisocialiste a donc eu pour effet de radicaliser la position des militants sociaux-démocrates[31].

Mais parallèlement se développe le réformisme, visant à obtenir l'amélioration du sort des travailleurs par la voie parlementaire. L'enjeu est de taille : soutenir l'avancée des réformes au Reichstag, fût-ce pour le bien du prolétariat, implique de considérer la Chambre comme un

31. Hedwig Wachenheim, *Die deutsche Arbeiterbewegung 1844 bis 1914*, Opladen, Westdeutsche Verlag Opladen, 1971, p. 278.

moyen de parvenir au socialisme, et non plus comme un simple instrument de propagande. Cette tendance est favorisée par la pratique du parti entre 1878 et 1890, la loi antisocialiste ayant aboli toutes les organisations sociales-démocrates à l'exception du groupe parlementaire. Celui-ci devient alors la véritable direction du parti en Allemagne, alors même que les députés socialistes sont les principaux tenants du réformisme au sein de la social-démocratie.

Mais ces deux tendances peuvent coexister dans le cadre du parti interdit. En effet, le Parlement, par la Constitution bismarckienne, est dépossédé du pouvoir. Et la Fraktion reste encore bien modeste, de même que le nombre de voix obtenues par le SPD lors des élections législatives[32]. Par conséquent, la Chambre ne peut être autre chose qu'un lieu de contestation ou de propagande, le parti n'a guère les moyens matériels de peser sur le travail parlementaire. Dans ce contexte, soutenir l'activité parlementaire n'a pas de conséquences sur la théorie ou la tactique du parti, et le réformisme ne peut aboutir. Mais, d'un autre côté, la répression incite les dirigeants à adopter une attitude prudente, et le radicalisme reste inachevé lui aussi. Au fond, il n'y a pas à choisir : la loi antisocialiste garantit elle-même qu'aucune des deux tendances ne prendra le pas sur l'autre[33]. Parce que la constellation dans laquelle prennent place activité réformiste et activité révolutionnaire a été construite sur des circonstances exceptionnelles, elle est vouée à être fragilisée par un changement de conjoncture.

Le retournement des années 1890

Or, précisément, la conjoncture évolue au cours de la décennie 1890. Sur le plan économique, la crise prend fin autour de 1895. Le salaire réel des ouvriers augmente, ainsi que leur niveau de vie, ce qui engendre de nouvelles attentes : ils veulent, eux aussi, profiter de la croissance dont bénéficie l'Allemagne, et sont moins réceptifs à un discours qui, rejetant la société bourgeoise, ne peut que les exclure de la prospérité générale.

Au même moment s'opère un retournement de la politique impériale. À Bismarck succède en mars 1890 Caprivi, qui inaugure une

32. 437 158 en 1878, 311 961 en 1881, 549 990 en 1884, 763 128 en 1887.

33. Engels avait conceptualisé le rapport activité parlementaire/activité révolutionnaire en 1885 par sa théorie de « l'opposition intransigeante » : dans le contexte de la loi antisocialiste, il faut maintenir l'activité parlementaire pour augmenter la force du parti. Mais cette activité n'est pas une fin en soi, seulement l'instrument de la lutte culminant nécessairement dans la révolution. Cette position se cristallise ensuite dans « l'attentisme révolutionnaire » de Bebel et Kautsky : le parti doit soigner son organisation pour être prêt le jour où le capitalisme s'effondrera comme un fruit mûr. La pensée d'Engels est déformée : alors que « l'opposition intransigeante » était une position créée dans le contexte des lois antisocialistes, elle devient une théorie générale, valable même dans une situation où le parti est autorisé.

nouvelle ère connue comme le *Neue Kurs*. Guillaume II entend reprendre l'idée qui se trouvait au cœur de la politique bismarckienne : détourner la classe ouvrière du SPD par une politique sociale hardie. Avec les ordonnances du 4 février 1890, la législation sociale est développée et le code du travail réformé. Le temps de travail est réduit pour les femmes et les enfants, la loi du 28 juillet 1890 institue des tribunaux professionnels. L'effet du *Neue Kurs* est décisif : la confrontation révolutionnaire semble moins pertinente aux yeux d'une partie des dirigeants sociaux-démocrates, et les porte à diriger tous leurs efforts sur l'activité parlementaire, qui semble être le meilleur moyen de faire aboutir les réformes.

Au niveau électoral, enfin, un changement se fait sentir. Pendant les années 1880, le nombre de voix obtenues par le SPD lors des élections au Reichstag ne cesse d'augmenter. Les élections de février 1890 montrent un saut quantitatif : le SPD obtient 1 427 300 voix, soit 19,7 % de l'électorat, et 35 sièges, 10,1 % des suffrages et 11 sièges en 1887. De nouvelles responsabilités incombent ainsi au parti : l'accroissement de l'électorat ne lui permet plus de se limiter à des protestations contre l'ordre bourgeois. Le SPD a obtenu les moyens matériels d'intervenir au Reichstag. D'instrument de propagande, l'Assemblée devient, *de facto*, un moyen de conquête du pouvoir. Le réformisme semble donc pouvoir triompher.

Mais, d'un autre côté, le radicalisme reste toujours aussi vivace. En dépit du *Neue Kurs*, le système politique allemand reste hostile aux sociaux-démocrates. De plus, la nouvelle orientation est rapidement abandonnée, et, dès 1894-1895, les socialistes font l'objet d'une politique plus rigoureuse. L'arrivée à la chancellerie de Hohenlohe en 1894 et sa défense d'une politique mondiale exigent un pays libéré des tensions sociales. Certains projets répressifs sont proposés au Reichstag, ce qui discrédite les partisans d'une action réformiste et renforce la position de ceux qui, à l'inverse, voient l'État comme un instrument d'oppression qu'il faut détruire.

Ainsi, le dualisme qui existe entre l'action parlementaire et l'action révolutionnaire est renforcé pendant la dernière décennie du siècle. Et la difficulté qui surgit alors, c'est que le contexte ne permet plus de conciliation. La loi antisocialiste et ses implications dispensaient les sociaux-démocrates de faire un choix, puisque les deux stratégies politiques paraissaient, en l'état des choses, nécessaires et complémentaires. L'abrogation de la loi laisse le parti face à la contradiction, qui ne peut plus être légitimée. Il y a, d'un côté, la voie réformiste et parlementaire, qui s'appuie sur la légalité nouvellement gagnée, et qui ne peut plus accepter la théorie de la conflagration finale qui réduit à néant ses avancées. Il y a, d'un autre côté, la voie radicale et révolutionnaire, légitimée par l'hostilité permanente du gouvernement vis-à-vis du socialisme, et qui ne peut plus tolérer de compromission au Reichstag. Logiquement, une telle contradiction menace le parti d'explosion, et la solution doit maintenir l'unité.

L'orthodoxie de la social-démocratie

Maintien de l'unité doctrinale

C'est là tout l'objet de la doctrine orthodoxe de Kautsky : maintenir la cohésion du parti malgré la contradiction fondamentale entre réformisme et radicalisme. Cette théorie est celle de l'attentisme révolutionnaire ; elle se résume à la formule : « La social-démocratie allemande était révolutionnaire, certes, mais elle ne faisait pas la révolution[34]. » L'orthodoxie formulée par Bebel et Kautsky se situe à l'exact milieu entre les deux options, tentant de les réunir. Par conséquent, elle reste soumise à la contradiction tiraillant le parti, et en est profondément fragilisée. Il s'agit d'un compromis, forgé par et pour les circonstances spécifiques de la loi antisocialiste, et qui est ébranlé si elles changent.

La cristallisation est l'œuvre de Bebel et de Kautsky. Depuis son engagement aux côtés de Bernstein en Suisse, Kautsky a réussi à gagner la confiance d'Engels malgré sa réputation de journaliste uniquement préoccupé de doctrine. Son rôle dans la presse du parti, et sa participation essentielle à la rédaction du programme d'Erfurt en 1891, ont fait de lui le théoricien officiel du parti. Influencé par le darwinisme social, Kautsky considère la révolution comme un événement naturel, inévitable et mécanique. Elle est une évolution atteinte par l'agitation et l'organisation, amenant l'effondrement de la société et de l'État bourgeois. La conflagration finale, parce qu'elle tire son origine de lois historiques et économiques, ne peut être influencée par des actions individuelles[35]. Ainsi, « la philosophie de l'histoire kautskyste avait la fonction d'indiquer que le système trouverait sa résolution de lui-même dans un avenir proche [...]. L'attente de la révolution était alors l'attente d'un événement "naturellement nécessaire", que l'on ne faisait pas, mais dont on pouvait préparer l'échéance en créant des circonstances favorables. Et, pour cela, il fallait renforcer les organisations et conserver intacts les "principes" tels que Kautsky et Bebel les comprenaient[36]. »

34. Dieter GROH, *Negative Integration und revolutionärer Attentismus, die deutsche Sozialdemokratie am Vorabend des Ersten Weltkrieges*, Francfort-sur-le-Main, Propyläen, 1973, p. 36 (nous traduisons).
35. *Ibid.*, p. 57 (nous traduisons).
36. *Ibid.*, p. 63 (nous traduisons).

Cette conception mécaniste renforce la distance entre la théorie, qui reste immobile comme un point fixe, et la pratique, qui évolue rapidement, au rythme des évolutions politiques et sociales de l'Allemagne.

Cet aspect se donne à voir dans le programme d'Erfurt, adopté en 1891. Kautsky en rédige la première partie théorique. Il s'agit d'un résumé condensé de la doctrine marxiste, s'organisant dans le schéma suivant.

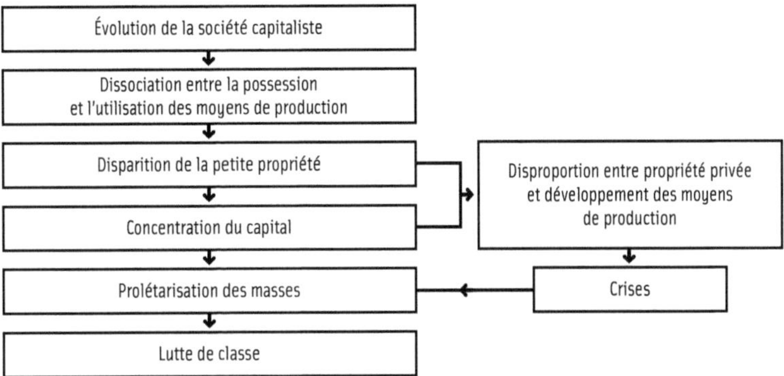

Le principe premier, qui entraîne le reste du raisonnement (c'est-à-dire l'évolution économique de la société bourgeoise), « conduit avec la nécessité des lois de la nature à la ruine de la petite exploitation[37] ». Après avoir évoqué la lutte de classe sous sa forme extrême, le programme proclame la nécessité du passage au socialisme par l'entremise du prolétariat. « Il n'y a que » le mode de production collective qui puisse remplacer l'organisation capitaliste, « il n'y a que » le prolétariat qui puisse réaliser ce processus. La dérive de la doctrine du parti sur la voie de la nécessité naturelle est donc clairement affirmée.

Pour autant, l'ambiguïté reste présente. Il est dit, par exemple, que « la lutte de la classe ouvrière contre l'exploitation capitaliste est nécessairement une lutte politique[38] », qui devient un préalable indisponible à toute transformation économique ou sociale. Or, les caractéristiques de cette lutte politique ne sont pas précisées, il n'est pas dit si elle sera le résultat d'une évolution ou la conséquence d'une révolution. Et le parti « combat dans la société présente[39] » l'exploitation et l'oppression des travailleurs et des autres dominés. L'ambiguïté est particulièrement manifeste dans la seconde partie pratique, rédigée par Bernstein.

37. Edgar Milhaud, *La Démocratie socialiste allemande*, Paris, Alcan, 1903, p. 55-59.
38. *Op. cit.*
39. *Op. cit.*

Certaines revendications (« remaniement légal des circonscriptions électorales après chaque recensement », organisation des élections « au jour de repos légal[40] ») indiquent que le Reichstag n'est plus considéré comme un simple instrument de propagande, mais comme un moyen d'émancipation.

L'étude du programme d'Erfurt permet de mieux cerner la nature de l'orthodoxie au sein du SPD : il signifie « la consolidation de l'immobilisme politique, masqué sous le maintien de l'idéologie et de la phraséologie révolutionnaires orthodoxes, qui n'avaient quasiment plus que des fonctions socio-psychologiques et qui définissaient toujours moins les buts de la social-démocratie[41] ».

Orthodoxie et marxisme

Malgré tout, cette orthodoxie n'a qu'un impact relatif sur les militants. Kautsky joue un rôle clé dans cette construction théorique, mais son influence sur le SPD reste limitée : il n'occupe alors aucune fonction officielle dans le parti, ni dans la direction, ni lors des congrès, ni au Reichstag. Sa seule position d'influence est la direction de *Die Neue Zeit*, revue qu'il a fondée en 1883. Mais, dans la mesure où cette revue n'est diffusée que dans des cercles étroits, son impact est limité. Elle n'est pas un journal officiel du parti, et son tirage est extrêmement modeste compte tenu du nombre de militants sociaux-démocrates : 3 000 numéros par mois en moyenne avant 1900[42], 6 000 numéros au maximum par la suite, alors même que le SPD compte 228 000 adhérents en 1890[43]. Le reproche, régulièrement adressé à la rédaction, d'être trop théorique, confirme ce que les chiffres indiquent. Il faut donc considérablement nuancer l'idée que le parti allemand bénéficie de la force et de la valeur de ses théoriciens.

L'orthodoxie se réduit, pour les militants, à certaines formules consacrées, vulgarisant la pensée de Marx, comme la « théorie de l'effondrement », la « concentration capitaliste »... L'adhésion à l'orthodoxie ne suppose pas de connaissance approfondie du marxisme, et, « d'après une estimation qui fut faite en 1905, il apparut qu'à peine 10 % des militants du parti social-démocrate possédaient "une connaissance quelconque

40. Les circonscriptions électorales sont restées inchangées depuis 1871, favorisant les campagnes au détriment des villes dont la population augmente. Les sociaux-démocrates veulent une adaptation de la carte électorale qui tienne compte des migrations vers les centres industriels. Et l'une des méthodes employées par l'administration pour conjurer la « menace rouge » est d'organiser les élections en semaine, ce qui empêche les ouvriers de se rendre au bureau de vote.

41. Dieter Groh, *op. cit.*, p. 60 (nous traduisons).

42. Bo Gustafsson, *op. cit.*, p. 29.

43. Hedwig Wachenheim, *op. cit.*, p. 272.

des schémas de pensée marxiste"[44] ». L'orthodoxie fonctionne donc sur des lieux communs à la classe ouvrière, qui lui permettent de mieux saisir l'environnement dans lequel elle vit. La loi antisocialiste a vérifié les affirmations de Marx, leur donnant une épaisseur empirique, garantissant ainsi le succès de la théorie. Vérifiée la lutte de classe, puisque la coalition des grands propriétaires terriens et des industriels, sous la direction de Bismarck, a voté la loi de répression. Vérifiée la théorie de l'État comme instrument d'oppression, puisque arrestations, procès, condamnations se succèdent. De plus, la conjoncture économique, défavorable jusqu'au milieu de la décennie 1890, semble valider les assertions économiques de Marx : le krach de 1873 apparaît comme l'une des convulsions finales du système capitaliste, la dépression, qui touche les classes moyennes ou la petite bourgeoisie, semble confirmer la thèse de la prolétarisation des masses. Le contexte spécifique de la loi antisocialiste accrédite donc le marxisme, puis des élaborations théoriques tentent de geler cette constellation occasionnelle dans un système cohérent, l'attentisme révolutionnaire de Kautsky.

Celui-ci n'est donc pas le résultat d'une contradiction entre deux exigences inhérentes au parti, inscrites de toute éternité dans son principe. Il s'agit simplement de la fixation de circonstances exceptionnelles qui ont fourni une matrice à la social-démocratie allemande jusqu'en 1914. Ceci renverse la signification du paradoxe dans lequel s'enfonce le parti : il ne s'agit pas tant d'une opposition entre volonté d'intégration et rejet de la société allemande, que du décalage entre une constellation située dans le temps, immobilisée pour maintenir la cohésion du parti, et les réalités politiques, économiques et sociales. C'est dans ce contexte qu'il faut chercher à comprendre la signification des tentatives réformistes : plus que le résultat d'une volonté d'intégration au corps politique, il s'agit de rendre une cohérence entre théorie et pratique.

Un équilibre menacé par le réformisme

Réformisme politique : le cas Vollmar

Georg von Vollmar, après avoir quitté la direction du *Sozialdemokrat*, est élu député de la Saxe au Reichstag en 1881. Progressivement, le travail parlementaire le conduit à abandonner ses orientations radicales, et à défendre une ligne nettement réformiste : l'action dans les assemblées

44. Bo Gustafsson, *op. cit.*, p. 29 (nous traduisons).

peut donner au parti le moyen de faire aboutir pacifiquement les réformes politiques et sociales. Sa réélection au Reichstag en 1890, comme représentant de la Bavière, cette fois, le conforte dans ses convictions. Il expose ses vues dans un discours prononcé à Munich le 1er juin 1891, et soutient que les transformations de la situation politique des socialistes en Allemagne impliquent une modification de l'attitude du parti. Trois idées fortes doivent être soulignées. D'abord, le SPD est devenu un parti de masse, et l'opposition pure et simple devient impossible de ce fait, légitimant l'action au sein même du corps politique. Mais le but socialiste n'est pas abandonné. Le parti ne doit pas sombrer dans le jeu parlementaire. La conciliation entre la volonté de résoudre les problèmes quotidiens de la classe ouvrière, et la nécessité de sauvegarder le but révolutionnaire, amène Vollmar à se prononcer pour une conception évolutionniste du socialisme :

> « Il y a bien eu quelquefois de grandes crises par lesquelles l'histoire a fait ou semblé faire un saut. Mais ce qui se produit en général, c'est une lente évolution organique[45]. »

Ce discours suscite une vive opposition au sein du parti, et Vollmar entreprend de répondre à ses contradicteurs dans une deuxième allocution, prononcée à Munich le 6 juin 1891. Il y souligne à nouveau la valeur des réformes faites pour améliorer la condition des travailleurs, mais va plus loin encore : il se prononce en faveur de la négociation, à la fois au Parlement et dans les usines :

> « [...] la partie adverse a aussi des intérêts et de la puissance, c'est pourquoi nous devons négocier au sujet de nos revendications[46] ».

C'est cette négociation qui doit permettre à l'évolution vers le socialisme de se réaliser, et, là encore, Vollmar est très clair :

> « Des hommes sérieux se donnent un idéal, mais ils se représentent aussi le long chemin qui y conduit et les innombrables obstacles qu'il faut surmonter ; ils se représentent qu'un ordre de choses rattaché par mille fils au passé ne peut pas d'un seul coup faire place à un nouvel ordre de choses, mais que toute évolution se produit peu à peu, et que l'on doit vouloir et poursuivre le tout, mais le conquérir seulement par parties[47]. »

Et Vollmar justifie son point de vue par le fait que

> « un parti qui travaille dans la réalité [...] doit régler sa conduite selon la vie de tous les jours et faire de la politique pratique. Le socialisme était

45. Edgard Milhaud, *op. cit.*, p. 546.
46. *Ibid.*, p. 547.
47. *Ibid.*, p. 548.

autrefois une secte et une école. Mais aujourd'hui il est devenu en Allemagne, surtout depuis les dernières élections, un grand parti qui ne peut plus s'en tenir à de commodes revendications générales, ni se placer uniquement au point de vue de la pure négation[48]. »

Ce deuxième discours provoque lui aussi des remous, et l'affaire est discutée lors du congrès d'Erfurt en 1891. Malgré une condamnation formelle, le réformisme de Vollmar ne remet pas en question le but du socialisme et les espoirs qu'il suscite. C'est avant tout la pratique politique du parti et son calendrier qui font l'objet de débats. Quoi qu'il en soit, la position de Vollmar semble bien être une conséquence de la nouvelle configuration issue de l'abrogation de la loi antisocialiste, pour combler le fossé de plus en plus béant séparant la théorie du parti de sa pratique.

Réformisme pratique : l'exemple de la question agraire

La poussée du réformisme est sensible également dans le domaine de la tactique. La question agraire devient objet de débats au sein du parti avec l'abrogation de la loi antisocialiste, qui rend à nouveau possible la propagande organisée dans les milieux ruraux. La discussion est amorcée par les socialistes bavarois, qui soulignent que la domination de la petite propriété en Bavière[49] est en contradiction avec l'analyse du programme d'Erfurt :

> « La propriété privée des moyens de production, qui servait autrefois à assurer au producteur la propriété de son produit, sert aujourd'hui à exproprier les paysans, les artisans et les petits commerçants [...]. Il n'y a que la transformation de la propriété privée capitaliste des moyens de production – sol, mines, matières premières, outils, machines, moyens de transport – en propriété sociale [...] qui puisse faire que la grande exploitation et la productivité constamment croissante du travail social deviennent pour les classes, jusqu'ici exploitées [...], sources du plus grand bien-être et d'un perfectionnement harmonique et universel[50]. »

La propagande et l'action en direction des campagnes doivent remplir un double objectif : éviter, par la ruine des petits propriétaires, les effets négatifs sur le marché du travail et des salaires d'un exode rural prononcé ; et augmenter les forces électorales du parti.

48. *Ibid.*, p. 548.
49. 90 % des propriétés y appartiennent à des paysans qui exploitent eux-mêmes leurs terres.
50. Edgard Milhaud, *op. cit.*, p. 56.

Le débat est posé lors du congrès de Francfort en 1894. Il est alors décidé de réunir une commission pour définir un programme, rendu le 15 juin 1895. Elle se prononce en faveur d'une intervention de l'État, qui doit se porter acquéreur des hypothèques sur la terre, organiser un monopole sur le crédit agricole et contrôler les assurances. Le programme est soutenu par des socialistes méridionaux, dont le chef reconnu est Vollmar. Il est soutenu par d'autres membres du parti, notamment des journalistes comme Édouard David (1863-1930), récemment renvoyé de son poste de professeur de lycée pour son adhésion au SPD, ou Bruno Schönlank (1859-1901), député de Breslau en Silésie.

Les socialistes méridionaux, dans le programme bavarois puis dans la commission nommée par le congrès, soutiennent, contre la conception d'un parti de classe, celle d'un parti de masse. Ainsi, pour le *Landtag* bavarois (l'assemblée du Land) de 1893,

> « le socialisme n'est pas une pure doctrine de parti du prolétariat, son but final est l'affranchissement de l'humanité. Et, par suite, la démocratie socialiste n'est pas un simple parti d'ouvriers industriels, elle est l'organisation militante de tout le peuple laborieux, luttant pour son émancipation politique[51]. »

De plus, les socialistes méridionaux donnent un rôle prééminent à l'État dans leur programme, alors que les orthodoxes en font un instrument de domination qui doit être supprimé. Les rédacteurs du projet proposent d'ailleurs d'ajouter un paragraphe en tête de la seconde partie pratique du programme d'Erfurt : les revendications immédiates ont pour but de « démocratiser les institutions publiques dans l'Empire [...] d'élever la condition sociale des classes travailleuses et d'améliorer la situation de l'industrie, de l'agriculture et du commerce dans le cadre de l'ordre politique et social actuel[52] ». Ainsi, au lieu d'une rupture qui détruirait l'État, les socialistes méridionaux défendent l'idée d'une évolution progressive qui mènerait au socialisme par la transformation de la société capitaliste.

Enfin, le débat ouvert sur la question agraire par les socialistes méridionaux introduit une idée qui prendra toute sa dimension par la suite : la critique des formules consacrées du parti. Ainsi, Bruno Schönlank affirme au congrès de Francfort : « Notre politique révolutionnaire ne doit pas consister dans l'énergie de phrases enflées, nous ne devons pas nous laisser détourner du droit chemin par des objections pseudo-radicales[53]. »

51. *Die Sozialdemokratie im bayerischen Landtag, 1893-1899, Handbuch für Landtagswähler*, Nuremberg, Wörlein, 1899, p. 49, cité in Edgard Milhaud, *op. cit.*, p. 302.
52. Cité in *ibid.*, p. 313.
53. Congrès de Francfort, *Protokoll*, p. 141, cité in *ibid.*, p. 310.

Ainsi, le débat sur la politique agraire de la social-démocratie va bien au-delà de la question de la petite propriété dans la propagande et l'action du parti. Il concerne aussi la vision du parti, de l'État, de l'évolution vers le socialisme, ou du discours. Et, sur ces questions, se dégage clairement une aile réformiste : être partisan de l'intégration et de la défense des petits propriétaires, c'est aussi soutenir un parti de masse, la transformation progressive de l'État, une évolution sans heurts vers le socialisme, et la conformité du discours politique aux faits.

La tendance réformiste ne s'est pas construite abstraitement, comme une théorie mise ensuite en pratique. Bien au contraire, « au début, le mot n'existait pas, mais le fait était là[54] ». Ce sont les différentes questions posées successivement au parti (place de la réforme, programme agraire, vote du budget dans les *Landtage*) qui définissent progressivement un ensemble de prises de position communes. Le réformisme n'a sans doute pas de chef officiel (Vollmar est plutôt considéré comme le leader d'une fraction régionale du parti), ni de doctrine définie. Mais il existe, en ce qu'il construit progressivement, selon les cas et au jour le jour, une nouvelle option politique pour le parti, au-delà de l'immobilisme de l'orthodoxie ou du radicalisme des révolutionnaires. Au fond, il ne lui manque qu'un point de ralliement. Bernstein va le lui donner.

Ces analyses permettent de montrer plusieurs choses. D'abord, la constellation issue de la loi antisocialiste élargit le fossé entre la rhétorique du parti et sa pratique réelle. La cohésion n'est maintenue que par la théorie de Kautsky et mise en œuvre dans le programme du SPD. C'est précisément contre cette interprétation que se dresse le révisionnisme de Bernstein, en ce qu'il tente d'adapter la théorie du parti à sa réalité. Il ne s'agit pas d'une mise en cause du marxisme lui-même, mais d'une critique de la vulgarisation en vigueur dans le parti. Ensuite, le révisionnisme s'inscrit dans le mouvement plus large du réformisme, qui se développe depuis 1891, et auquel il s'articule.

C'est donc dans ce contexte que le débat révisionniste prend place : le parti est moins homogène qu'il ne semble, l'unité entre la doctrine et la pratique n'a été obtenue que par la définition et la permanence artificielles d'une théorie de conciliation, l'attentisme révolutionnaire, dont l'adéquation avec la réalité semble de plus en plus problématique en cette fin de XIXe siècle. Ce qui explique les tentatives réformistes qui se font jour, et pourquoi le révisionnisme est formulé à ce moment-là.

54. Bo Gustafsson, *op. cit.*, p. 23 (nous traduisons).

Chapitre III
La querelle révisionniste

Premières formulations (1896-1898)

Les articles de *Die Neue Zeit*

La mort d'Engels, en août 1895, laisse Bernstein seul face à ses doutes. À partir d'octobre 1896, il fait paraître, dans *Die Neue Zeit*, une série d'articles sous le titre « Problèmes du socialisme », où le révisionnisme commence à prendre forme. Il montre que le passage au socialisme se réalisera, non par une catastrophe révolutionnaire, mais par des réformes progressives. Bernstein, dans le premier article, soutient que l'influence du prolétariat est telle qu'il peut peser sur l'évolution économique dans le sens du socialisme, sans passer par une révolution violente. Celle-ci ne peut se réaliser que si les conditions économiques sont assez homogènes pour que le passage brusque de l'économie capitaliste à la socialisation des moyens de production se fasse sans heurts.

C'est cette complexité que Bernstein tente d'expliquer dans un deuxième article, « L'évolution de la situation agricole en Angleterre ». Niant la thèse de la concentration capitaliste dans l'agriculture, Bernstein souligne la pertinence de l'exploitation moyenne pour la culture intensive ou l'élevage. Il conclut ainsi :

> « La vérité n'est pas toujours agréable, mais elle est toujours utile. Elle nous apprend [...] à nous occuper de ces tâches que nous pouvons

résoudre, et nous préserve de rêver à un modèle imminent de solutions dont les conditions ne sont pas encore atteintes[55]. »

Les conséquences politiques de cette citation sont abordées dans un troisième article en avril 1897. Bernstein y oppose une conception évolutionniste et réformiste du socialisme à une conception insurrectionniste, et se déclare nettement partisan de la première.

Les chefs du parti en Allemagne ne s'inquiètent pas outre mesure des positions prises par Bernstein. Ils mettent sur le compte de facteurs purement personnels la dérive du disciple d'Engels vers le réformisme et sa critique de l'idéologie du parti (exil, dépression...). En revanche, certains marxistes anglais réagissent, notamment Belfort Bax (1854-1926), alors l'un des chefs de la Social Democratic Federation d'inspiration marxiste, qui reproche à Bernstein de ne pas tenir compte du but final du socialisme. Plongé dans la polémique, celui-ci doit préciser son propos.

Premières passes d'armes, premières déformations

La rupture survient avec la publication, en janvier 1898, d'un article intitulé « La théorie de l'effondrement et la politique coloniale ». Bernstein y critique l'automatisme d'une loi qui ferait découler le socialisme d'une improbable crise « naturelle » du capitalisme. S'appuyant sur des statistiques allemandes récentes, il montre que, si le nombre des entreprises minuscules baisse, celui des entreprises moyennes augmente. Il n'y a pas donc pas de lutte entre la très grande entreprise et les autres, menant à une concentration extrême du capital, mais coexistence entre elles.

Ainsi, le quatrième point de la partie théorique du programme, qui établit un lien direct entre la concentration du capital (et donc la lutte des classes) et l'aggravation des crises, déforme la réalité. Selon Bernstein, le développement du crédit, les nouvelles formes de cartels et les moyens de communication modernes permettraient au capitalisme de réguler ses propres dysfonctionnements. Mais, si le système ne s'effondre pas de lui-même, que doit faire la social-démocratie ? La conclusion est claire : le socialisme doit être construit par une évolution appuyée sur des réformes à l'intérieur de la société capitaliste. C'est à ce moment que l'on trouve la célèbre phrase : « Ce but, quel qu'il soit, n'est rien pour moi, le mouvement est tout[56]. » C'est cette citation qui déclenche

55. Cité in Bo Gustafsson, *op. cit.*, p. 103 (nous traduisons).
56. « *Dieses Ziel, was immer es sei, ist mir gar nichts, die Bewegung alles* », cité in *ibid.*, p. 108.

le débat révisionniste, c'est autour d'elle que les oppositions se cristallisent. Pour beaucoup de sociaux-démocrates, une telle affirmation est comme un adieu au marxisme.

Cette phrase est si importante qu'il faut s'y attarder pour en définir les termes. Bernstein précise plus haut « *was man gemeinhin unter "Endziel des Sozialismus versteht"*[57] ». L'utilisation de deux termes impersonnels (*man, gemeinhin*), permet de montrer que Bernstein n'a pas en vue le but défini par Marx et Engels. Ce qu'il vise, c'est avant tout l'interprétation généralement admise par les militants comme par les chefs de la social-démocratie. Les analyses qui précèdent ont montré que cette représentation partagée est celle de « l'attentisme révolutionnaire », d'une version déformée du marxisme, où la révolution devient un événement naturel et nécessaire que la social-démocratie doit attendre et préparer en développant son organisation et sa propagande.

Il faut également définir ce que Bernstein entendait par « mouvement » :

> « En revanche, c'est ma ferme conviction que déjà la génération actuelle verra la réalisation de beaucoup de socialisme, sinon sous la forme patentée, du moins en réalité. L'élargissement constant du cercle des devoirs sociaux, c'est-à-dire des devoirs et des droits correspondants des individus vis-à-vis de la société, et des obligations de la société vis-à-vis des individus, l'extension du droit de contrôle exercé sur la vie économique par la société organisée dans la nation ou dans l'État, le développement de l'administration démocratique directe dans la commune, le cercle et la province, et l'extension des attributions de ces groupements – tout cela signifie pour moi une évolution vers le socialisme[58]. »

Bernstein ne renonce pas absolument au but final du socialisme, il en refuse une certaine forme :

> « Si l'on entend par réalisation du socialisme l'établissement d'une société réglé en tous points d'une manière rigoureusement communiste, je n'hésite assurément pas à déclarer qu'elle me paraît se trouver dans un avenir passablement lointain[59]. »

Il ne renonce pas non plus à la révolution, si elle se définit comme le bouleversement de l'ordre social actuel. L'article de Bernstein est donc beaucoup plus modéré que ce que les sociaux-démocrates en disent. Il ne s'agit pas de remettre en question le marxisme, ni de renoncer au but

57. Ce qui peut être traduit par : « Ce que l'on entend d'ordinaire par "but final du socialisme" ».
58. Cité in Bo Gustafsson, *op. cit.*, p. 107 (nous traduisons).
59. Cité in Edgard Milhaud, *op. cit.*, p. 567.

final ou à la révolution, mais simplement de mettre un terme à l'interprétation, jugée abusive, que donne la direction du SPD de tous ces concepts.

Le révisionnisme entre refoulement et négation, 1898-1903

Premier acte : la controverse éclate (1898-1899)

Il n'empêche qu'une telle phrase ne peut rester inaperçue. Les chefs radicaux de la social-démocratie allemande s'en saisissent pour attaquer Bernstein. Deux journalistes radicaux mènent l'assaut : Parvus (1847-1924), de son vrai nom Alexander Helphand, qui dirige la *Sächsische Arbeiterzeitung* ; et la jeune Polonaise Rosa Luxemburg (1871-1919), qui vient d'adhérer au SPD, et qui écrit dans la *Leipziger Volkszeitung*. La stratégie des chefs du parti, notamment Bebel, Auer et Kautsky, est beaucoup plus floue. Ils considèrent que les positions hétérodoxes de Bernstein ne peuvent avoir de conséquences importantes sur le parti et tentent donc de régler l'affaire à l'amiable. Pour autant, aucune stratégie commune n'est définie. Kautsky arrive, à l'automne 1898, à la conclusion que Bernstein est perdu pour le parti. Il organise donc son action sur deux axes : demander personnellement à Bernstein d'aller jusqu'au bout de sa critique et de quitter le parti pour viter toute scission ; modérer les attaques de l'extrême gauche dans les discours et les réunions publiques (c'est-à-dire ne pas condamner en bloc le révisionnisme). La position d'Auer est plus modérée : il s'agit surtout de ne pas amener Bernstein à radicaliser ses positions. Le révisionnisme ne pouvant être contrôlé qu'à l'intérieur du parti, il ne faut surtout pas l'exclure. Bebel, enfin, est plus tranchant et condamne toute révision du programme au nom de la cohésion du parti.

C'est dans ces conditions que le débat s'ouvre lors du congrès de Stuttgart, du 2 au 8 octobre 1898. Le débat commence dans la confusion : il faut, bien entendu, discuter de la révision éventuelle du programme du parti. Mais, parallèlement à cette question, somme toute assez théorique, en surgit une autre : l'« affaire Heine ». Wolfgang Heine (1861-1944), candidat aux élections législatives de 1898 à Berlin, s'est prononcé pour une politique de compensation dans un discours le 9 février : la Fraktion doit soutenir la construction de nouveaux navires, désirée par le gouvernement, en votant les crédits maritimes, contre l'obtention de droits civils ou leur élargissement. Il ne s'agit donc pas d'un soutien à la

Le congrès de Stuttgart (1898)

« Le scandale fut grand*. Des protestations s'élevèrent de toutes parts. Le camarade Parvus, alors directeur de la *Sächsische Arbeiterzeitung*, s'éleva avec indignation à la fois contre les déclarations de Bernstein et contre celles de Heine. Il dénonça de toutes parts les symptômes de l'esprit de modérantisme et de compromission, et rappela aux camarades les principes révolutionnaires et l'idéal socialiste. Sa critique fut âpre, ses coups portèrent indistinctement, avec violence, sur tous ceux qui avaient, de près ou de loin, favorisé la tendance modérée. Et les mécontentements qu'avaient fait naître Bernstein et Heine se compliquèrent de ceux que provoqua Parvus.

« Les choses en étaient là, lorsque la représentation suprême du parti, le Congrès, se réunit à Stuttgart. Un petit groupe se forma, qui mena l'assaut contre les modérés. Les quelques personnes qui le composaient, étaient Rosa Luxemburg, une juive polonaise, à la parole ferme, ardente, mais non fiévreuse, sûre, précise, jeune fille petite, mince, qui monta sur une chaise près de la tribune pour prononcer son premier discours ; Clara Zetkin, la véhémente propagandiste, violente, passionnée ; Schönlank, député de Breslau, rédacteur en chef de la *Leipziger Arbeiterzeitung*, qui, trois ans auparavant, au congrès de Breslau, dans la discussion du programme agraire, avait compté parmi les modérés, avait été jusqu'à la nécessité de réviser les principes, et qui maintenant, conquis à la tactique révolutionnaire, éclatait, de toute son âme et de tous ses nerfs, en invectives enflammées ; enfin Stadthagen, le fougueux député berlinois, qui mit le feu aux poudres... La thèse de la politique modérée était défendue par l'avocat berlinois Wolfgang Heine, député, homme jeune, froid, et qui opposait à la fougue des révolutionnaires le calme d'une parole lente, nette, amère ; et par l'ancien député Peus, qui venait d'être battu aux dernières élections, ancien candidat de théologie, à la figure forte, la barbe et la moustache rasées, et dont la parole rude, lente, avec des accents onctueux par instants, rappelait l'éloquence d'un pasteur en chaire. Le chef du parti bavarois, Georg von Vollmar, qui représente depuis longtemps dans la démocratie socialiste allemande la tendance modérée, et dont le modérantisme exprime les préoccupations essentiellement démocratiques et réformistes de la population de petite propriété paysanne de la Bavière, prêta à Peus et à Heine, contre les révolutionnaires, l'appui de son éloquence forte et calme, de sa science, de son déterminisme patient et résigné. »

Edgard Milhaud, « Le Congrès socialiste de Stuttgart », *La Revue Socialiste*, janvier 1899, tome XXIX, pp. 8-9.

* Après la publication des articles de Bernstein dans *Die Neue Zeit*.

politique extérieure de l'Allemagne, mais simplement d'une utilisation pragmatique de la machine parlementaire pour faire avancer la cause démocratique. En cela, Heine relève du réformisme de Vollmar. Mais les journalistes radicaux, notamment Parvus, s'empressent d'assimiler cette question de stratégie parlementaire à celle, théorique, du révisionnisme, et, de cette manière, les deux courants sont assimilés l'un à l'autre dès le congrès de Stuttgart. Se constituent ainsi deux camps opposés : d'un côté, les réformistes «traditionnels» (Vollmar, Heine), qui ne remettent pas en question la théorie du parti, et qui sont amenés à soutenir Bernstein contre l'extrême gauche ; d'un autre côté, une aile radicale, autour de Rosa Luxemburg ou Parvus.

Les attaques de la frange radicale contre Bernstein sont centrées sur sa fameuse phrase. Rosa Luxemburg intervient ainsi :

> «J'affirme que pour nous comme parti révolutionnaire, comme parti du prolétariat, il n'existe pas de question plus pratique que celle du but final[60]. »

Son discours consiste ensuite à affirmer, contre Bernstein, l'importance cruciale du but final du socialisme :

> «Bernstein a écrit dans la *Neue Zeit* : "Le but final n'est rien pour moi, le mouvement est tout." Je ne crois pas que les ouvriers allemands se placeront à ce point de vue décadent [...]. Il faut que l'État actuel soit détruit, et il ne peut être détruit que par la conquête de la puissance politique. Cela est, cela doit rester notre but final ; aussi je pense que les ouvriers se placeront à ce point de vue : "Le mouvement comme tel n'est rien pour nous, le but final est tout[61]." ».

Après l'intervention de Rosa Luxemburg, Clara Zetkin (1857-1933) prend la parole à son tour pour dénoncer, non le révisionnisme de Bernstein, mais la «politique de compensation» de Heine, prouvant ainsi l'assimilation par les radicaux du révisionnisme au réformisme.

Face à ces deux positions extrêmes, la direction du parti joue la carte de l'équilibre : soutenir une position centrale, qui rejette clairement le révisionnisme, sans pour autant en venir aux conclusions extrêmes des radicaux. Ainsi, Kautsky ne critique pas Bernstein pour ses entorses à l'idéologie du parti, mais pour son interprétation limitée des faits qui étayent ses positions. Il ne s'agit donc pas d'une mise au point théorique, ni d'un démenti formel :

60. *Id.*, «Le congrès socialiste de Stuttgart», *La Revue socialiste*, janvier 1899, tome XXIX, p. 10-11.
61. *Ibid.*, p. 10-11.

> « On a dit que cette opinion était insensée. Non, cette opinion de Bernstein repose sur des faits positifs. Elle n'a qu'un défaut : pour notre malheur, ces faits ne se rapportent pas à l'Allemagne, mais à l'Angleterre[62]. »

Liebknecht intervient après Kautsky. L'optique est la même : préserver une position qui rejette à la fois le révisionnisme et le radicalisme. Il dénonce le ton doctrinal des articles de Parvus, l'aspect personnel de la polémique lancée dans son journal. Mais il condamne également sans réserve le révisionnisme de Bernstein. Liebknecht résume ainsi la volonté de trouver un équilibre entre les deux positions :

> « On nous a prononcé cette parole : "Le mouvement est tout pour moi, le but final n'est rien." C'est une grande folie, un pareil mouvement ne serait rien de plus qu'une course sans plan et sans raison. La camarade Luxemburg a dit inversement : "Le but final est tout pour moi, le mouvement n'est rien." Cela est tout aussi faux. Car comment concevoir le but final sans mouvement ? Non : notre travail est le mouvement pour le but final, et le but final est le renversement de la société capitaliste[63]. »

Ni le révisionnisme, ni le radicalisme ne parviennent à triompher, chacun des deux extrêmes étant tenu par le centre orthodoxe qui cherche à préserver le programme d'Erfurt et l'unité du parti. Pour cette raison, le début de la querelle révisionniste ne semble pas avoir été ressenti comme une rupture par les militants lors du congrès. Un exemple parle de lui-même, celui de la fête organisée pour les participants :

> « Un tableau attirait les regards des camarades. Il était l'œuvre d'un peintre distingué de Stuttgart, un socialiste ; il symbolisait la lutte des révolutionnaires et des modérés. Parvus avait devant lui, grand ouvert, *Le Capital* de Karl Marx. La tête en avant, dans cette attitude de lutteur qu'il a toujours, le regard sévère, il tendait avec colère la main vers Bernstein, qui écrivait tranquillement : "Je me moque des fins dernières ! Le mouvement est tout pour moi, le but final n'est rien." Le fond du tableau était formé par une bibliothèque remplie de gros volumes. Devant la bibliothèque, regardant d'un air ironique Parvus et Bernstein, se trouvait un camarade de Stuttgart, le rabbin Stern, auteur d'une étude sur Spinoza. À droite, revêtus de draperies blanches, étaient les morts, Kayser, Engels, Marx, Lassalle, Grillenberger et d'autres. Ils assistaient avec sérénité à ce débat de leurs successeurs. Marx avait la main tendue vers eux

62. *Ibid.*, p. 11.
63. *Ibid.*, p. 16.

et regardait sans colère ces interprètes de sa pensée se disputant le patrimoine intellectuel qu'il leur avait légué. Les camarades venaient voir le tableau, s'arrêtaient et souriaient[64]. »

L'opposition des dirigeants de la social-démocratie allemande n'est donc pas encore radicale, et c'est dans cet état d'esprit que Kautsky et Auer demandent à Bernstein de clarifier ses idées dans un ouvrage. *Die Voraussetzungen des Sozialismus und die Aufgaben der Sozialdemokratie* (« Les Présupposés du socialisme et les Devoirs de la social-démocratie ») est publié en mars 1899 chez Dietz, la maison d'édition créée par Johann Dietz (1848-1922), connue pour avoir édité certains manuscrits de Marx et d'Engels. Mais, en réalité, l'ouvrage contribue à pousser Kautsky vers une position franchement hostile à Bernstein. Le 16 mars 1899, une réunion a lieu entre Dietz, l'éditeur, et les chefs du parti Singer (coprésident du SPD), Bebel et Kautsky, où il est décidé de mettre fin à la collaboration de Bernstein à *Die Neue Zeit*. Le même jour, Kautsky fait paraître sa première critique publique du révisionnisme dans le *Vorwärts*.

Ainsi se met en place la configuration du centre orthodoxe dans le débat : Bebel et Kautsky se font les champions du respect du programme d'Erfurt que Bernstein tente de mettre en question. Bebel rallie, par sa position dominante dans le parti, les majorités nécessaires pour contrecarrer le révisionnisme lors des congrès. Kautsky, poussé par Bebel, se charge de l'attaque théorique contre Bernstein. Ensemble, les deux hommes définissent la stratégie qui va être celle du centre orthodoxe pendant toute la controverse : il s'agit de laisser le révisionnisme s'exprimer lors des congrès, pour donner aux harangues de Bebel contre Bernstein tout leur effet. En outre, il ne faut pas permettre au révisionnisme de devenir un mouvement incontrôlé, dangereux pour l'unité du parti, et donc exclure Bernstein. Enfin, donner une visibilité au révisionnisme, tout en l'accompagnant des critiques de Bebel et de Kautsky, doit discréditer dans le socialisme européen les efforts de Bernstein.

Les circonstances ne sont donc pas favorables à Bernstein lorsque s'ouvre le congrès de Hanovre, du 9 au 14 octobre 1899. Là encore, le débat sur le révisionnisme se superpose à une autre question, celle du ministérialisme, posée par l'entrée en juin de la même année d'Alexandre Millerand dans le cabinet de Pierre Waldeck-Rousseau en France. Bebel prononce un discours de six heures, montrant le danger que peut représenter une conception réformiste et évolutionniste du socialisme. Il met le parti en garde contre toute tentative de le couper

64. *Ibid.*, p. 20-21.

de sa tradition révolutionnaire, qui le priverait de son essence même. Ceux qui abandonnent cet idéal en faveur d'un socialisme progressif ne montrent que leur compromission avec le régime autoritaire allemand. Bebel dénigre ensuite le révisionnisme en ces termes :

> « C'est une entreprise puérile que de peindre les choses de manière à détourner le parti de toute démarche énergique, et d'accroître à l'infini les difficultés afin qu'il avance le plus lentement possible. Un parti qui lutte veut vaincre, et a besoin pour cela d'enthousiasme, a besoin d'esprit de dévouement et d'ardeur belliqueuse et on lui prend tout cela si on entasse en tous sens les difficultés, si on lui dit toujours : soyez prudents, soyez sages, soyez de braves petits enfants, afin de ne pas effrayer la chère bourgeoisie, – et c'est cela que nous trouvons à toutes les pages, de manière insupportable, dans le livre de Bernstein, notamment dans sa dernière partie. Bernstein n'est jamais las de nous dire : vous êtes incapables d'accomplir votre tâche[65]. »

Bernstein est encore en exil à Londres, et c'est Édouard David qui prend sa défense. Il souligne l'absence d'antagonisme entre le programme d'Erfurt et les thèses de Bernstein. Dans le programme d'Erfurt :

> « La lutte de la classe ouvrière contre l'exploitation capitaliste est nécessairement une lutte politique. La classe ouvrière ne peut pas mener ses luttes économiques et ne peut pas développer son organisation économique sans droits politiques. Elle ne peut pas réaliser le passage des moyens de production en la possession de la collectivité sans être entrée en possession de la puissance politique[66]. »

Or, Bernstein ne soutient pas le contraire, il pense précisément que la conquête du pouvoir économique est liée à celle du pouvoir politique. La bataille dure cinq jours, et, finalement, Bebel parvient à faire adopter une résolution qui réaffirme les principes d'Erfurt, le caractère de classe du parti, et la condamnation du révisionnisme :

> « D'après tout cela, le parti n'a aucune raison de modifier ni son programme, ni sa tactique, ni son nom, c'est-à-dire de devenir, de parti démocrate socialiste qu'il est, parti de réformes démocratiques et socialistes, et il repousse catégoriquement toute tentative pour dissimuler ou modifier son attitude en face de l'ordre politique et social actuel et du parti bourgeois[67]. »

65. Congrès de Hanovre, *Protokoll*, p. 120-121, cité in Edgard Milhaud, *op. cit.*, p. 578.
66. Programme d'Erfurt, annexe I.
67. Congrès de Hanovre, *Protokoll*, p. 243, cité in Edgard Milhaud, *op. cit.*, p. 575.

Le rejet du révisionnisme semble clair, mais la résolution n'est pas aussi nette qu'il y paraît. Elle n'est que le résultat de la nécessité pour la direction de louvoyer entre la droite révisionniste et réformiste, et la gauche radicale. La première partie de la résolution affirme donc le but final du socialisme, mais admet ensuite la possibilité d'alliances avec les partis bourgeois. Pour Hedwig Wachenheim, il s'agit donc d'une défaite à la fois de Bernstein et de Kautsky. Mais cette thèse est contestable : les concessions (relatives aux élections) ne concernent que le domaine pratique. Or, l'enjeu du débat ne se situe pas sur le plan de la tactique seule, mais concerne sa relation avec la théorie. Et, malgré les accommodements, la résolution est très claire : le parti doit garder sa théorie comme un phare, guidant les militants vers le socialisme. Sur le plan purement pratique, l'attentisme révolutionnaire est sauvegardé.

Le congrès de Hanovre est donc une défaite du révisionnisme. Édouard David est resté sec et froid dans sa plaidoirie, Bernstein est absent. Le révisionnisme reste sans chef d'envergure. Et, après avoir été exclu de *Die Neue Zeit*, Bernstein cesse sa collaboration au *Vorwärts* en mai 1900. La première période de la controverse se termine donc par une victoire incomplète de l'orthodoxie, qui laisse envisageable une contre-attaque des révisionnistes.

Interlude : le réseau révisionniste se forme

Au lieu d'étouffer le révisionnisme dans l'œuf, la stratégie adoptée par Bebel et Kautsky rend possible la formation d'un réseau révisionniste. Elle concerne d'abord des réformistes méridionaux, comme Vollmar ou David. Cette mouvance ne remet pas en cause la théorie du parti élaborée à Erfurt, et ses revendications sont surtout d'ordre pratique. Même si elle n'est pas menée par des chefs reconnus, un réseau s'est formé au fil des congrès, réunissant les mêmes personnes sur les mêmes positions, à propos de questions très diverses. C'est ce réseau qui fournit le premier point d'appui au révisionnisme de Bernstein. La définition d'un socialisme évolutionniste correspond davantage à leurs attentes que celle d'un « attentisme révolutionnaire ». Ensuite, les réformistes, dans les faits, sont devenus les avocats de Bernstein en Allemagne, en raison de son absence. Mais l'alliance n'est pas dépourvue d'ambiguïté. Vollmar écrit ainsi :

> « Ce qui nous convient dans les livres, nous le prenons, et ce qui ne nous va pas, nous le laissons de côté comme une erreur, comme nous faisons avec d'autres livres. »

Le deuxième cercle est celui des revues, dans lequel Heinrich Braun (1854-1927) joue un grand rôle. Celui-ci, sympathisant du SPD, a pour ambition d'approfondir et de diffuser la théorie socialiste. À ses débuts, il se fait le défenseur du marxisme, travaillant avec Kautsky dans *Die Neue Zeit* entre 1883 et 1888. Mais sa volonté d'appliquer le marxisme aux problèmes pratiques du parti l'amène à adopter une attitude de plus en plus critique envers le marxisme orthodoxe, accusé d'étouffer la diversité des opinions qui s'expriment au sein de la social-démocratie, et de ne pas tenir compte des réalités économiques et sociales. À la fin des années 1890, il espère transformer le parti dans un sens réformiste, sous l'impulsion du révisionnisme. Il cherche donc à donner une tribune à Bernstein, au moment où celui-ci est exclu de la rédaction de *Die Neue Zeit* et du *Vorwärts*. Braun lance le projet d'une revue qui emploierait la recherche sociale et scientifique pour analyser les problèmes pratiques du mouvement ouvrier. Mais, ne parvenant pas à trouver les fonds nécessaires, il invite Bernstein à contribuer à un journal libéral qu'il possède déjà, l'*Archiv für Soziale Gesetzgebung und Statistik* (« Archives pour la législation et la statistique sociale »). Bernstein, craignant qu'une publication spécifiquement révisionniste ne mette en danger l'unité du parti, refuse finalement la proposition, et la perspective d'une tribune officielle du révisionnisme est abandonnée. Il collabore à partir de 1900 aux *Sozialistische Monatshefte*, fondés en 1897 par Joseph Bloch (1871-1936), jeune intellectuel socialiste de 26 ans qui participe alors à toutes les entreprises visant à amender la théorie marxiste pour l'adapter aux réalités économiques et sociales. Même si Bernstein ne les considère pas comme « le » journal révisionniste, la place qui est accordée à ses partisans et le soutien affiché de Bloch en font son principal vecteur de diffusion. Mais ce réseau ne touche qu'une partie infime du parti.

Le révisionnisme rencontre également un certain écho au-delà des frontières de la social-démocratie, notamment chez les libéraux. Des économistes comme Franz Oppenheimer (1863-1943), préoccupés de réguler les effets néfastes du capitalisme, proposent une coopération avec Bernstein, dans l'espoir d'instaurer un « cartel rouge », alliance informelle entre les libéraux de gauche et les sociaux-démocrates. Au début, Bernstein n'est pas hostile à une telle alliance, ne voyant pas de contradiction entre une social-démocratie révisée et le libéralisme de gauche. Mais progressivement apparaissent des divergences sur la politique économique, Oppenheimer défendant le laisser-faire, Bernstein restant partisan d'une politique d'intervention. Le projet est abandonné.

L'évocation des deux réseaux (aux marges de la social-démocratie et à l'extérieur du parti) montre toutes les fragilités du révisionnisme. La première difficulté réside dans l'échec du révisionnisme, pris entre le libéralisme et le socialisme, n'existant qu'aux marges des deux mouvements, à trouver une identité réelle. Pour les libéraux les moins progressistes, le révisionnisme n'est qu'une manœuvre des socialistes pour conquérir leur électorat. Et inversement, pour les socialistes, le révisionnisme n'est qu'une tentative de corruption venant des partis bourgeois. Ainsi, et c'est la deuxième difficulté, le révisionnisme est fragilisé à l'intérieur même du SPD par le succès qu'il rencontre auprès des libéraux : même si Bernstein ne soutient pas le principe d'une coopération franche et ouverte avec eux, les sympathies rencontrées donnent au révisionnisme une image d'opportunisme qui hypothèque fortement son avenir. Le raccourci est d'autant plus tentant que la presse bourgeoise soutient Bernstein. La *Frankfurter Zeitung*, ou la *Deutsche Zeitung*, par exemple, journaux libéraux non socialistes, sont favorables à une politique de modération, et voient en lui l'espoir de briser l'isolement et l'opposition dans lesquelles s'est enfermé le parti. La sympathie que suscite le révisionnisme parmi certains cercles, limités il est vrai, pose problème à la fois au parti et au révisionnisme. La situation d'entre-deux des partisans de Bernstein, socialistes parfois proches des libéraux, fait peser sur le SPD le risque d'une scission, chose impensable pour Bebel ou Kautsky.

Second acte : la controverse prend fin (1901-1903)

Bernstein ne peut défendre ses idées depuis Londres. Sous la pression d'Auer, et avec l'accord du chancelier Bülow, l'exil est levé, et Bernstein peut rentrer en Allemagne en 1901, pour participer au congrès de Lübeck la même année. Bebel met Bernstein en accusation, lui reprochant son scepticisme exagéré, son manque de clarté conceptuelle, ou l'exposition incorrecte de la théorie marxiste. Bernstein maintient sa position, mais ne parvient pas à convaincre. La discussion est occultée par une autre affaire : celle des cinq députés socialistes au *Landtag* de Bade, qui ont voté le budget. La résolution finale est un compromis :

> « Le Congrès reconnaît sans réserve la nécessité de la critique de soi-même pour le développement intellectuel de notre parti. Mais la manière absolument exclusive dont le camarade Bernstein a exercé cette critique dans les dernières années, en laissant de côté la critique de la société bourgeoise et de ses défenseurs, l'a placé dans une situation équivoque et a provoqué la désapprobation d'un grand nombre de camarades. Dans l'espoir que le camarade Bernstein voudra bien reconnaître ce fait et agir en conséquence, le Congrès passe à l'ordre du jour[68]. »

68. Congrès de Lübeck, *Protokoll*, p. 99, cité in Edgard Milhaud, *op. cit.*, p. 581.

En outre, le congrès autorise le vote du budget dans les *Landtage*, les assemblées provinciales, dans certaines circonstances. On le voit, le congrès de Lübeck reproduit le même schéma qu'à Hanovre, le révisionnisme est condamné en théorie, mais, dans la pratique, ses soutiens sont tolérés.

Le dernier moment de la controverse se joue au congrès de Dresde, du 13 au 20 septembre 1903. Le succès du SPD lors des élections au Reichstag, la même année, amène Bernstein à demander la vice-présidence de la Chambre pour les sociaux-démocrates, fonction que le parti avait toujours refusé d'envisager. Vollmar profite des revendications de Bernstein pour demander que les députés socialistes dans les *Landtage* puissent assumer des fonctions officielles au sein des Chambres. Comme à Stuttgart, le révisionnisme est assimilé à une question d'ordre pratique. Bebel saisit l'occasion pour mettre le parti en garde contre le révisionnisme, qu'il assimile à l'opportunisme. Il demande une condamnation nette. Les chefs orthodoxes sont décidés à en finir, et la question de la vice-présidence ainsi que les revendications de Vollmar leur en offrent l'occasion. Bebel parvient à convaincre que trop d'ouverture menacerait l'unité du parti. La résolution finalement adoptée condamne le révisionnisme. Officiellement, Bernstein perd la partie.

Analyse d'un échec

À la recherche d'une cohésion

La première raison de l'échec du révisionnisme réside dans l'absence de direction du mouvement. Bernstein, dont les partisans attendent qu'il prenne la tête d'une tendance qui rassemblerait l'aile droite du parti et renouvellerait la doctrine et la pratique de la social-démocratie conformément aux principes exposés dans *Die Voraussetzungen*, ne parvient pas à fédérer des forces éparses. Le refus de mener le parti à l'éclatement, la difficulté, pour un marxiste de la première heure, d'être accusé de renoncer à Marx, la désapprobation devant un révisionnisme qui correspond de moins en moins à ses propres opinions, beaucoup de raisons peuvent être invoquées. En tous les cas, la désillusion est grande pour ses partisans. Le cas de Lily Braun (1865-1916) est passionnant à cet égard. Née dans une famille de la vieille aristocratie prussienne, elle épouse Heinrich Braun en 1896 et soutient son mari lorsqu'il critique l'orthodoxie du parti. Comme lui, elle espère que le retour de Bernstein en 1901 donnera au révisionnisme des forces nouvelles qui feront aboutir ses revendications. Mais elle se rend rapidement compte que Bernstein manque de confiance et de force de persuasion.

> « Puis il parla. Avec une voix cassée. Avec des phrases tranchantes. Un homme qui était habitué à l'exiguïté du cabinet de travail, et non aux rassemblements de masse. Déjà l'ombre de la déception traversait la lumière de joie et d'espoir sur les visages. Déjà, timidement et vaguement, surgit ici et là la question : "Qu'a-t-il au juste ? Que veut-il ?" Nous avions attendu l'enfant d'une nouvelle vérité et un sceptique était venu[69]. »

S'ajoute à cette déception un éclatement croissant du mouvement. Au fond, le révisionnisme qui se donne à voir dans les congrès, par exemple, n'est que le résultat d'une alliance de circonstance entre des mouvements qui n'ont que peu de points communs, hormis l'hostilité à une doctrine considérée comme sclérosée. Ainsi, au-delà d'une absence certaine de cohésion, le révisionnisme souffre d'une déformation systématique par ses adversaires.

La déformation perpétuelle

La réaction de l'extrême gauche du parti se cristallise autour de la phrase de Bernstein « Pour moi le but final du socialisme n'est rien, le mouvement est tout », interprétée, au prix d'une déformation, comme un adieu à la révolution. Ceci est fondamental pour comprendre les raisons de l'échec du révisionnisme lors des congrès allemands. En effet, c'est l'extrême gauche qui a l'initiative dans la formation des camps en présence. Elle ouvre le débat lorsque Parvus et Luxemburg critiquent Bernstein dans leurs journaux respectifs, alors que la direction du parti reste muette. Ces attaques au congrès de Stuttgart poussent les réformistes à se ranger derrière Bernstein, et permettent la formation d'une aile révisionniste. Le centre orthodoxe, lui, définit sa position entre 1898 et 1899, d'abord pour équilibrer les adversaires, puis pour préserver la cohésion du parti contre les menées révisionnistes, jusqu'à ce qu'il se décide à condamner formellement Bernstein dans la seconde période de la querelle révisionniste, entre 1901 et 1903. Du coup, le défaut d'interprétation se trouve placé au centre du débat : l'extrême gauche attaque Bernstein par une déformation de ses thèses, les révisionnistes et le centre se positionnent en fonction de cette déformation.

69. Lily BRAUN, *Memoiren einer Sozialistin*, cité in Hedwig Wachenheim, *op. cit.*, p. 366 (nous traduisons).

Aucune clarification conceptuelle ne vient corriger ces manipulations. En effet, la controverse précède la systématisation théorique du révisionnisme. Les premières attaques contre Bernstein visent des articles dispersés dans *Die Neue Zeit*, et c'est au beau milieu de la querelle, alors que des offensives ont déjà été lancées de part et d'autre, que *Die Voraussetzungen des Sozialismus* donne une forme théorique plus aboutie au révisionnisme. Mais, précisément parce que cette clarification fait partie intégrante du débat, elle prend en partie la forme d'un écrit polémique. Le livre de Bernstein est donc obscurci par des références constantes aux débats qui l'opposent à Kautsky, Rosa Luxemburg…

La réponse de Kautsky, *Le Marxisme et son critique Bernstein*, ouvrage lui aussi polémique, contribue à la déformation du révisionnisme. L'auteur cherche d'abord à disqualifier Bernstein et le révisionnisme, par des attaques personnelles ou des remarques sur la forme du livre. Kautsky jette également le discrédit sur Bernstein en contestant la valeur scientifique des faits qui étayent ses arguments, ou l'interprétation qu'il donne de Marx et Engels[70]. Le livre de Kautsky diffuse donc l'image d'un Bernstein qui connaît mal Marx, dont les critiques sont infondées, et dont l'ouvrage est trop obscur pour être pertinent. La déformation est plus grave encore, dans la mesure où l'auteur radicalise les thèses de Bernstein pour les rendre inacceptables. Il serait ainsi un opportuniste qui prône la collaboration politique avec la bourgeoisie[71] et renonce à la révolution[72].

Au fond, la conclusion de Kautsky est simple : le révisionnisme n'est qu'un mouvement d'intellectuels, décrits comme des salariés au service des capitalistes, qui « forment un groupe d'individus et de coterie ayant les intérêts les plus divers[73] ». Leur situation sociale est hybride, entre deux classes : ils ne sont pas bourgeois, dans la mesure où ils sont employés par les classes dominantes, mais, généralement issus de la bourgeoisie, et marqués par leurs préjugés de classe, ils n'appartiennent pas au prolétariat. Pour Kautsky, les intellectuels cherchent la conciliation entre les deux principes, qu'ils ne peuvent

70. « L'évolution que Bernstein fait accomplir à cette conception de l'histoire [un matérialisme historique qui intègre les facteurs moraux, religieux…] n'a été reconnue nulle part par ses auteurs ; elle est simplement déduite par Bernstein de la comparaison de textes isolés tirés de leurs ouvrages, textes qui, quand ils n'offrent pas d'équivoque, disent tous la même chose, et qui, alors même qu'ils pourraient prêter à diverses interprétations, peuvent être considérés sans peine comme ayant la même signification », Karl Kautsky, *Le Marxisme et son critique Bernstein*, Paris, Stock, 1900, p. 29.

71. « On peut clairement voir que Bernstein réprouve ces tirades révolutionnaires principalement pour rendre l'alliance avec les radicaux possible », *ibid.*, p. 327.

72. « Mais ce n'est pas l'élément évolutionniste pacifique que Bernstein veut expurger. En d'autres termes : le mauvais génie du marxisme, c'est l'esprit révolutionnaire », *ibid.*, p. 67-68.

73. *Ibid.*, p. 39.

trouver dans l'étude des relations économiques, mais dans la définition d'une morale indépendante :

> « N'étant pas poussés par des intérêts de classe nettement définis, agissant souvent conformément à la connaissance plus profonde qu'ils ont acquises des phénomènes sociaux, les intellectuels se sentent souvent les représentants de l'intérêt général en face des intérêts de classe, les représentants d'idées indépendantes des facteurs économiques[74]. »

C'est dans ce mouvement que s'insérerait Bernstein :

> « La façon dont Bernstein concilie la nécessité historique et la liberté morale dans sa philosophie de l'histoire, signifie que dans la pratique le parti socialiste doit accepter un compromis entre la nécessité de l'évolution économique et la liberté de l'utopisme, entre la lutte de classe et la réconciliation des classes par l'intérêt collectif[75]. »

Tout le problème est de savoir dégager Bernstein de son environnement polémique, de comprendre ce qui constitue le cœur de son entreprise critique, pour tenter ensuite d'analyser les points qui font réellement débat.

74. *Ibid.*, p. 40.
75. *Ibid.*, p. 42.

Chapitre IV
Le révisionnisme de Bernstein

Le révisionnisme critique

Contre la doctrine du parti

Die Voraussetzungen des Sozialismus und die Aufgaben der Sozialdemokratie (« Les Présupposés du socialisme et les Devoirs de la social-démocratie ») s'ouvre par des considérations théoriques, où Bernstein tente d'isoler les notions qui constituent les fondements de la doctrine marxiste : le matérialisme historique, la théorie de la valeur et celle de la plus-value, la lutte de classe[76]. Ce sont ces éléments qui sont au centre de sa tentative de renouvellement théorique.

Bernstein tente d'abord d'élargir la conception matérialiste de l'histoire, définie ainsi : « Être matérialiste signifie soutenir la nécessité de tout ce qui arrive[77]. » Il oppose la première version du matérialisme historique, établie par Marx[78] et assimilée à un déterminisme économique

76. Édouard Bernstein, *Die Voraussetzungen des Sozialismus...*, Stuttgart, Dietz, 1899, p. 4 (toutes les citations tirées du livre de Bernstein sont traduites par nous à partir de l'édition originale).
77. *Ibid.*, p. 4.
78. La définition du matérialisme historique est ici dérivée d'un texte virulent de Marx, l'« Avant-Propos » à la *Critique de l'économie politique* (1857). Il y écrit notamment que « ce n'est pas la conscience des hommes qui détermine leur existence, c'est au contraire leur existence sociale qui détermine leur conscience » (in Karl Marx, *Œuvres*, tome I, Paris, Gallimard, « Bibliothèque de la Pléiade », 1963, p. 273).

pur (les lois nécessaires qui déterminent le mouvement de la matière sont fondées exclusivement sur les rapports de production, la volonté humaine ne joue aucun rôle), à une conception plus large définie par Engels dans un texte posthume, publié en 1895 dans *Die Neue Zeit*. Celui-ci souligne que d'autres facteurs déterminent l'évolution historique, et que l'événement ne serait plus seulement assignable à une infrastructure économique, mais pourrait être expliqué par un « parallélogramme de forces » dans lequel interviendraient le droit, la morale, la religion... Pour Bernstein, c'est cette formule-là que le SPD doit adopter, parce qu'elle correspond davantage à la réalité[79]. Il ne faut pourtant pas se méprendre sur sa critique : il ne s'agit pas de rayer définitivement les rapports de production de la liste des facteurs qui influencent les évolutions sociales. Il faut simplement intégrer d'autres éléments qui peuvent y jouer un rôle.

> « La "loi d'airain de l'histoire" subit ainsi une restriction, qui signifie pour la pratique de la social-démocratie, non une limitation, mais une augmentation et une qualification de ses tâches sociales et politiques[80]. »

Ce point est fondamental : au fond, ce n'est pas le marxisme en tant que tel qui constitue la cible de la critique. Le véritable objet des arguments de Bernstein, c'est le programme d'Erfurt.

La même logique est à l'œuvre dans la critique de la théorie de la valeur et de la plus-value[81], qui doit être redéfinie. Bernstein montre que sa définition marxiste résulte d'une abstraction, puisqu'elle ne tient pas compte des particularités des procédés de fabrication, ou des différences entre les ouvriers (compétences, capacités...). Si cette valeur n'est qu'un concept, alors la plus-value (qui dépend de la valeur du travail) n'a plus aucune signification concrète. Mais cette critique n'entame pas l'intérêt de la théorie de la valeur, qui, pour Bernstein, est avant tout une catégorie d'analyse pour l'étude de certains faits économiques :

> « Elle [la théorie de la valeur] n'est pas, de ce point de vue, une théorie ayant pour but de prouver quelque chose, elle est plutôt un moyen d'analyse et d'illustration[82]. »

Plus grave est la deuxième critique que Bernstein adresse à l'usage que le parti social-démocrate fait de la théorie de la plus-value. Celle-

79. Édouard Bernstein, *Die Voraussetzungen des Sozialismus...*, *op. cit.*, p. 7.
80. *Ibid.*, p. 11.
81. Rappelons brièvement que Marx, dans le premier livre du *Capital*, voyait dans la valeur d'un bien la quantité de travail socialement nécessaire à sa production. Cette valeur détermine le salaire. Mais cette valeur-travail est différente du prix, puisque au prix de revient (coût du travail et des consommations intermédiaires) s'agrège une quote-part de profit, perçue par le capitaliste, qu'il cherche à maximiser.
82. Édouard Bernstein, *Die Voraussetzungen des Sozialismus...*, *op. cit.*, p. 42.

ci, un fait économique, est liée à la condamnation de l'homme par l'homme, un jugement moral. Les socialistes peuvent ainsi en faire dériver l'inéluctabilité de l'avènement du socialisme[83]. Bernstein conteste ce point de vue, et soutient qu'on ne peut déduire un jugement de valeur d'un état de fait : la plus-value n'est pas injuste en elle-même, les sociaux-démocrates ne font qu'« appliquer la morale à l'économie[84] ». Il faut donc redonner à la théorie de la valeur sa véritable place : celle d'un instrument d'analyse qui ne peut suffire à justifier les revendications du socialisme. C'est pour cette raison que Bernstein examine l'autre explication donnée par les marxistes à la nécessité historique du socialisme : l'évolution de la société capitaliste.

L'évolution de la société capitaliste, pour Marx, était le résultat de la lutte de classe, reflet du conflit entre les conditions de production actuelles (c'est-à-dire le mode d'appropriation privée) et le mode de production social (fondé sur la division du travail). La dynamique de la lutte de classe devait s'enclencher avec l'exploitation du prolétariat par les capitalistes cherchant à maximiser leur plus-value aux dépens du salaire des travailleurs. Ainsi, le conflit entre prolétariat et bourgeoisie n'était, chez Marx, que la conséquence logique du matérialisme historique et de la théorie de la valeur. Et dans la mesure où, pour Bernstein, le premier élément doit être élargi, où le second doit être redéfini, la lutte de classe doit subir aussi des modifications.

Pour bien comprendre la portée des analyses de Bernstein, il faut s'attarder sur la lecture qu'il fait de l'évolution de la société capitaliste chez Marx. Bernstein distingue plusieurs étapes : d'abord, la contradiction entre l'appropriation privée des moyens de production et le mode de production social (par la division du travail), contradiction à laquelle s'ajoute celle de la plus-value[85]. Ces contradictions provoquent une crise, le prolétariat est plus exploité que jamais. La résolution de la contradiction performative du capitalisme ne peut venir que de

83. Le capitalisme porte nécessairement en lui la plus-value ; or, celle-ci entraîne inévitablement l'exploitation ; donc il faut instaurer la société socialiste qui mettra fin à cette injustice.

84. Édouard Bernstein, *Socialisme et Science*, Paris, Giard et Brière, 1902, p. 18.

85. Le capitaliste retire une plus-value en vendant à un prix supérieur au coût de production, et cherche à la maximiser. Mais la concurrence l'oblige à retirer cette plus-value d'une augmentation de la productivité du travail par la réduction de la part des salaires de ses employés (qui a pour limite le minimum nécessaire à leur survie), par la réduction du prix (qui a pour limite les coûts de production) ou par l'amélioration de l'organisation et de la technique du travail (machines, procédés de fabrication). Comme ce dernier moyen ne connaît pas de limites, c'est lui qui est choisi en dernière instance. Par conséquent, la part du capital fixe augmente (machines, procédés de fabrication, investissement dans le progrès technique) au détriment du capital variable (dont la plus grande partie est constituée des salaires). Or, la plus-value étant définie comme un produit du sur-travail (la différence entre le prix de vente et le salaire versé aux ouvriers), plus la part du capital variable baisse, plus les possibilités de développement de la plus-value se réduisent. Le capitalisme est alors victime d'une contradiction interne : il doit, pour se développer, abolir son principal ressort (la plus-value).

l'organisation du prolétariat en parti politique, qui devra s'emparer du pouvoir, exproprier les capitalistes, et instaurer le socialisme. Cette description ressemble beaucoup à la première partie du programme d'Erfurt. La critique de Bernstein, à nouveau, ne s'exerce pas contre Marx, dont l'analyse des évolutions de la société capitaliste n'avait pas reçu de formulation définitive. En l'absence de théorie stabilisée, c'est donc aux disciples qu'il appartient de rétablir l'unité entre théorie et pratique, d'évaluer l'exactitude des prévisions de Marx, d'en déduire les implications pour l'action du parti[86].

Ainsi, Bernstein ne remet pas directement en cause les fondements du marxisme, mais la manière dont ils sont interprétés par le SPD. Le matérialisme historique ne doit pas dériver vers un déterminisme économique, la théorie de la valeur ne doit pas servir de justification morale à l'avènement du socialisme, et l'analyse des évolutions de la société capitaliste doit s'adapter aux circonstances présentes, non s'enfermer dans des formules sclérosées.

S'en tenir là serait pourtant réducteur. Au fond, le marxisme sortirait intact de la critique. Mais à l'examen des fondements du marxisme s'ajoute une évaluation de la méthode d'analyse marxiste, que Bernstein met en cause.

Critique de méthode

Pour Bernstein, la méthode d'analyse du marxisme consiste en une interprétation matérialiste de la dialectique de Hegel, caractérisée comme suit :

> « [L'observation dialectique des faits] considère [les faits isolés ou leurs images, les idées] dans leurs relations, leurs transformations, leurs transitions, d'où il résulte que les deux pôles d'une contradiction, comme le positif et le négatif, malgré leur incompatibilité, s'interpénètrent réciproquement[87]. »

Hegel considérait ce mouvement dialectique de l'antithèse à la synthèse du point de vue de l'idée ; Marx et Engels n'y voient que le reflet du mouvement dialectique de la réalité. Bernstein considère cette interprétation comme dangereuse, en ce qu'elle exige une simplification abusive des termes de la contradiction pour mettre en valeur la synthèse. Plus l'objet d'analyse est complexe, plus le risque d'abstraction est élevé, moins la théorie peut rendre compte de la réalité. Enfin,

86. Édouard Bernstein, *Die Voraussetzungen des Sozialismus…*, *op. cit.*, p. 18-19.
87. *Ibid.*, p. 21.

la méthode dialectique ne peut jamais se contredire parce qu'elle intègre à la fois la thèse et l'antithèse : chaque critique adressée au marxisme peut être démantelée, parce qu'elle fait partie du raisonnement[88]. L'emploi de la dialectique ne permet ni de donner un sens au mouvement prolétarien (puisque l'on peut soutenir aussi bien la révolution que la réforme), ni de lui donner une identité[89].

La dialectique à l'œuvre dans le marxisme avait, selon Bernstein, abouti à une simplification extrême des antagonismes sociaux, ainsi qu'à une idéalisation du prolétariat, seule force en mesure de résoudre la contradiction du système capitaliste. Il souligne alors la proximité de ces conclusions de celles du blanquisme, qui est le second danger de la méthode marxiste. Le blanquisme est défini ainsi :

> « [Il] est très simplement la théorie de la force immense et créatrice de la violence politique révolutionnaire et de sa manifestation, l'expropriation révolutionnaire[90]. »

L'adoption de la méthode blanquiste aurait conduit Marx et Engels à surestimer l'élan violent du prolétariat comme seule force motrice de la révolution, au détriment d'une prise en considération rigoureuse de l'organisation et des conditions économiques[91].

Cette surévaluation de la force révolutionnaire par rapport à la compréhension et au contrôle de l'évolution économique aboutit à un dualisme que l'on peut représenter ainsi :

Mouvement	constructif (compréhension et contrôle de l'évolution économique)	destructeur (force révolutionnaire)
Source d'inspiration	Idées de réformes des penseurs socialistes	Mouvements populaires révolutionnaires
Moyen de l'émancipation du prolétariat	Organisation	Expropriation politique
Vecteur de diffusion	Penseurs isolés	Mouvements populaires
Dénomination	Utopique, sectaire, pacifiquement évolutionniste	Conspirateur, démagogique, terroriste

88. Ainsi de l'indétermination théorique entre la révolution par l'insurrection et la révolution par l'évolution : Marx ne peut se contredire, même s'il affirme la pertinence des deux thèses. Que le socialisme soit instauré par la violence révolutionnaire ou par la nécessité d'une évolution économique, cela est indifférent, puisque l'évolution économique elle-même est une forme de violence.

89. En effet, dire que, d'une part, le prolétariat s'oppose radicalement à la bourgeoisie dans l'état actuel des choses (contradiction), mais qu'à l'avenir, le triomphe du socialisme amènera la disparition des antagonismes sociaux, et donc des classes (résolution), ne permet plus de définir le mouvement prolétarien. Celui-ci n'a pas de sens pour les révolutionnaires, puisque le but de la révolution est précisément de faire disparaître le prolétariat comme classe. Il n'en a pas pour les réformistes, la lutte de classe et l'exclusivisme prolétarien sont hors de propos.

90. Édouard Bernstein, *Die Voraussetzungen des Sozialismus...*, *op. cit.*, p. 28.

91. *Ibid.*, p. 29-30.

Le marxisme cherche à concilier les deux approches, retenant de l'insurrectionnisme l'assimilation de la lutte pour l'émancipation des travailleurs à une lutte de classe politique violente ; et de l'évolutionnisme, la nécessité d'avoir conscience des conditions économiques et sociales. Mais, bien loin d'avoir été une synthèse harmonieuse, le marxisme n'aboutit qu'à un compromis, qui donne la primauté à l'action violente dans la révolution.

Mais celle-ci n'est qu'une forme dégradée des révolutions du XVIIIe siècle : la victoire finale du prolétariat serait préparée par une prise de pouvoir des bourgeois progressistes. Bernstein soutient qu'un tel processus est impossible au début du XXe siècle : la bourgeoisie est trop réactionnaire pour ouvrir la voie au socialisme, le prolétariat est trop organisé pour attendre patiemment son tour dans le processus révolutionnaire. De sorte que

> « Les révolutions modernes ont tendance à amener dès le début au pouvoir la plus radicale de toutes les combinaisons gouvernementales possibles[92]. »

Par la critique de la méthode d'analyse marxiste, inspirée de la dialectique hégélienne et de l'insurrectionnisme de Blanqui, Bernstein montre que le fossé séparant la doctrine du SPD (et donc son programme) de la réalité s'approfondit, qu'elle ne permet plus de distinguer la nature du but du socialisme, et que le moyen qu'elle avait édicté en priorité, la révolution violente, ne peut plus être sérieusement retenu.

Le but que s'assigne Bernstein est de répondre à ces trois questions : comment la théorie peut-elle correspondre à la réalité du socialisme du début du XXe siècle ? Quel but le parti doit-il viser ? Par quel moyen peut-il le réaliser ?

Propositions pour un socialisme réformiste

La société telle qu'elle est

Bernstein entend donc conformer la théorie du parti à la réalité du mouvement, en analysant les conditions économiques et sociales dans lesquelles la social-démocratie est plongée. La théorie marxiste doit être amendée, parce que certaines des affirmations de Marx ne se sont pas réalisées : il n'y a pas de concentration du capital, la complexité de la

92. *Ibid.*, p. 33.

structure économique et sociale rend difficile la perspective d'une révolution violente, et l'effondrement de la société capitaliste à l'issue d'une crise paraît improbable.

Pour Marx, les contradictions internes du capitalisme devaient conduire à une crise finale, détruisant le système et permettant l'avènement du socialisme. La manifestation la plus claire de ces contradictions était la concentration du capital[93]. Mais, pour Bernstein, la croissance des sociétés anonymes, cotées en bourse, prouve que le nombre des actionnaires (et donc des capitalistes) augmente, « absolument et relativement[94] ». Un tel constat a des conséquences majeures pour le parti. Le catastrophisme est hors de propos, parce qu'un effondrement apocalyptique du capitalisme n'est pas en voie de se produire. Par conséquent :

> « Les perspectives du socialisme ne dépendent pas de la diminution, mais bien de l'augmentation de la richesse sociale[95]. »

Et, si l'avenir du socialisme réside dans une amélioration de la situation économique générale de la population, si les éléments « parasitaires » de la société capitaliste ne sont pa svoués à disparaître pas, alors le parti social-démocrate doit chercher à intégrer toute la population, en dehors des frontières du prolétariat, et profiter des progrès économiques pour faire aboutir ses revendications. La négation de la concentration du capital et du catastrophisme qui l'accompagne, amène donc Bernstein à défendre une conception réformiste du parti de masse.

Cette conception est aussi rendue nécessaire par la structure complexe de l'organisation économique et sociale. Le corollaire de la théorie de la concentration du capital était la chute de la petite propriété et des petites entreprises, jetant les petits exploitants dans la classe prolétarienne. Parallèlement, la masse du prolétariat augmenterait, précipitant ainsi le renversement du régime capitaliste et la révolution socialiste. Bernstein démontre statistiquement que les petites structures survivent ou augmentent dans l'industrie, l'agriculture et le commerce, et qu'elles subsistent avec les grandes organisations (et non contre elles). Ainsi, la société ne tend pas à se polariser en deux classes antagonistes, un prolétariat proliférant et une bourgeoisie de plus en plus restreinte. Au contraire, c'est la classe moyenne qui bénéficie de

93. La possession par un nombre de plus en plus restreint de capitalistes des moyens de production (dans les cartels, les monopoles), pousse à l'extrême la contradiction entre l'appropriation privée des moyens de production et la division sociale du travail (de plus en plus de producteurs se trouvent dépossédés de ces moyens de production).
94. Édouard Bernstein, *Die Voraussetzungen des Sozialismus...*, *op. cit.*, p. 50.
95. *Ibid.*, p. 51.

cette évolution partout en Europe, éloignant la perspective d'un bouleversement violent[96].

Cette analyse est confirmée par l'examen de la théorie de l'effondrement du capitalisme de Marx.

> « [La question est de savoir] si l'énorme extension géographique du marché mondial, associée avec l'extraordinaire réduction du temps nécessaire à la circulation des informations et des transports multiplie les possibilités d'une neutralisation des perturbations, si l'énorme richesse croissante des États industriels européens associée à l'élasticité des moyens de crédit modernes et à la formation des cartels industriels a tellement augmenté les forces de réaction aux perturbations localisées ou particulières sur la situation générale des affaires, que, au moins pour un temps assez long, des crises commerciales sur le modèle des crises précédents ne soient devenues improbables[97]. »

Pour Bernstein, ces éléments (circulation des informations, progrès des transports, développement du crédit, cartellisation) permettent au capitalisme de mieux gérer les crises qui, selon Marx, auraient dû préluder à sa destruction. Pour autant, Bernstein ne nie pas que l'existence de crises dans certaines branches puisse frapper le prolétariat (chômage, réduction de salaires…). Il ne nie pas que l'organisation monopolistique de l'économie puisse léser les ouvriers (réduction des salaires en l'absence de concurrents) ou les consommateurs (prix élevés). Mais, si la société capitaliste est capable de prévenir ces crises secondaires, l'effondrement du système, espéré par les militants, annoncé par Marx, ne se produira pas.

En somme, rien ne justifie l'attentisme révolutionnaire : la centralisation du capital dans des structures de plus en plus étendues est indéniable, mais elle n'est pas synonyme de prolétarisation des masses. Le maintien, à côté des cartels et des monopoles, de structures de petite taille assure le développement de la classe moyenne. Le capitalisme sait trouver la force et l'énergie nécessaires pour écarter les crises globales. Bernstein nie donc la partie théorique du programme d'Erfurt et, par conséquent, ouvre de nouvelles perspectives pour la social-démocratie.

Nouvelles perspectives pour la social-démocratie

Aucune des deux conditions de réalisation du socialisme impliquées par le programme d'Erfurt n'est en voie de réalisation. La centralisation du système capitaliste est partielle, l'expropriation des grandes industries

96. *Ibid.*, p. 65.
97. *Ibid.*, p. 70.

serait inutile parce qu'elle laisserait subsister de nombreuses petites et moyennes entreprises. Et la forme d'exercice du pouvoir, définie par Bernstein comme une dictature des dépossédés, n'est qu'un mythe.

Le prolétariat est en effet hétérogène. Le concept ne fait que rassembler des groupes unis contre les possédants, mais qui ont des intérêts et des besoins spécifiques[98]. Il est donc illusoire de vouloir faire de la social-démocratie un parti de classe monolithique. Cette constatation conduit Bernstein à redéfinir le socialisme : il ne s'agit pas seulement pour lui d'un mouvement de nature économique, il définit également des relations juridiques, comme la défense de l'égalité des droits. Il pose ainsi une définition du socialisme « comme mouvement vers, ou l'état de l'ordre social associatif[99] », ce qui a trois conséquences.

Sur le plan économique, il préconise le développement des coopératives de consommation parce que leur croissance est compatible avec l'intérêt général[100]. Ayant démontré, par son étude des évolutions de la société capitaliste, que les organismes économiques sont trop complexes pour être socialisés brusquement, il propose de réaliser le socialisme par la généralisation de ces coopératives, qui bénéficieraient des moyens de production auparavant accaparés par les capitalistes, et qui en assureraient la gestion. En outre, elles permettraient à la classe ouvrière d'obtenir une part plus grande de la richesse sociale, en supprimant le commerce intermédiaire. En tous les cas, parce que la coopérative de consommation sauvegarde l'intérêt particulier et l'intérêt général, elle représente selon Bernstein l'élément démocratique dans l'économie.

C'est la deuxième conséquence de la définition du socialisme comme coopération : elle ne peut se réaliser politiquement que dans la démocratie. Bernstein la définit ainsi :

> « Nous nous approcherons beaucoup plus de la chose [d'une définition de la démocratie] si nous nous exprimons de manière négative et traduisons le mot démocratie par l'absence de domination de classe, comme la désignation d'un état social où aucune classe ne détient un privilège politique vis-à-vis de la communauté[101]. »

La tâche de la démocratie est donc de défendre l'autonomie de l'individu, l'égalité des droits entre les membres de la société, et le gouverne-

98. *Ibid.*, p. 88-89.
99. *Ibid.*, p. 84.
100. Contrairement aux coopératives de production, qui ne touchent qu'une partie de la population (les producteurs), les coopératives de consommation concernent l'ensemble de la société (puisque tout le monde consomme). Ainsi, il ne peut y avoir de contradiction entre l'intérêt particulier de la coopérative et l'intérêt général.
101. Édouard Bernstein, *Die Voraussetzungen des Sozialismus...*, *op. cit.*, p. 122.

ment de la majorité. Elle supprime donc la domination d'une classe sur les autres, mais n'abolit pas les classes elles-mêmes. De ce fait, la généralisation des coopératives de consommation ne pourra concilier intérêt particulier et intérêt général que si elles participent à l'organisation économique, sans la dominer[102]. Sur le plan politique, le gouvernement de la majorité implique un dialogue constant entre les différentes composantes du corps social, ce qui exclut la perspective d'une dictature de classe. La démocratie prend donc chez Bernstein une forme pondérée : il faut défendre le principe de l'autonomie en renforçant le pouvoir des administrations locales (communes en particulier), tout en maintenant une représentation de l'intérêt national. Les fonctions centrales de l'État ne seront pas abolies, elles seront limitées et transformées.

Bernstein préconise donc un retournement du programme de la social-démocratie : il refuse l'idée d'une expropriation violente des propriétaires des moyens de production, il refuse le concept de dictature du prolétariat, par lequel la classe ouvrière aurait le monopole de la décision politique et économique. Pour lui, le socialisme est d'essence démocratique, et, de ce fait, doit être instauré par une évolution constante, un dialogue avec les autres acteurs économiques et sociaux. Le parti a donc pour tâche de développer et de créer des institutions qui écarteront le chaos révolutionnaire (coopératives de consommation, administrations locales). Il doit adapter la société présente, trop complexe pour être renversée par le prolétariat au terme d'une révolution violente, plutôt que de détruire.

Le poids des déformations allemandes

Mais les développements de la querelle ont profondément obscurci ces développements théoriques, en favorisant certaines déformations. Plusieurs d'entre elles ont déjà été mises en valeur : les sociaux-démocrates allemands font du révisionnisme un renoncement à la révolution et une négation du marxisme. Deux autres transformations restent à expliquer : Bernstein serait favorable à un « retour à Kant », et à une collaboration politique systématique avec les partis bourgeois.

102. Il n'y a donc pas de domination du prolétariat sur l'économie pour Bernstein, il faut tenir compte des autres acteurs économiques.

Pour un « retour à Kant » ?

L'accusation formulée par les orthodoxes du SPD contre Bernstein, qui est liée à son antimarxisme supposé, pourrait être ainsi résumée : le révisionniste veut noyer le matérialisme historique dans un « retour à Kant ». Ils s'appuient sur des arguments fondés : après tout, la volonté de Bernstein de définir un socialisme moral légitime l'assimilation du révisionnisme au kantisme, et la fin de son livre semble appeler à une reprise de la philosophie de l'auteur de la *Métaphysique des mœurs* :

> « Un Kant est nécessaire à la social-démocratie, qui blâmerait sévèrement et nettement les doctrines transmises, qui démontrerait que son matérialisme apparent est une idéologie trompeuse au plus haut point [...] et que le mépris de l'idéal, l'exaltation des facteurs matériels au point d'en faire des puissances omnipotentes de l'évolution sont des mystifications constatées, chaque fois que l'occasion s'en est présentée, par ceux-là même qui les proclament[103]. »

Ce « retour à Kant » est pourtant ambigu. Au fond, le passage incriminé fait partie d'une polémique où le révisionnisme est taxé d'éclectisme. Et, si Bernstein fait référence à Kant, c'est pour s'opposer au « *cant*[104] » qui mine le parti. Sa seule source d'inspiration se limiterait donc aux préfaces de la *Critique de la raison pure*, où Kant confronte son projet critique à la métaphysique de « l'École », « simulacre de savoir » qui se satisfait de « procédés magiques »[105]. C'est donc l'opposition entre le dogmatisme métaphysique, d'une part, qui n'interroge pas les fondements de ses principes directeurs, et l'entreprise kantienne, d'autre part, qui tente de les comprendre, que reprend Bernstein :

> « La critique n'est pas opposée à la démarche dogmatique de la raison dans sa connaissance pure en tant que science (car celle-ci doit toujours être dogmatique, c'est-à-dire procéder de manière rigoureusement démonstrative à partir de principes *a priori* sûrs) mais au dogmatisme, c'est-à-dire à la prétention d'aller de l'avant uniquement à l'aide d'une connaissance pure par concepts (la connaissance philosophique), selon des principes qui sont ceux que la raison utilise depuis longtemps, sans

103. Édouard Bernstein, *Die Voraussetzungen des Sozialismus...*, *op. cit.*, p. 187.

104. Le « *cant* » est un mot anglais du XVIe siècle qui désigne la répétition perpétuelle des mêmes formules par les piétistes. Par extension, il est employé pour l'utilisation de sentences dépassées par le parti, sacralisées parce qu'elles ont été énoncées par Marx et Engels (Édouard Bernstein, *Die Voraussetzungen des Sozialismus...*, *op. cit.*, p. 169).

105. Emmanuel Kant, *Critique de la raison pure*, préface de la première édition (1781), Paris, Garnier Flammarion, 1997, p. 65-66.

recherchер de quelle façon et avec quelle légitimité elle y est parvenue […] la critique constitue le dispositif préalable qui est nécessaire pour préparer l'établissement progressif d'une métaphysique solide possédant la valeur d'une science[106]. »

Au-delà d'une hostilité au dogmatisme, Bernstein reprend certains apports épistémologiques du kantisme. Kant tient pour impossible la systématisation de la connaissance dans une vision du monde globale, en raison de la finitude humaine, mais admet cependant l'exigence de cette recherche. Il assigne ainsi aux idées un rôle régulateur, destiné à organiser et accroître la connaissance. Elle n'est qu'une illusion, mais elle répond à un besoin subjectif d'unité sans lequel toute vision du progrès serait impossible. Bernstein adopte une démarche comparable dans son examen des principes marxistes. Sa critique de la théorie de la valeur le montre : cette formule ne correspond pas à la réalité, elle n'est qu'un instrument pour organiser la connaissance du monde contemporain. De la même manière, l'une des objections émises par Kant contre la métaphysique tient au fait que cette dernière transforme les idées en affirmations sur l'existence, c'est-à-dire hypostasie ou réifie des concepts logiques qui ne correspondent à aucune réalité. À nouveau, la critique de l'usage de la théorie de la valeur par le SPD s'inscrit sur le même plan : celui-ci réifie le concept en en faisant un des moteurs de la lutte de classe. Mais là s'arrête le parallèle. Bernstein reprend uniquement des éléments de la méthode critique kantienne, non le fond de sa philosophie, restant d'ailleurs très prudent. Cet aspect est tout à fait visible dans la conférence donnée par Bernstein en 1901, intitulée « *Wie ist ein wissenschaftlicher Sozialismus möglich*[107] » :

« La méthode suivie par Kant pour différencier la science et la métaphysique transcendante m'a paru, comme elle me paraît encore, un excellent modèle à suivre pour séparer dans la doctrine socialiste le réel, objet de la science, de l'idéal, objet de la spéculation[108]. »

Mais il ne s'agit que de la méthode. Bernstein refuse ainsi l'impératif catégorique kantien :

« L'éthique en tant que science pure est une science formelle : elle formule des maximes qui doivent valoir universellement et qui, par suite, n'ont pas de relations directes avec la vie actuelle dans sa réalité concrète ; à elle seule, l'éthique est impuissante à décider si telle relation écono-

106. *Ibid.*, p. 87-88.
107. « Comment un socialisme scientifique est-il possible ».
108. Édouard Bernstein, *Socialisme et Science*, traduction Ed. Schneider, Paris, Giard et Brière, 1902, p. 5.

mique est morale ou non ; elle a besoin pour cela des renseignements que lui fournit la science des conditions économiques[109]. »

La référence kantienne n'est qu'un argument stratégique, destiné à montrer les limites du discours du SPD, sclérosé autour de formules inadaptées à la réalité.

Mais les raisons d'un tel recours à Kant sont sans doute plus complexes. Bernstein, partisan d'une définition morale du socialisme, impossible dans le cadre du marxisme où cette définition n'est que le miroir des rapports de production, voit dans la philosophie kantienne le moyen de donner à la volonté éthique une indépendance par rapport à la sphère économique. Cette idée s'insère tout à fait dans le sillage de la critique du matérialisme historique : il faut élargir le concept, et donner une autonomie aux facteurs autres que les rapports de production, comme la morale, le droit, la religion… Le recours à Kant est donc une manière de légitimer l'autonomie de la morale : le but du socialisme n'est pas seulement d'agir sur la sphère économique, il doit également transformer les mœurs.

En réalité, l'assimilation entre les deux hommes est le résultat de l'action des partisans de Bernstein : certains d'entre eux ont tenté d'utiliser plus largement la philosophie kantienne, et d'en faire une synthèse avec le marxisme. Ainsi, Ludwig Woltmann (1871-1907), philosophe proche du SPD qui cherche à dégager la théorie socialiste de sa rigidité doctrinale, publie en 1899 un ouvrage intitulé *Der historische Materialismus* (« Le Matérialisme historique »). Il tente de montrer que Kant et Marx, loin de s'opposer, ont développé deux systèmes philosophiques très comparables, et qu'une synthèse entre les deux est possible. Il se rallie aux révisionnistes, et cherche à valoriser la dimension éthique du marxisme ainsi qu'à favoriser le développement des syndicats et des coopératives pour régénérer la morale du prolétariat. Ainsi, l'orthodoxie sociale-démocrate déforme la pensée de Bernstein en soutenant qu'il désire opérer une fusion entre Marx et Kant : ses écrits prouvent qu'il n'utilise que la méthode kantienne, et non son fond, et qu'il s'agit avant tout d'une utilisation partielle et prudente pour mieux structurer sa critique. Si « retour à Kant » il y a, il ne peut être que le fait de certains de ses disciples, et ne peut donc qualifier qu'une forme de révisionnisme, et non le courant dans son ensemble ni la pensée de Bernstein.

109. *Ibid.*, p. 4. Bernstein est contradictoire sur ce point : après avoir refusé l'impératif catégorique comme base de la morale socialiste, sous prétexte qu'il ne peut répondre aux circonstances réelles, il écrit : « Je dirais que la doctrine socialiste est science dans la mesure où ses propositions peuvent être acceptées de tout homme, socialiste ou non, pourvu qu'il ait fait abstraction de ses préjugés, et de ceux de ses intérêts que le socialisme pourrait léser » (*ibid.*, p. 5). La proximité de cet argument avec le principe d'un impératif catégorique à vocation universelle semble évidente.

Pour une collaboration stratégique avec les partis libéraux ?

Il s'agit du deuxième reproche adressé au révisionnisme : les idées de Bernstein trahiraient la cause socialiste en préconisant la collaboration avec le régime bourgeois, au mépris de la lutte de classe et des intérêts du prolétariat. Là encore, il faut retourner au texte, parce que cette idée réfute un passage bien précis du livre de Bernstein, où il déclare qu'il faut « conserver quelque mesure dans les déclarations de guerre contre le "libéralisme"[110] ». Mais l'auteur est pourtant très clair :

> « Entre ces partis [les partis libéraux] et la social-démocratie, il ne peut naturellement régner que l'antagonisme[111]. »

Ce que le socialisme et le libéralisme partagent, ce sont des principes philosophiques communs, le premier étant « non seulement le successeur chronologique, mais également l'héritier du contenu spirituel » du second, défini comme « mouvement historique universel[112] ». Le syllogisme est simple : le socialisme doit réaliser la démocratie ; or, « la démocratie n'est que la forme politique du libéralisme[113] » ; donc le socialisme partage une inspiration commune avec le libéralisme. Ce qui est visé ici, c'est le libéralisme philosophique et historique, qui défend les libertés politiques fondamentales ou la responsabilité économique individuelle (c'est-à-dire le fait que l'individu puisse être libre de toute contrainte dans le choix de sa profession ou de ses mouvements) :

> « Le libéralisme avait historiquement la tâche de faire éclater les chaînes dont l'économie et les institutions juridiques du Moyen Âge ont ligoté le progrès social. Qu'il se soit révélé, en premier lieu, sous l'aspect d'un libéralisme bourgeois, cela ne l'empêche pas, de fait, d'exprimer un principe social général beaucoup plus large, dont l'aboutissement sera le socialisme[114]. »

Tisser une filiation entre le libéralisme philosophique et le socialisme ne signifie donc pas favoriser une alliance entre le SPD et les partis libéraux allemands, et Bernstein est clair sur ce point. La question se pose derechef : comment cette assimilation a-t-elle eu lieu ? À nouveau, le rôle des partisans de Bernstein est déterminant. Comme la chronique du débat l'a montré, la défense de Bernstein, lors des congrès socialistes tenus avant son retour d'exil en 1901, est assurée par des réformistes qui,

110. Édouard Bernstein, *Die Voraussetzungen des Sozialismus…*, *op. cit.*, p. 129.
111. *Ibid.*, p. 129.
112. *Ibid.*, p. 129.
113. *Ibid.*, p. 130.
114. *Ibid.*, p. 132.

eux, sont favorables à une collaboration partielle avec les libéraux, notamment lors du vote du budget dans les assemblées régionales, les *Landtage*. Peu importe, au fond, que Bernstein ne soutienne pas *a priori* la collaboration avec les partis bourgeois, le fait que des socialistes partisans d'une telle tactique le défendent permet l'assimilation. Pour les sociaux-démocrates, donc, Bernstein est un avocat du ralliement au régime bourgeois. Et il faut dire que son attitude ultérieure ne facilite pas la nuance : lors de la consultation organisée par Jaurès et *La Petite République*, sur la participation ministérielle en France, Bernstein répond favorablement aux perspectives ouvertes par Millerand. De même, après les élections de 1903 et la victoire du SPD, c'est Bernstein qui demande la vice-présidence du Reichstag pour le parti. Au fond, Bernstein ne se déclare pas favorable à la collaboration avec les partis bourgeois. Il n'en est pas non plus un adversaire déclaré. Disons simplement qu'il laisse la question sans réponse. La déformation n'en est pas moins réelle : dire que Bernstein se fait, par son livre, l'apôtre de la compromission avec les libéraux est inexact. Ce n'est qu'au gré des circonstances ultérieures qu'une telle affirmation sera vérifiée.

Le révisionnisme peut donc se définir comme une entreprise visant à élargir le marxisme, donnant une interprétation plus ample de ses bases conceptuelles. Ainsi, la théorie n'est plus en contradiction avec les mutations économiques et sociales de la dernière décennie du siècle : l'effondrement du capitalisme ne se produira pas à brève échéance, il s'adapte aux défis qui lui sont imposés. Le socialisme ne pourra donc être instauré à la suite d'une catastrophe historique. Ce qui implique la réalisation de la démocratie politique assimilée au socialisme, l'organisation économique par les coopératives de consommation, qui doivent assurer une transition sans violence vers la société nouvelle. Plus qu'une critique du marxisme, il s'agit donc d'une mise en cause de l'orthodoxie du parti.

Il n'en reste pas moins que l'hypothèse d'un transfert du révisionnisme vers la France est assez difficile à penser. Après tout, les idées de Bernstein sont énoncées contre la direction de la social-démocratie allemande ; elles prennent leur essor, se formulent, se déforment dans une querelle interne à la social-démocratie allemande. Il faut donc que le révisionnisme soit en mesure de répondre à des questions qui se posent en France au même moment. Tout le problème est de savoir quelles sont ces questions, quels sont ces enjeux, en somme, de définir le terreau que représente le socialisme français.

Le révisionnisme suppose certaines données pour pouvoir se développer. Il faut, d'abord, qu'il y ait un décalage entre la théorie et la pratique, entre les réalités économiques et sociales données à un moment précis et le discours qui vise à transformer cette réalité. Ce décalage doit ensuite s'exprimer dans une orthodoxie qui ne conforme pas son programme à sa pratique, et qui reste prisonnière de formules sclérosées. Ces deux éléments sont importants, parce qu'ils permettent de mieux cerner la notion de « terreau », si fondamentale dans une étude de transfert. Le terreau favorable au révisionnisme doit réunir ces deux caractéristiques, et doit orienter la recherche d'un transfert du révisionnisme vers le socialisme français.

Deuxième partie

Le révisionnisme
dans le socialisme français :
chronique d'un échec (1898-1904)

Les partis socialistes français sont les terreaux les plus probables pour le transfert du révisionnisme. Dans la mesure où les idées de Bernstein sont formulées, combattues, et déjà déformées au sein même du SPD, il serait logique d'analyser leur passage au sein de structures équivalentes : de l'étude du révisionnisme à l'œuvre dans le parti social-démocrate allemand, il faudra passer à celle de l'entrée et de l'évolution des idées de Bernstein au sein des formations partisanes qui structurent le socialisme français, et des organisations qui leur sont liées (revues notamment).

La difficulté principale, de ce point de vue, tient aux rares études déjà produites sur le débat révisionniste en France. La conclusion qui s'en dégage est celle d'un échec du transfert. Pour Marie-Louise Goergen[115], les Français seraient incapables de penser le révisionnisme, en raison de la faiblesse d'implantation du marxisme et de sa forme vulgarisée. Une telle hypothèse est contestable, les analyses qui précèdent ayant montré que la doctrine du SPD est déjà une vulgarisation du marxisme. Il n'existe donc pas de lien entre la fidélité au texte de Marx et la possibilité du révisionnisme. À l'inverse, si Bernstein s'oppose à une interprétation jugée abusive du marxisme, la condition favorable à un transfert réside dans la distance entre la doctrine et le discours de ses épigones. Mais cette condition ne permet pas d'expliquer comment le révisionnisme passe en France, ni ce que les Français en font.

Il faut donc tenter de poser le problème différemment, avec un autre regard, fondé sur la méthode des transferts culturels, qui implique de mettre l'accent sur certains éléments. Le terreau est le premier d'entre eux, le plus difficile à déterminer dans le cas présent. Le socialisme français revêt, à la charnière du siècle, une forme beaucoup plus complexe que le SPD : division entre des organisations rivales, incapacité à trouver

115. Marie-Louise Goergen, « Les Relations entre socialistes allemands et français à l'époque de la Deuxième Internationale, 1889-1914 », *op. cit.*

un accord théorique partagé par tous… Le terreau est donc beaucoup moins homogène et nécessite une étude approfondie (chapitre V). Mais l'apport principal d'une telle méthode est de mettre en lumière les conditions matérielles dans lesquelles se réalise le transfert : qui en sont les interprètes ? Une traduction des idées de Bernstein a-t-elle lieu, et, si c'est le cas, comment se déroule-t-elle ? Cette méthode part d'un postulat : le mécanisme de transfert et ses résultats sont autant imputables à des tendances de long terme qu'à l'action des hommes qui l'organisent. Elle nécessite également un choix des vecteurs étudiés : ici, l'attention se porte avant tout sur les revues théoriques, sur les hommes qui y écrivent, ainsi que sur les traductions. À partir d'une étude détaillée, il faudra déterminer la manière dont le débat révisionniste pénètre en France, puis est transformé (chapitre VI). Cette étude microhistorique ne permet pas vraiment de saisir l'ampleur du phénomène. C'est pourquoi il faut inscrire l'histoire du transfert du révisionnisme dans celle du socialisme français (chapitre VII).

Chapitre V
Le cadre du transfert

Le socialisme français dans son contexte

Anatomie du socialisme français dans les années 1890

Le socialisme français se reconstruit péniblement après le choc de la Commune. Le congrès de Marseille, en 1879, voit la fondation de la Fédération du parti des travailleurs socialistes de France. Progressivement, le mouvement se développe par séparations successives : en 1880, au congrès du Havre, les coopérateurs s'opposent au reste du parti, en refusant d'adopter le programme marxiste proposé par Jules Guesde et ses partisans. En mai 1881, les anarchistes sont exclus au congrès régional du centre de Paris. Enfin, les blanquistes annoncent la création du Comité révolutionnaire central et se séparent de la Fédération en juin 1881. Cette logique de scissions à répétition culmine lors du congrès de Saint-Étienne (1882) : après une lutte d'influence entre les possibilistes, partisans de réformes dans le cadre municipal, et les guesdistes, d'inspiration marxiste, les premiers parviennent à s'imposer dans la Fédération des travailleurs socialistes de France (FTSF), dont les allemanistes se détachent lors du congrès de Châtellerault en 1890. Les seconds tiennent alors un congrès concurrent à Roanne et fondent le Parti ouvrier.

Le socialisme français, en 1890, est donc divisé en cinq grandes tendances. Le Parti ouvrier (PO), d'abord, mené par Jules Guesde, Paul Lafargue et Gabriel Deville, s'appuie sur une doctrine dérivée du marxisme. Il met l'accent sur la propagande pour développer la conscience de classe et préparer la révolution. En 1898, il est la formation socialiste la plus importante. Le deuxième courant est le blanquisme, institué par le Comité révolutionnaire central (CRC)[116], dirigé par Édouard Vaillant (1840-1915), ancien communard qui avait fréquenté Marx lors de son exil à Londres entre 1871 et 1880. La formation s'appuie sur la tradition insurrectionnelle de Blanqui, où le communisme doit arriver au pouvoir par le coup de force d'une minorité révolutionnaire. L'organisation du parti s'appuie sur un pouvoir central fort, disposant d'attributions assez larges. En dépit de son fort héritage révolutionnaire, le CRC s'imprègne progressivement de marxisme sous l'influence de Vaillant, et se rapproche du PO. Une troisième tendance est le Parti ouvrier socialiste révolutionnaire (POSR), fondé en 1890 et dirigé par Jean Allemane (1843-1935), ouvrier typographe et communard déporté en Nouvelle-Calédonie jusqu'à son retour en France en 1880. Contrairement au PO et au CRC, les allemanistes se distinguent par leur hostilité radicale à l'autoritarisme, à la centralisation du parti. La méfiance envers les élus ou les intellectuels se teinte d'exclusivisme prolétarien. La tradition libertaire est plus présente qu'ailleurs, ce qui rend la formation bien fragile, les militants se soumettant moins facilement à la ligne politique du parti[117]. Les possibilistes de la FTSF voient leur influence décroître. Enfin, les Indépendants constituent la cinquième tendance. Sans organisation structurée, il s'agit davantage de personnalités (des élus, principalement) liées par un réseau de presse[118] ou des comités électoraux ponctuels. Elle s'exprime par le groupe parlementaire qu'ils constituent à la Chambre. La division qui règne parmi les socialistes concerne donc à la fois la doctrine (puisque Marx côtoie Proudhon ou Blanqui), l'organisation (le PO ou le CRC, assez centralisés, coexistent avec le POSR ou les Indépendants, qui refusent toute structure développée) et l'action (entre réforme et révolution, action spontanée et action organisée). Le contraste est donc important avec le SPD, uni depuis 1875 autour d'une organisation, d'une doctrine et d'une pratique qui, si elles font débat, n'en sont pas moins partagées par tous.

Il faut nuancer la rivalité entre les différentes organisations : la division doctrinale agit davantage entre les dirigeants, et la base comprend

116. Devenu ensuite le Parti socialiste révolutionnaire.
117. Jean Verlhac, *La Formation de l'unité socialiste, 1898-1905*, Paris, L'Harmattan, 1997, p. 37.
118. *La Petite République* avec Jaurès, *La Lanterne* avec Millerand et Viviani.

assez mal ce qui peut opposer un blanquiste d'un guesdiste, un indépendant d'un possibiliste. Comme le souligne Claude Willard, le ralliement à une école dépend surtout du hasard, de la rencontre d'un orateur socialiste venu faire de la propagande dans la région. Les militants ne saisissent généralement pas les raisons idéologiques ou politiques des divergences entre les groupes socialistes, et y voient davantage un conflit d'ambition entre politiciens[119].

Les organisations restent cependant assez marginales. Les guesdistes obtiennent ainsi 25 000 suffrages environ aux élections législatives de 1889, soit 0,24 % des inscrits[120]. Ce n'est qu'à partir de la décennie 1890 que le socialisme s'affirme comme un courant influant la vie politique française : les élections de 1893, qui donnent une cinquantaine de sièges aux socialistes, montrent que le mouvement représente un courant distinct du radicalisme, et représentatif des intérêts d'une partie de la population[121]. La configuration du socialisme français dans la dernière décennie du XIXe siècle est donc profondément différente de celle de la social-démocratie allemande, et pourtant, les deux mouvements sont soumis à des évolutions similaires.

Mutations économiques

La France est, elle aussi, touchée par la crise en 1873, la situation s'aggravant en 1882 par une déflation. Les prix s'effondrent, les marchés stagnent, le chômage augmente ainsi que les luttes sociales[122]. Puis la reprise ne s'affirme qu'à partir de 1896 : la conjoncture se renverse, le capitalisme reprend son ascension jusqu'à la guerre[123]. Comme cette embellie économique est principalement due aux innovations technologiques et à l'amélioration des modes de production, les ouvriers n'en profitent pas, même si leur niveau de vie s'élève.

La comparaison avec l'Allemagne est naturellement limitée, dans la mesure où la croissance économique est moins ample en France. Les ouvriers français sont 3 millions en 1870, 4,5 millions en 1914. En Allemagne, le groupe passe de 4 millions en 1882 à 8,5 millions en 1907. Mais, en dépit d'une augmentation beaucoup plus rapide pour

119. Claude Willard, *Le Mouvement socialiste en France (1893-1905) : les guesdistes*, Paris, Éditions sociales, 1965, p. 403.
120. *Ibid.*, p. 42.
121. Gilles Candar, « La gauche en République » in Jean-Jacques Becker et Gilles Candar (dir.), *Histoire des gauches en France*, volume I, Paris, La Découverte, 2004, p. 128.
122. Robert Stuart, *Marxism at Work. Ideology, Class and French Socialism during the Third Republic*, Cambridge, Cambridge University Press, 1992, p. 37.
123. Jean Verlhac, *op. cit.*, p. 50.

l'Allemagne, l'effet reste le même : les organisations socialistes, « microcosmiques » après la guerre franco-prussienne, se transforment en partis. Leur rôle en Allemagne comme en France se trouve considérablement modifié, puisqu'ils représentent une part importante de la population.

En revanche, l'hétérogénéité de la classe ouvrière est plus grande en France qu'en Allemagne. Dans le premier pays, les industries anciennes gardent une place prépondérante, alors que dans l'autre les industries nouvelles s'étendent après 1887 (électricité, optique, chimie). En outre, l'insuffisance des investissements nationaux en France ralentit les progrès de la mécanisation et de la concentration industrielle. La répartition des ouvriers[124] selon la taille de l'entreprise change peu, et, en dépit d'une proportion accrue d'ouvriers employés dans les grandes entreprises, ce sont toujours les petites et moyennes structures qui dominent.

Type d'entreprise	Nombre d'ouvriers en 1896	Nombre d'ouvriers en 1901
Entre 1 et 10 salariés	1134703 (36 %)	1130851 (32 %)
Entre 11 et 100 salariés	853000 (28 %)	999150 (28 %)
Plus de 100 salariés	1124000 (36 %)	1396815 (40 %)

Il faut ajouter enfin l'importance de la dispersion géographique des industries, alors qu'il existe déjà en Allemagne de grandes zones industrielles (Ruhr, Saxe…).

L'évolution industrielle allemande amène une confirmation des thèses économiques de Marx (généralisation du prolétariat industriel, concentration…). En France, ce n'est pas le cas. Les idées de Bernstein correspondent mieux à la situation française : la petite et la moyenne entreprises (de même que la petite et la moyenne propriétés), restent les formes d'organisation de la production les plus répandues ; l'hétérogénéité du prolétariat y est plus marquée. Deux conclusions s'imposent donc : la structure de l'économie française ainsi que la comparaison avec l'Allemagne montrent que la France semble mieux répondre aux thèses révisionnistes ; et que les timides évolutions économiques, améliorant la condition ouvrière, offrent un contexte favorable à son succès.

124. Claude Willard, *op. cit.*, p. 390.

Évolution politique

La même analyse peut être conduite pour l'évolution politique du socialisme français jusqu'à l'aube de l'affaire Dreyfus. Claude Willard écrit, pour caractériser le PO, qu'il prend avant 1889 « l'aspect d'une secte d'évangélisateurs », pour devenir ensuite « un parti [...] et ce parti révolutionnaire de classe s'impose comme une puissance dans la vie nationale[125] ». Cette réflexion peut être appliquée à l'ensemble du socialisme français. Les conflits ouvriers augmentent en nombre au début de la décennie : 120 000 grévistes et 1,2 millions de jours chômés en 1890, environ 170 000 grévistes et 3,2 millions de jours chômés en 1893[126]. L'action se fait plus offensive, en lien avec le développement des syndicats[127], et triomphe dans l'organisation des grandes grèves du 1er mai, en 1890 et 1891.

Cette mutation des conflits ouvriers se double de progrès électoraux : le PO obtient ainsi 60 000 voix aux élections municipales des 1er et 8 mai 1892. Or, ces évolutions politiques impliquent de nouvelles responsabilités pour les socialistes. Ils ne peuvent plus se cantonner à une simple opposition au régime bourgeois, ils représentent une fraction de la population française dont ils doivent défendre les intérêts. Ainsi, de la même manière que la social-démocratie allemande avait dû redéfinir ses fondements théoriques et sa pratique à la suite de ses succès électoraux, le socialisme français (dans une moindre mesure, naturellement) doit lui aussi s'adapter aux conditions nouvelles qui lui sont offertes.

Le contexte est donc favorable au transfert du révisionnisme au sein du socialisme français, peut-être plus qu'en Allemagne, d'ailleurs, puisque les caractéristiques de l'économie et de la classe ouvrière y rendent les analyses de Bernstein plus pertinentes. Mais le contexte n'est qu'un des éléments du terreau. Le révisionnisme s'est développé contre une interprétation du marxisme jugée dépassée. Autant que la recherche d'une conformité entre la théorie et la réalité, le révisionnisme est une tentative d'amender la doctrine officielle du SPD. Il faut donc examiner, pour compléter la description du terreau, la place du marxisme et de son interprétation en France.

125. *Ibid.*, p. 90-91.
126. *Ibid.*, p. 45.
127. Le nombre de syndicats déclarés passe de 1 006 en 1890 à 2 178 en 1894, le nombre d'unions de syndicats de 24 à 73 (Claude Willard, *op. cit.*, p. 46).

Le marxisme en France : diffusion et concurrence[128]

La construction d'une orthodoxie doctrinale est inséparable du rythme de diffusion des thèses dont elle veut assurer la pureté. La traduction des œuvres de Marx s'organise en deux temps principaux. D'abord, *La Guerre civile en France* (juin 1872), que suivent le premier livre du *Capital* (entre 1872 et 1875) et le *Manifeste du Parti communiste* (1885). À ces ouvrages, il faut ajouter *Socialisme utopique et Socialisme scientifique*, tiré de l'*Anti-Dühring* d'Engels par Lafargue (1880). Puis, après une période creuse, la vague de traductions reprend avec les *Origines de la famille* (1893), deux nouvelles traductions du *Manifeste* (en 1895 et 1897), et *Critique de l'économie politique* ainsi que *Salaires et Profits*, tous deux traduits en 1899. Le passage est rendu difficile pour des raisons matérielles : la langue constitue une barrière, peu de socialistes français parlant l'allemand; la recherche d'un éditeur et d'un traducteur est semée d'embûches. Mais il faut ajouter des raisons politiques : les passeurs socialistes de l'œuvre de Marx en France peuvent subir la répression des autorités, hostiles aux théories révolutionnaires[129]. Plus encore que par les difficultés techniques et politiques, le passage de Marx en France est gêné par la faiblesse des réseaux de diffusion. Celui du café Soufflet[130] est ainsi intégré dans le journal *Égalité*[131], première publication marxiste en France dans laquelle se distinguent Jules Guesde, Paul Lafargue ou Gabriel Deville. Ce sont ces hommes qui, par la suite, feront le lien entre ces cercles intellectuels et le PO.

Cela explique pourquoi la diffusion du marxisme a été très tôt prise en charge par les guesdistes, dont ils font une interprétation politique, pour structurer leur parti encore embryonnaire. Dans ce but, Guesde se rend à Londres en 1880 pour rédiger, avec Marx, Engels et Lafargue, le *Programme électoral des travailleurs socialistes*, adopté lors du congrès du Havre en novembre 1880[132]. Deux éléments doivent être notés :

128. Madeleine Rebérioux, « Le socialisme français de 1871 à 1914 » in Jacques Droz (dir.), *Histoire générale du socialisme*, *op. cit.*, p. 142-146 ; Christophe Prochasson, « L'invention du marxisme français » in Jean-Jacques Becker et Gilles Candar (dir.), *Histoire des gauches en France*, volume I, Paris, La Découverte, 2004, p. 427-431.

129. Ainsi, le groupe du journal *Égalité* est frappé d'une vague d'arrestations et de procès en 1878, après avoir proposé la tenue d'un congrès international socialiste.

130. Constitué autour de 1873 sous l'influence de Karl Hirsch, il réunit surtout des intellectuels.

131. Journal qui paraît du 18 novembre 1877 au 14 juillet 1878.

132. Marx est l'auteur des « considérants » (c'est-à-dire la partie théorique), Guesde et Lafargue se chargent de la partie pratique (Claude Willard, *op. cit.*, p. 18-19). Ce programme fait ensuite l'objet d'un commentaire par Guesde et Lafargue en 1883.

d'abord, la vulgarisation des thèses marxistes est inhérente à leur diffusion, s'accompagnant parfois d'une déformation due au mode de propagande. Les journaux guesdistes sont faibles et éphémères, ce qui donne à la transmission orale (réunions, conférences) une importance primordiale, autorisant toutes les interprétations. Le second trait, lié à l'utilisation politique du marxisme, est son caractère polémique. L'idéologie devient à la fois un enjeu de lutte et un moyen de combat : souligner sa fidélité à Marx est un moyen de légitimer sa position et de disqualifier ses adversaires[133]. Le marxisme porté par les guesdistes devient, de ce fait, une idéologie d'exclusion, qui sert à créer une différence et une supériorité sur les autres écoles.

Mais dire que le marxisme diffusé en France par le guesdisme est une vulgarisation, n'enlève rien à sa valeur. Après tout, le SPD défend au même moment une doctrine qui s'inspire de Marx sans lui être fidèle. Et, comme l'écrit Robert Stuart, « peut-être, en effet, que le "marxisme vulgaire" méprisé du Parti ouvrier comptait autant dans la montée du socialisme que les produits sophistiqués des travaux académiques de Marx ? Les vulgarités du guesdisme, après tout, ont animé un parti socialiste de grande force à l'époque, et de grande importance historique[134]. » Ce n'est donc pas la distance séparant Marx des guesdistes qui est intéressante ici, mais la manière dont cette vulgarisation a pu donner au socialisme français une orthodoxie, une référence doctrinale vis-à-vis de laquelle il faut se situer.

Vers l'orthodoxie guesdiste ?

L'orthodoxie allemande est avant tout une doctrine de rassemblement, partagée par une majorité, qui cherche à maintenir l'unité du parti malgré l'existence de convictions différentes entre des groupes divers. Elle est donc une Église qui a vocation à réunir toute la communauté socialiste dans ses murs. Une telle doctrine ne peut exister en France, le socialisme est trop divisé en chapelles rivales pour donner lieu à une orthodoxie comparable à celle du SPD. Il paraît donc contradictoire d'utiliser le concept pour le socialisme français, et de l'assimiler au marxisme des guesdistes. Pourtant, à y regarder de près, il semble nécessaire de préciser le terme. L'orthodoxie est définie ici comme « l'opinion droite ». Elle est ce qui est conforme à une doctrine, ou supposé tel, et qui sert de critère pour juger d'une position politique, sans qu'elle soit nécessairement partagée par une majorité. Enfin, elle ne

133. *Ibid.*, p. 29.
134. Robert Stuart, *op. cit.*, p. XII-XIII (nous traduisons).

peut se définir que par rapport à des hétérodoxies qu'elle combat parce qu'elles s'opposent aux principes qu'elle défend. En somme, l'orthodoxie serait un clocher qui permettrait aux socialistes de toute obédience de se situer les uns par rapport aux autres. En ce sens, il est possible de parler d'orthodoxie pour qualifier le guesdisme. D'abord parce que le PO se construit par scissions successives, excluant progressivement ceux qui ne partagent pas ses principes fondamentaux. D'où l'obligation pour les guesdistes de défendre leur doctrine bec et ongles : c'est elle qui leur permet de se distinguer par rapport aux autres. Il y a donc bien cet aspect d'« opinion droite », de conformité à la doctrine que ne respectent pas les courants concurrents. Ensuite, les lignes de rupture entre les socialistes passent, en partie, par l'attitude vis-à-vis du marxisme. Certains l'acceptent progressivement, comme les vaillantistes, d'autres le refusent, soit parce qu'ils s'opposent à une organisation jugée dictatoriale (les allemanistes, par exemple), soit qu'ils critiquent la perspective révolutionnaire (possibilistes, Indépendants). Dès lors, l'orthodoxie en France ne peut être décrite, comme en Allemagne, en recourant à l'image de l'Église œcuménique, mais à celle du clocher qui permet à chacun de se situer : plus qu'un point d'accord, c'est un point de repère. Mais, qu'elle réunisse ou qu'elle distingue, elle n'en construit pas moins le paysage socialiste. Il faut donc tenter de caractériser les points forts de la doctrine guesdiste, de la confronter aux réalités de la France des années 1890, et de savoir si un décalage aurait pu, comme en Allemagne, donner sa chance au révisionnisme.

Les guesdistes retiennent les fondements du matérialisme historique de Marx. L'évolution historique est marquée par des contradictions successives, mais cette dialectique devient entre leurs mains un déterminisme presque naturel : la conflagration finale qui doit détruire le capitalisme et donner la victoire au prolétariat n'est pas l'aboutissement d'une volonté révolutionnaire. Elle est la conséquence de lois économiques qui doivent plonger le capitalisme dans une contradiction interne dont la résolution ne peut venir que du collectivisme. Pour étudier cette contradiction, les guesdistes ont besoin d'un cadre de pensée économique. Ils supposent *a priori* la supériorité des rapports de production, les autres relations sociales étant reléguées à l'arrière-plan[135]. La grille d'analyse ainsi forgée met l'accent sur le prolétariat industriel salarié, qui est constitué en fonction des besoins du capital et qui ne vit que pour le reproduire. La théorie de la valeur, dans cette perspective, sert à montrer l'accumulation fondée sur l'exploitation du travail par le capital. Le développement du système entraîne la méca-

135. *Ibid.*, p. 61.

nisation, la centralisation et la concentration du capital, l'expropriation des plus faibles par l'hypertrophie de la grande propriété, la prolétarisation croissante des travailleurs et la détérioration de leur situation matérielle. La déqualification est ainsi essentielle à l'émergence d'une classe ouvrière homogène, puisque tous partagent la même condition au terme du processus. Finalement, cette vision apocalyptique du mode de production bourgeois se réduit à un déterminisme purement technique qui ignore les évolutions économiques réelles de la France. Plus qu'en Allemagne, donc, les « orthodoxes » français retiennent une conception automatique, naturaliste du marxisme, ce qui les expose à des contradictions importantes.

La grille d'analyse guesdiste ne peut d'abord correspondre totalement à la réalité du prolétariat français, qui augmente dans l'absolu, mais diminue relativement aux autres catégories. La part des salariés non industriels, à l'inverse, augmente absolument et relativement : ils sont 9131000 en 1881 et 12002000 en 1901, passant de 56,7% à 63,3% de la population active. De plus, le prolétariat, divisé en fonction de critères variables (employés/chômeurs, qualifiés/non qualifiés...), est hétérogène, et les guesdistes rejettent des catégories proches des ouvriers dans les limbes de la lutte de classe (ainsi du *Lumpenproletariat*[136]). En un sens, ils s'adressent ainsi à la figure imaginée d'un prolétariat uni et homogène, implicitement identique à la classe ouvrière industrielle, mais qui ignore la réalité des conflits et des divisions qui l'animent[137]. Deux conséquences découlent de l'absence de conformité du prolétariat à la théorie des guesdistes : d'abord, l'analyse ne vaut que pour le nord de la France, pour les ouvriers employés dans le textile ou les mines. Du coup, l'interprétation devient contrefactuelle : il ne s'agit plus de décrire le capitalisme en France tel qu'il est, mais plutôt tel qu'il devrait être si le prolétariat était homogène, si la concentration n'était pas limitée. Car là réside une autre déformation de la réalité : en 1906, 29% de la population active se classe elle-même dans le patronat, et ne se sent pas concernée par l'exploitation du capitalisme. Pour résoudre cette difficulté, les guesdistes adoptent le même schéma que pour la classe ouvrière : ils prennent l'exemple qui correspond le mieux à leurs objectifs théoriques, et le généralisent ensuite. Dans ce cas-ci, ils utilisent la fascination populaire pour quelques individus qui symbolisent le pouvoir du grand capital, comme

136. Sont groupés sous ce terme les chômeurs ou les domestiques : les premiers, parce qu'ils ne sont pas intégrés dans le système capitaliste lui-même, ne peuvent avoir de conscience de classe. Les seconds, travaillant isolément, trop proches de leurs maîtres, font l'objet de beaucoup de prudence (Robert STUART, *op. cit.*, p. 151).
137. *Ibid.*, p. 179.

Rothschild ou Schneider, et concentrent leurs critiques sur ces figures. Mais « l'éclat de quelques astres bourgeois estompait les millions de faibles étoiles des entrepreneurs jusqu'à l'invisibilité, légitimant ainsi la conception marxiste de la concentration industrielle et de la monopolisation financière[138] ». Le guesdisme se raccroche donc à l'infaillibilité et à la nécessité du matérialisme, ainsi qu'à des certitudes tenues pour scientifiques, pour que la lutte de classe se réalise en dépit des réalités.

Mais le guesdisme ne reste pas inchangé face à de telles contradictions, il s'adapte en fonction des évolutions de son milieu. Ainsi, la percée électorale de 1892-1893 légitime son action dans le cadre du régime existant. Dans toute la dernière décennie du siècle s'opère une mutation : au lieu de considérer la République comme un instrument d'oppression, les guesdistes en viennent à la soutenir peu à peu[139]. Cette évolution est favorisée par une conjoncture politique assez favorable : entre 1893 et 1898, les lignes de partage entre les forces politiques se déplacent : plus que le soutien ou le rejet de la République, c'est la question sociale qui, entre autres, fait la différence, rendant de ce fait la Chambre plus attractive pour les guesdistes. Ils définissaient, en principe, la réforme comme la possibilité d'organiser le prolétariat contre le capital, et comme un moyen limité parce qu'il ne touchait pas au cœur du régime capitaliste. Avec le changement de conjoncture, la conquête légale des pouvoirs publics devient une tâche révolutionnaire en soi.

Ainsi, « de 1892 à 1898, la doctrine guesdiste sur l'État et la révolution évolue dans un sens réformiste[140] ». Mais une telle orientation n'est pas dépourvue d'ambiguïté : les guesdistes pensent ainsi que la percée électorale de 1893 sera confirmée ensuite, et que le socialisme, fort d'un nombre de plus en plus important de suffrages, sera en mesure de conquérir le pouvoir dans un avenir très proche. Peu importe que des réformes soient engagées, puisque la révolution sonne à la porte. Il ne s'agit donc pas ici de réformisme, au sens où le pratiquera Millerand, il faut simplement mener des réformes pour accélérer une évolution que l'on considère comme acquise. Et, d'une manière générale, l'ambiguïté demeure pour toutes les questions pratiques qui se posent au guesdisme, et qu'il doit résoudre pour être aux prises avec le monde qui l'environne. Ceci n'est qu'une conséquence de l'utilisation qui est faite de la doctrine marxiste, à la fois instrument de combat contre le système

138. *Ibid.*, p. 121 (nous traduisons).
139. En 1892, lors de la crise de Panama, ils font une différence marquée entre la condamnation de l'influence du capitalisme et le régime républicain, qui, lui, n'est pas mis en cause. La République ne doit donc plus être condamnée dans l'absolu, elle doit être améliorée.
140. Claude Willard, *op. cit.*, p. 193.

bourgeois et instance de légitimation envers les tendances concurrentes. En tant qu'instrument de combat, la doctrine doit répondre aux enjeux contemporains pour attirer la classe ouvrière et amener la conquête du pouvoir. Mais en tant qu'instance de légitimation, elle doit maintenir un certain nombre de formules qui sont autant de points de repère communs pour ses adhérents. De sorte que le guesdisme présente, dans la dernière décennie du siècle, et toutes proportions gardées, la même caractéristique que le SPD : un discours révolutionnaire qui s'appuie sur des concepts rigides (la lutte des classes, la collectivisation des moyens de production, le matérialisme historique), contrebalancé par une pratique plus ou moins conciliante avec le système en place. Malgré ces points communs avec l'orthodoxie allemande, l'interprétation guesdiste du marxisme ne peut jouer le même rôle. Son ampleur et sa signification sont différentes parce qu'elle n'est partagée que par une partie seulement des socialistes français.

Une orthodoxie commune ?

En Allemagne, l'orthodoxie marxiste est une doctrine œcuménique, dont le but est de maintenir l'unité malgré les divergences d'opinion qui traversent le parti, ce que souligne Kautsky lors du débat révisionniste :

> « [La partie théorique du programme établit] non seulement nos premières revendications, mais encore ces principes dont l'acceptation assure l'unité du parti et son amour de la lutte[141]. »

Il faut non seulement assurer l'unité interne entre les militants, mais aussi la cohésion du mouvement vis-à-vis de l'adversaire, la société bourgeoise.

> « [La partie théorique du programme] remplit un but éminemment pratique, qui est de tracer une ligne de démarcation entre nous, et non seulement ceux qui sont nettement nos adversaires, mais aussi ces *dilettanti* incertains et tièdes, qui marcheraient volontiers avec nous de temps en temps, mais qui n'ont pas l'idée arrêtée de combattre avec nous le bon combat, en toute circonstance et jusqu'au bout[142]. »

En France, en revanche, la doctrine est exclusive, elle est un instrument politique établi dans le but de tracer une démarcation, non pas tant avec les adversaires bourgeois qu'avec les partisans des autres écoles

141. Karl Kautsky, *op. cit.*, p. 5-6.
142. *Ibid.*, p. 6.

socialistes (coopérateurs, possibilistes...). De ce fait, elle doit constamment être adaptée, ou être maintenue dans l'ambiguïté, pour que l'arme ne s'émousse pas[143]. Elle évolue ainsi plus facilement en fonction des circonstances que l'orthodoxie allemande, d'où cette conclusion : « L'évolution doctrinale du POF n'apparaît pas comme une assimilation progressive du marxisme, mais comme une création continue[144]. »

Les conséquences pour la possibilité d'un transfert du révisionnisme en France sont de ce point de vue importantes. Le révisionnisme doctrinal est moins aisé au sein du socialisme français : en Allemagne, l'espace dans lequel les socialistes peuvent évoluer est défini par l'orthodoxie du SPD, en sortir équivaut à s'exclure du parti. Bernstein en est parfaitement conscient, puisqu'il refuse toujours de former un parti réformiste indépendant. Par conséquent, la doctrine ne peut pas être mise en cause de manière catégorique, il faut la réviser. En France, à l'inverse, le marxisme n'est qu'une partie seulement du territoire socialiste, et remettre Marx en cause n'implique pas la sortie du socialisme, tout au plus un changement d'école. Et, lorsqu'un partisan de Marx prend conscience des limites de la pensée de son maître, il ne révise pas la doctrine, il en sort[145]. La deuxième conséquence est liée au fonctionnement de la doctrine en Allemagne : l'unité doctrinale est la condition nécessaire à l'unité du parti, y adhérer est l'équivalent d'un acte de foi. L'enfreindre, c'est renoncer à l'unité essentielle du parti, donc du prolétariat, et se mettre d'emblée dans la position de l'apostat. En France, comme la doctrine n'a pas pour but de maintenir l'unité, mais de se battre contre ses concurrents, la logique d'exclusion et de condamnation ne peut fonctionner. Par conséquent, autant dans sa formulation théorique que dans ses possibilités stratégiques, le révisionnisme semble un produit théorique d'importation improbable en France.

Ainsi, le socialisme français est un terreau favorable au transfert du révisionnisme sur le plan des circonstances économiques (permettant ainsi le développement d'un révisionnisme pratique). À l'inverse, le

143. Ainsi de la prolétarisation des masses : il s'agit de dénoncer les conséquences néfastes de l'absence de qualification sur les ouvriers, tout en croyant que son développement amènera à terme le socialisme. Cette position contradictoire permet d'agréger au mouvement à la fois les ouvriers industriels (qui espèrent que l'extension du prolétariat entraînera la chute du capitalisme) et les « petits-bourgeois » menacés de perdre leur statut social. Cette ambiguïté permet aux guesdistes de modifier leur discours en fonction de leurs auditoires (Robert Stuart, *op. cit.*, p. 104).

144. Claude Willard, *op. cit.*, p. 214.

145. Le meilleur exemple est celui de Charles Andler (voir chapitre IX) : il illustre le passage d'un socialisme où Marx est la référence principale, à un socialisme original, d'où le penseur allemand est absent. Et pourtant, Charles Andler continue de s'affirmer socialiste jusqu'en 1913, voire jusqu'en 1918.

phénomène est assez improbable sur le plan théorique (ce qui rend difficile le transfert du révisionnisme doctrinal). Cette distinction est fondamentale pour comprendre les logiques à l'œuvre dans le passage du révisionnisme en France. De même, les relations entre le SPD et le mouvement socialiste français doivent être prises en compte, puisque le transfert des idées de Bernstein dépend en grande partie de la manière dont les socialistes français perçoivent leurs frères allemands.

Les relations entre le SPD et les socialistes français

Le mythe du parti modèle

L'internationalisme, mis au cœur de l'engagement socialiste toutes tendances confondues[146], implique l'établissement de relations régulières entre les Français et le SPD. La sympathie pour la social-démocratie allemande est ancienne, depuis que Bebel et Liebknecht avaient protesté contre la guerre franco-prussienne et l'annexion de l'Alsace-Lorraine en 1871.

Plus encore qu'un soutien, le SPD représente pour les socialistes français le modèle à imiter. Pour l'historienne Annie Kriegel, une telle admiration repose sur la double ambition du SPD « d'être quelque chose tout de suite et d'être tout quand le moment serait venu[147] ». La social-démocratie a gagné le bras de fer contre Bismarck en 1890, elle a joué un rôle important dans l'adoption d'une législation sociale considérée comme novatrice dans l'Europe d'alors[148]. Mais les Français admirent surtout chez leurs voisins allemands la préfiguration de la société socialiste : le parti, « contre-société globale prête à se substituer à la société établie[149] », avec son armée d'adhérents, sa kyrielle d'associations et de journaux, représente un phénomène politique radicalement nouveau, un véritable milieu de vie.

Cette description, dans une large mesure, laisse une part importante au mythe. Ainsi de la supériorité des théoriciens allemands, qui bénéficient de deux avantages de taille : d'abord, le contexte de la loi antisocialiste a permis de valider les thèses marxistes de manière éclatante, et de justifier le catastrophisme du parti. En outre, la plupart de ses

146. Le programme de Saint-Mandé, en 1896, qui rencontre l'accord de presque tous les socialistes français, définit trois bases fondamentales pour le mouvement, dont l'internationalisme.
147. Annie Kriegel, *Le Pain et les Roses, jalons pour une histoire du socialisme*, Paris, Puf, 1968, p. 162.
148. *Ibid.*, p. 164.
149. *Ibid.*, p. 165.

Jules Guesde, Paul Lafargue et Gabriel Deville : les origines du parti guesdiste.

C'est dans le cercle de jeunes intellectuels de la rue Soufflot, autour de Karl Hirsch, socialiste marxiste réfugié à Paris, que les trois hommes se côtoient. Paul Lafargue (1842-1911) fait son apprentissage du marxisme auprès de Marx lui-même, dont il épouse la fille Laura. Il contribue ainsi à gagner certains intellectuels au socialisme scientifique en France. Jules Guesde (1845-1922) est l'un d'eux. Son engagement radicalement républicain à la fin du Second Empire lui avait valu d'être exilé entre 1871 et 1876. C'est à son retour en France qu'il se rallie au marxisme, et la rencontre avec Lafargue, dans le cadre du cercle du café Soufflot, est déterminante. C'est aussi dans ce groupe que Gabriel Deville (1854-1940), alors jeune étudiant en droit, s'engage aux côtés des marxistes. Il adhère à la Ire Internationale à l'âge de 18 ans. Lafargue, Guesde et Deville participent tous les trois à *Égalité*, publication d'inspiration marxiste, et à la fondation du Parti ouvrier. Leurs trajectoires sont ensuite différentes. Guesde, à l'allure d'apôtre du socialisme fustigeant ce qu'il considère comme des trahisons du marxisme, devient le tribun du parti, garant de sa pureté doctrinale. Lafargue, avec sa plume mordante et polémique, se charge de pourfendre ses adversaires dans les polémiques de la presse. Gabriel Deville, lui, s'écarte dès la fin des années 1880 du Parti ouvrier, jugeant que sa rigidité doctrinale entre en contradiction avec sa pratique parfois réformiste. En tous les cas, les trois hommes jouent un rôle fondamental dans l'orientation marxiste de leur parti.

chefs peuvent se prévaloir de leurs liens personnels avec Marx et Engels, et, dans un pays comme la France, où les thèses des deux théoriciens se diffusent surtout oralement, un tel avantage est décisif. De même, la conciliation entre « être quelque chose tout de suite » et « être tout quand le moment serait venu » est avant tout le résultat d'un moment particulier, celui de la loi antisocialiste, qui projette son ombre jusqu'en 1914. Et la difficulté à maintenir l'unité doctrinale du parti montre que l'adéquation est loin d'être parfaite.

La vision des socialistes français de la social-démocratie allemande s'appuie sur des images et des moments forts, comme l'héroïsme des défenseurs de la France vaincue de 1871, des fossoyeurs de Bismarck ; ou sur la détermination et le nombre des militants du parti. Ce mythe a la même fonction que la doctrine marxiste, il sert à conférer une identité à ceux qui l'utilisent[150], et à se démarquer des autres factions. Invoquer l'exemple du SPD n'est donc jamais neutre, ceux qui le font cherchent à se donner une légitimité supplémentaire.

L'admiration des grands chefs

La même logique est à l'œuvre dans l'admiration dont font l'objet les chefs de la social-démocratie allemande. Elle concerne surtout Liebknecht[151], dont l'âge se confond avec celui du mouvement ouvrier, courageusement opposé à Bismarck lors de la guerre franco-prussienne, et qui entretient une correspondance avec nombre de socialistes français (Lafargue, Vaillant, Deville, Guesde...). De sorte qu'« à la fin du siècle, pour les révolutionnaires français, pouvoir se prévaloir du soutien de Liebknecht apparaît comme un enjeu d'autant plus fondamental et ils lui en sont d'autant plus reconnaissants que les différents politiques et les animosités personnelles entre les différentes associations vont en s'accroissant[152] ». Peu importe, au fond, que ces représentations soient plus imaginées que réelles. L'usage rhétorique dont elles font l'objet leur donne une valeur en soi, il structure, pour une part, la manière dont les socialistes français discutent du révisionnisme allemand.

Usages de la référence au SPD

L'appui du SPD agit donc comme un argument d'autorité. Compte tenu de son prestige, réel ou supposé, faire référence à la social-démocratie allemande et bénéficier de son soutien permet de s'imposer face à des concurrents. Les alliés tout désignés des sociaux-démocrates allemands sont les guesdistes, et le lien est ancien. Dès la fondation de la IIe Internationale, lors du congrès organisé salle Pétrelle en 1889, les deux partis se rapprochent, en raison de leur type d'organisation et de leur idéologie.

La référence allemande est également utilisée pour dénouer des querelles internes. Ainsi, la motion finale du congrès de Halle (1890), qui avait vu la condamnation du mouvement des « Jeunes[153] », est

150. Et ainsi, Guesde veut, « à l'exemple de la social-démocratie allemande [...] opérer la fusion du courant marxiste et du mouvement ouvrier spontané en créant un parti ouvrier indépendant » (Claude Willard, *op. cit.*, p. 13-14).
151. Marie-Louise Goergen, « Les Relations entre socialistes allemands et français à l'époque de la Deuxième Internationale, 1889-1914 », *op. cit.*, p. 340-350.
152. *Ibid.*, p. 350.
153. Il s'agit d'une fraction du SPD qui reprochait à la vieille génération un légalisme et un attachement exagérés aux pratiques parlementaires.

employée en 1900 par Guesde pour condamner la participation des socialistes au gouvernement, qu'il rapproche des « intellectuels d'alors, qui, frais émoulus des universités bourgeoises, voulaient arracher le prolétariat allemand à sa lutte contre le capitalisme pour le lancer dans les nuages de la métaphysique antidynastique et libre penseuse[154] ».

Elle est enfin utilisée pour définir une attitude face à des enjeux nouveaux. La question agraire, par exemple, qui avait fait l'objet d'un débat en Allemagne, est reprise par les guesdistes pour être adaptée aux conditions françaises. Le congrès du PO à Marseille, en 1892, s'inspire du programme agricole bavarois mieux adapté aux conditions françaises, et le programme adopté lors du congrès de Nantes en 1894 en est largement inspiré.

Ainsi apparaissent les caractéristiques de l'influence allemande sur les socialistes français : il s'agit d'une admiration mêlée d'envie pour une organisation unique et cohérente, une doctrine forte, ainsi que d'une arme utilisée en fonction des nécessités du moment.

154. Cité par Marie-Louise GOERGEN, *op. cit.*, p. 39.

Chapitre VI

Le transfert du débat révisionniste parmi les socialistes français

Les respirations du transfert

La phase d'information (1898-1900)

Le débat révisionniste s'exprime d'abord dans la presse du SPD ou des publications allemandes, et reste peu accessible à la majorité des socialistes français, qui ne lisent pas la langue. Pourtant, l'information sur le débat est primordiale ; c'est la manière dont elle se formule, ce sont les vecteurs par lesquels elle passe, qui déterminent les transformations des idées de Bernstein.

L'information par le contact direct joue, en premier lieu, un rôle important. La présence d'une délégation française dans les congrès du SPD où la question du révisionnisme est soulevée peut ainsi être une manière, pour les socialistes français, de se familiariser avec les idées de Bernstein, comme au congrès de Stuttgart en octobre 1898[155]. Ces hommes peuvent ensuite rendre compte de ce qu'ils ont vu ou entendu à leur retour en France dans les journaux socialistes. Mais ce mode d'information est fragmentaire, car la présence d'une délégation française n'est pas systématique : lors du congrès de Hanovre (1899),

155. La délégation française au congrès de Stuttgart est assez hétéroclite puisqu'elle se compose de Jules Guesde, d'Hubert Lagardelle, de Jean Longuet et d'Edgard Milhaud. Notons que tous ne parlent pas l'allemand (comme Jules Guesde).

où le débat révisionniste prend une plus grande ampleur en raison de la publication du livre de Bernstein, et où ses idées sont une première fois condamnées dans une résolution, les organisations socialistes françaises n'envoient aucune délégation[156]. La présence lors du débat est donc une source d'information privilégiée, mais elle reste épisodique.

La presse, en second lieu, peut aussi informer ses lecteurs du débat par ses correspondants, qui ne sont d'ailleurs pas toujours envoyés aux congrès du SPD. Les Français, pour se tenir informés, doivent donc avoir recours aux publications allemandes ou bourgeoises. Mais la presse sociale-démocrate allemande est agitée par les controverses, et c'est en son sein que s'expriment les oppositions les plus virulentes. Quant à la presse bourgeoise, elle met assez peu en valeur la querelle révisionniste par rapport aux autres questions qui agitent les congrès, et réduit le débat à une confrontation entre l'opportunisme politique et une clique composée de femmes et de vieillards :

> « Bebel, qui comme Liebknecht, commence à sentir le poids de l'âge et des fatigues, a plaidé avec passion [...] pour l'orthodoxie marxiste [...]. Ce sont les femmes qui ont prêché le plus violemment le retour aux méthodes de jadis [...]. Il est curieux de constater que les vétérans et les femmes sont les dépositaires de la tradition militante et révolutionnaire, tandis que les jeunes générations inclinent vers une sorte de socialisme opportuniste[157]. »

Des articles, assez rares, sont publiés malgré tout dans *Le Devenir social*, dans *Le Mouvement socialiste*, et surtout dans *La Revue socialiste*. C'est dans *Le Devenir social* qu'apparaissent les premiers articles sur le révisionnisme[158]. Ils restent descriptifs, l'auteur considérant que « les principes essentiels du socialisme scientifique sont laissés par Bernstein absolument intacts[159] ». C'est également dans *La Revue socialiste* qu'est publié le premier article de fond sur la querelle, sous la plume d'Arturo Labriola[160]. L'ampleur de la diffusion du révisionnisme par ces revues

156. « Personne ne sait ici ce qui s'est passé au congrès de Hanovre ; on n'en connaît que des comptes rendus faits par l'agence Havas ; aucun journal n'avait envoyé de correspondant », lettre de Sorel à Bernstein, 30 octobre 1899, in Michel Prat, « Lettres de Georges Sorel à Édouard Bernstein (1898-1902) », *Mil neuf cent*, n° 11, 1993, p. 164.

157. *Le Temps*, 7 octobre 1898, 1A.

158. Il s'agit de comptes rendus de la controverse entre Belfort Bax et Bernstein rédigés par Kazimierz Keller-Kraus (sous le pseudonyme de Es.). La série d'articles est publiée dans les numéros d'avril, mai, septembre et octobre 1898 ; Marie-Louise Goergen, *op. cit.*, p. 530.

159. « Revue des revues », *Le Devenir social*, septembre-octobre 1898, p. 774-775, cité in Marie-Louise Goergen, *op. cit.*, p. 530.

160. Il ne faut pas le confondre avec Antonio Labriola, connu de Charles Andler, qui écrit un article critique dans la *Revue de métaphysique et de morale* en 1897 (voir *infra* p. 199), et de Georges Sorel qui rédige la préface d'*Essai sur la conception matérialiste de l'histoire*, Paris, Giard et Brière, 1897. Arturo Labriola, « Bernstein et le socialisme », *La Revue socialiste*, n° 174, juin 1899, tome XXIX, p. 663-679, voir *infra* p. 125.

doit cependant être nuancée, le nombre d'articles restant limité : *La Revue socialiste* en accueille quinze entre 1900 et 1903. Il n'en reste pas moins que ces publications peuvent donner lieu à une réflexion des socialistes français sur la révision du marxisme. Charles Rappoport relate ainsi dans ses mémoires les circonstances qui l'ont amené à publier des articles sur les thèses de Bernstein dans *La Revue socialiste* :

> «Je venais de recevoir un paquet de *Vorwärts* avec le compte rendu du congrès de Lübeck[161] où se discutait l'attitude de Bernstein. Les discours de Bebel et de Kautsky contre la tactique de Bernstein me plurent. Sans m'habiller, je saute du lit, j'écris, j'écris, j'écris. Le soir, mon premier article est prêt. C'était fin octobre. Je le porte sans le corriger à la rédaction de *La Petite République* et je confie mon premier enfant français à Rouanet, qui lui fit un accueil favorable. Il parut dans le numéro de novembre 1899[162].»

Ces articles ont également une autre importance : ils peuvent donner lieu à une correspondance, troisième source d'information possible. C'est ainsi après la lecture d'un article du *Devenir social* en avril 1898 que Georges Sorel (1847-1922) écrit à Bernstein pour la première fois. Le Français, partisan du marxisme dans les pages des revues *L'Ère nouvelle* et du *Devenir social* depuis 1894, est entré dans une période de critique de Marx à partir de 1897, ce qui explique cette première prise de contact.

> «J'ai lu dans *Le Devenir social* du mois d'avril 1998 une analyse de l'article que vous avez publié dans la *Neue Zeit* (n° 18) ; cet article est si important et concorde si exactement avec les résultats de ma propre recherche que je me permets de vous demander quelques explications, craignant de trop interpréter votre théorie dans un sens subjectif[163].»

Cette information fragmentaire ne permet pas, dans un premier temps, une prise de position nette des socialistes français. Paul Lafargue, par exemple, est d'abord gêné par le revirement d'un socialiste qu'il respecte :

> «Il est triste que ce soit un homme, comme Bernstein, que nos aimons et estimons, qui ait effectué cette étrange volte-face[164].»

161. Il s'agit en fait du congrès de Hanovre d'octobre 1899.
162. Charles Rappoport, *Une vie révolutionnaire 1883-1940. Les mémoires de Charles Rappoport*, texte établi et annoté par Harvey Goldberg et Georges Haupt, Paris, Éditions de la Maison des sciences de l'homme, 1991, p. 179. Sur le rôle de Rappoport dans le transfert du révisionnisme en France, voir *infra* p. 135.
163. Lettre de Georges Sorel à Édouard Bernstein, 12 mai 1898, in Michel Prat, «Lettres de Georges Sorel à Édouard Bernstein (1898-1902)», *art. cit.*, p. 154.
164. Lettre de Lafargue à Kautsky, 30 mars 1899, IISG KK D.XV.137, cité in Marie-Louise Goergen, *op. cit.*, p. 532.

De la même manière que l'entourage d'Engels explique, au début de la querelle, les prises de positions de Bernstein par des facteurs d'ordre psychologique, Lafargue écrit : « […] notre ami a trop travaillé et souffre maintenant d'un surmenage intellectuel[165] ». Il ne pense donc pas que la crise aura des conséquences fâcheuses pour le parti :

> « Malgré le respect et la sympathie qu'on avait pour Bernstein, à cause de son rôle dans le passé, il n'a entraîné personne à sa suite ; au contraire, tout le monde, même ses plus chers amis, se sont dressés contre lui[166]. »

L'attitude de Lafargue passe progressivement de la gêne à l'hostilité, dans une trajectoire assez proche de celle de Kautsky. Et, comme ce dernier, le gendre de Marx refuse toute condamnation en règle du révisionnisme jusqu'au milieu de l'année 1898.

La neutralité touche aussi les articles de fond publiés dans les revues, comme le montre le cas de *La Revue socialiste*, la plus active dans l'analyse du débat révisionniste. Un article d'Edgard Milhaud (1873-1964), alors jeune agrégé de philosophie et très lié au milieu des socialistes normaliens (par Marcel Mauss et Albert Thomas), donne une description détaillée des premières passes d'armes de la querelle, offrant une vision tranchée des deux camps en présence. Les radicaux sont marqués du signe de l'excès, contrastant avec le flegme des partisans de Bernstein. Malgré ces oppositions entre ses défenseurs et les radicaux, Milhaud minore la menace d'éclatement du parti que représente le révisionnisme, soulignant avec force l'unité du parti.

> « La conviction ardente, l'enthousiasme enflammé qui brillaient dans les yeux de ces hommes chantant en chœur les chants du parti, la résolution âpre que reflétaient leurs visages et qui éclatait dans leur voix, étaient des gages sûrs que rien ne sortirait de leurs délibérations qui ne fût en harmonie avec l'idéal révolutionnaire du socialisme. L'accueil qui venait d'être fait à la représentation symbolique de l'unité du parti, incarnée dans l'union fraternelle de ses grands chefs, était un gage de l'esprit de concorde qui planerait au-dessus de tous les débats, et qui permettrait de tout discuter sans que l'on eût jamais à craindre pour l'unité du parti[167]. »

Enfin, l'interprétation qu'il livre de la querelle ne touche pas aux problèmes soulevés par Bernstein. Edgard Milhaud explique que le SPD est traversé de deux courants contradictoires, l'un réformiste, l'autre radical, et qu'un équilibre doit être maintenu. Bernstein l'aurait

165. Lettre de Lafargue à Kautsky, 17 octobre 1898, IISG KK D.XV.132, cité in *ibid.*, p. 532.
166. Lettre de Lafargue à Kautsky, 23 mai 1899, IISG, KK D.XV.138, cité in *ibid.*, p. 532.
167. Edgard Milhaud, « Le congrès socialiste de Stuttgart », *art. cit.*, p. 5.

brisé en formulant ses thèses. La condamnation par le parti, masquée, il est vrai, puisqu'elle ne s'exprime pas dans une résolution, est donc une tentative pour rétablir cet équilibre menacé.

L'article de Labriola[168] étudie plus profondément la querelle. Labriola s'inscrit d'abord dans le sillon tracé par la critique orthodoxe allemande, reprenant la stratégie argumentative de Kautsky. S'y mêlent la critique personnelle et l'usage de références religieuses[169]. Au fond, l'analyse du révisionnisme reste sur le terrain de la psychologie, qui permet d'expliquer à la fois le courant et ses contradictions. Ainsi, l'entreprise critique de Bernstein est réduite au simple dilemme d'un disciple qui, tombant en désaccord avec ses maîtres, n'ose la pousser jusqu'à la rupture[170]. Enfin, Labriola reprend à son compte la principale critique de Kautsky, affirmant que l'objectif de la théorie marxiste est d'entretenir l'espoir de la classe ouvrière, de lui donner un but qui structure son action :

> «Le socialisme répond à un besoin sentimental de notre âme : le besoin d'espérer en un progrès absolu et inconditionnel [...]. Le placer, comme le voudraient Sorel et Bernstein, sur le terrain de la société actuelle, c'est le priver de ce nimbe d'illusion et de mystère qui fait son extraordinaire force passionnelle à notre époque[171].»

De sorte qu'en même temps qu'il expose et critique les thèses de Bernstein, Labriola se fait le «passeur» d'arguments utilisés par le centre orthodoxe, qui déforment déjà le révisionnisme. Ils en font une théorie exposée par un esprit brouillon, le cheval de Troie du libéralisme qui tente d'investir la citadelle socialiste, et la négation d'une doctrine conçue comme le ciment fédérateur du prolétariat.

Manifestement, la première phase du transfert du révisionnisme se développe dans le cadre des représentations du SPD. Les socialistes français insèrent leurs discours dans les catégories qui structurent leur vision du parti allemand, à des degrés divers, il est vrai. Dans l'article d'Edgard Milhaud, toutes sont présentes : l'organisation et la propagande parfaites du parti[172], l'admiration pour les grands chefs (en particulier

168. Arturo Labriola, *art. cit.*, p. 663-679.
169. «On admet à la rigueur qu'il y ait des chrétiens qui ne croient pas au pape, qui soient hostiles à la célébration de la messe. On trouve, en revanche, absurde qu'il y ait des chrétiens pour nier la divinité du fils de Dieu», *ibid.*, p. 677.
170. «À cette époque de roman psychologique, je ne désespère pas de voir Bourget ou D'Annunzio nous mettre en possession de la thèse [celle des luttes intérieures de Bernstein] et écrire un *Disciple* à rebours dans lequel Bernstein jouerait le premier rôle», *ibid.*, p. 665.
171. *Ibid.*, p. 665.
172. «La démocratie socialiste, après avoir condensé pendant quelques instants, comme en un foyer unique, toutes ses lumières et toutes ses énergies, allait maintenant recommencer son œuvre d'expansion et de diffusion», Edgard Milhaud, «Le congrès socialiste de Stuttgart», *art. cit.*, p. 34.

Liebknecht)[173], la supériorité théorique[174]... Chez Labriola, le poids de ces représentations est moins net. S'il affirme cependant la résistance du parti aux tentatives critiques de Bernstein, il ne ménage pas la social-démocratie allemande et ses théoriciens[175].

Quoi qu'il en soit, le révisionnisme pénètre d'abord en France alourdi par les critiques dont il a fait l'objet en Allemagne, et les analyses que les Français fournissent restent dans le sillage de ces interprétations. Le débat, à la fin de l'année 1899, n'est donc pas autonome, l'adaptation au contexte français n'a pas encore eu lieu.

La phase de discussion (1900-1901)

Comme en Allemagne, la parution du livre de Bernstein, traduit en français sous le titre *Socialisme théorique et Social-démocratie pratique*, ouvre une nouvelle période de discussion. Stock, qui édite à l'époque *La Revue socialiste*, se charge de la publication. En août 1899, l'entreprise est encore au point mort : l'éditeur est davantage préoccupé de publier des ouvrages engagés dans la cause dreyfusarde[176]. Le mois suivant, Stock est encore à la recherche d'un traducteur :

> « M. Stock m'a dit qu'il vous enverrait le traité à signer lundi ou mardi ; il n'a pas encore définitivement traité avec un traducteur, en sorte que l'apparition de votre volume peut encore tarder pas mal[177]. »

Le traducteur finalement choisi est Alexandre Cohen (1864-1961), assez mal connu, ancien anarchiste d'origine hollandaise, devenu beaucoup plus modéré au moment où il traduit le livre de Bernstein.

La date de publication de *Socialisme théorique et Social-démocratie pratique* n'est pas établie avec certitude : l'ouvrage est daté de 1900, mais la revue *Notes critiques* en fait publier un compte rendu dès son premier numéro, pendant la première quinzaine de janvier 1900. La traduction

173. « Liebknecht parut enfin sur l'estrade ; son apparition fut saluée d'applaudissements sans fin. Cet homme de soixante-treize ans, qui est encore un jeune, la chevelure et la barbe grise, mais l'œil étincelant de vie, de sa voix chaude, tendre, prenante, remercia, au nom des délégués, les socialistes de Stuttgart », in *ibid.*, p. 3-4.

174. « Et l'on ne savait qu'admirer davantage, de la beauté de cet enseignement que des ouvriers donnaient à leurs camarades, ou de l'ardeur à apprendre, à écouter, à étudier à fond les problèmes de ce grand parti de combat qui est en même temps un parti de recherches scientifiques », in *ibid.*, p. 18.

175. « Le dédain affecté des socialistes allemands pour tout ce qui n'est pas socialiste dans le champ de la pensée frise le ridicule. Les socialistes allemands se croient vraiment appelés à faire la leçon à l'univers et à reconstruire la science », Arturo Labriola, *art. cit.*, p. 673.

176. Sorel écrit ainsi à Bernstein : « J'ai été chez Stock ; il est à Rennes ; comme il a publié beaucoup de livres et de brochures sur l'Affaire, il suit les débats et ne s'occupe de rien », lettre de Sorel à Bernstein, 18 août 1899, in Michel Prat, *art. cit.*, p. 160.

177. Lettre de Sorel à Bernstein, 15 septembre 1899, in *ibid.*, p. 161.

a donc paru dans les premiers jours de l'année. L'écart entre la date de publication du livre de Bernstein en Allemagne (en mars 1899) et en France (en janvier 1900) est donc très court. Et la période de traduction elle-même est encore plus réduite, Alexandre Cohen n'ayant eu que trois mois environ pour traduire le texte (entre la fin septembre et la fin décembre 1899). La traduction relance la dynamique du transfert, parce que la connaissance du révisionnisme peut s'appuyer sur les idées mêmes de Bernstein, et non plus sur ce qu'en disent ses opposants ou ses partisans. D'autant plus que cette traduction est très rapidement complétée par celle de la réponse de Kautsky, toujours publiée chez Stock. Là encore, il faut établir une chronologie : le livre paraît à la fin de l'année 1899 en Allemagne, et les premiers comptes rendus de la traduction française apparaissent en mars 1900[178]. Ces précisions sur les dates de publication des traductions permettent de montrer que les socialistes français, à la différence des sociaux-démocrates allemands, disposent presque simultanément du livre de Bernstein et de sa remise en cause par Kautsky. Le débat peut donc se développer sur des textes définitifs, sans phase de maturation ou de controverse.

Le débat sur le révisionnisme dans *La Revue socialiste* prend davantage d'ampleur au moment de la publication en français du livre de Bernstein. Les contributions se classent alors en trois catégories. La *Revue* publie d'abord des articles de Bernstein et de Kautsky eux-mêmes : chacun y présente la préface à l'édition française de son ouvrage, Bernstein ajoutant un article supplémentaire[179]. Les analyses de fond sur le révisionnisme se multiplient, en particulier sous la plume de Charles Rappoport, qui livre six articles entre novembre 1899 et novembre 1901[180]. À ces contributions, il faut ajouter celles d'autres collaborateurs, qui écrivent plus généralement sur la « crise du marxisme » que le débat Bernstein semble avoir manifestée[181]. Enfin, les

178. Dans le numéro de mars de *La Revue socialiste*, dans le n° 6 du 25 mars 1900 dans *Notes critiques*.
179. Édouard Bernstein, « Réponse à mes critiques socialistes », *La Revue socialiste*, n° 179, novembre 1899, tome XXX, p. 527-540 ; Karl Kautsky, « Réponse à Bernstein », *La Revue socialiste*, n° 181, janvier 1900, tome XXXI, p. 26-39 ; Édouard Bernstein, « Réponse à Kautsky », *La Revue socialiste*, n° 183, mars 1900, tome XXXI, p. 293-304.
180. « Idées et faits socialistes, la discussion Bernstein, Kautsky et Bebel », *La Revue socialiste*, n° 179, novembre 1899, tome XXX, p. 591-602 ; « Le matérialisme de Marx et l'idéalisme de Kant », *La Revue socialiste*, n° 182, février 1900, tome XXXI, p. 160-175 ; « Kant était-il un sophiste bourgeois ? », *La Revue socialiste*, n° 183, mars 1900, tome XXXI, p. 349-361 ; « Y a-t-il un socialisme scientifique », *La Revue socialiste*, n° 200, août 1901, tome XXXIV, p. 195-212 ; « Les "Problèmes" de Bernstein », *La Revue socialiste*, n° 203, novembre 1901, tome XXIV, p. 513-536 ; « La liberté de critique au congrès de Lübeck », *La Revue socialiste*, n° 203, novembre 1901, tome XXXIV, p. 575-584.
181. L. M., « Une révision des doctrines marxistes », *La Revue socialiste*, n° 184, avril 1900, tome XXXI, p. 405-418 ; Kazimierz Keller-Kraus, « L'inventeur de la crise du marxisme », *La Revue socialiste*, n° 192, décembre 1900, tome XXXII, p. 695-707 ; Olivier Prawdine, « Orthodoxes et critiques », *La Revue socialiste*, n° 192, décembre 1900, tome XXXII, p. 713-722.

comptes rendus d'ouvrages ou de revues permettent aux collaborateurs de *La Revue socialiste* de s'exprimer sur les idées de Bernstein[182]. En deux ans, c'est donc une quinzaine d'articles qui discutent du révisionnisme dans les pages de la *Revue*, ensemble modeste au milieu de toutes les contributions publiées entre 1900 et 1901. Mais il existe, et un débat fructueux peut avoir lieu. C'est en tout cas l'espoir qu'entretient l'équipe de *La Revue socialiste*.

Le réseau de transmission du révisionnisme en France

Le milieu de *La Revue socialiste*

C'est « la plus vieille dame du socialisme français[183] », fondée par Benoît Malon (1841-1893) en 1880. Le poids du fondateur, et de sa conception du « socialisme intégral », joue un rôle décisif dans son ouverture à la diversité des courants traversant le socialisme, et dans le refus de toute orthodoxie. Rapprocher les opinions par la discussion pour réduire les divisions du socialisme français d'alors, telle est sa vocation. Le socialisme intégral affirme donc fortement sa volonté d'étendre la réflexion socialiste à « l'existence intellectuelle et morale de l'humanité[184] ». Le passage du révisionnisme au fil des pages de *La Revue socialiste* semble donc difficile au premier abord : les thèses de Bernstein peuvent y trouver un écho, parce qu'elles offrent une perspective de renouvellement doctrinal contre une orthodoxie marxiste jugée étouffante. Mais jamais la revue ne pourra en devenir le fer de lance en France : le révisionnisme n'est qu'un courant parmi d'autres dans l'océan du socialisme, il convient de lui donner une place, non la primeur.

Il n'empêche que l'arrivée au printemps 1898 à la tête de la revue de Gustave Rouanet (1855-1927), ancien collaborateur de Malon, député du XVIIIe arrondissement et partisan d'un socialisme modéré, ouvert et républicain, parle en faveur d'un transfert du révisionnisme. Il faut toutefois modérer le propos : même si un transfert a lieu, il est impossible d'en conclure à une diffusion du révisionnisme en France.

182. Eugène Fournière, compte rendu de l'ouvrage de Bernstein, *Socialisme théorique et Social-démocratie pratique*, Paris, Stock, 1900; *La Revue socialiste*, n° 182, février 1900, tome XXXI, p. 228-234; compte rendu de l'ouvrage de Karl Kautsky, *Le Marxisme et son critique Bernstein*, in *La Revue socialiste*, n° 183, mars 1900, tome XXXI, p. 380-381; Olivier Prawdine, « La revue des revues », in *La Revue socialiste*, n° 200, août 1901, tome XXXIV, p. 213-220.
183. Madeleine Rebérioux, « La Revue socialiste », *Cahiers Georges Sorel*, n° 5, 1987, p. 15.
184. *Ibid.*, p. 54.

La Revue socialiste est volumineuse (de 100 à 120 pages chaque mois), avec des articles de fond qui excèdent trente feuillets; elle reste chère (l'abonnement annuel coûte 18 francs par an). Elle ne peut donc pas s'adresser à la base militante : son cercle est nécessairement restreint. De plus, les difficultés financières chroniques montrent que *La Revue socialiste* a bien du mal à se renouveler, et à toucher un public suffisamment large pour lui permettre de survivre. Elle constitue donc un terreau favorable à la diffusion du révisionnisme, même s'il faut apporter certaines limites.

Beaucoup de collaborateurs de *La Revue socialiste* sont en contact avec Bernstein au moment de la querelle, à commencer par Rappoport et Sorel. Gustave Rouanet, le directeur, l'avait rencontré à Londres par l'entremise du premier[185]. Les deux hommes échangent une correspondance dans laquelle le Français se déclare partisan du révisionnisme naissant :

> « Vous pouvez vous convaincre en le lisant [le compte rendu de *Socialisme théorique et Social-démocratie pratique*] que vos efforts sont appréciés à leur juste valeur et que votre tentative pour arracher le socialisme aux rabâchages "scientifiques" des simplistes et à la phraséologie révolutionnaire des illuminés ne sera pas vaine[186]. »

Eugène Fournière (1857-1914), l'un des contributeurs les plus anciens de la revue, entretient également une correspondance avec le chef des révisionnistes. Bernstein, en 1905, fait état des relations qui unissent les deux hommes :

> « Il m'est d'un grand plaisir de renouveler par lettre une connaissance – assez passagère, il est vrai – de maintenant vingt-cinq ans. Surtout puisque de l'étude de vos articles j'ai gagné la conviction qu'il y a entre nos idées et sentiments une affinité plus grande qu'entre les idées auxquelles j'adhère et celles de presqu'aucun théoricien socialiste[187]. »

À ces relations personnelles s'ajoutent des contacts avec les réseaux révisionnistes. *La Revue socialiste* et ses collaborateurs sont ainsi liés avec les *Sozialistische Monatshefte*. Sorel y publie dix articles entre 1897 et 1904[188], et d'autres y apporteront leur contribution dans les mois suivants, comme Fournière qui donne six articles entre 1903 et 1910[189]. Ces relations sont marquées par l'admiration réciproque :

185. Marie-Louise Goergen, « Les Relations entre socialistes allemands et français à l'époque de la Deuxième Internationale, 1889-1914 », *op. cit.*, p. 102.
186. Lettre de Rouanet à Bernstein, 19 février 1900, IISG, Nachlass Berlin, D606, citée in *ibid.*, p 103.
187. Lettre de Bernstein à Fournière, 22 octobre 1905, IFHS 14AS181², 135.
188. Marie-Louise Goergen, *op. cit.*, p. 128.
189. *Ibid.*, p. 128.

« *Die Sozialistische Monatshefte* ont un tout autre aspect. C'est le royaume de la critique. C'est l'abri ouvert à tous les hérétiques, à tous les dissidents. C'est la revue des jeunes… De jeunes écrivains socialistes de talent […] y discutent consciencieusement et librement les doctrines socialistes, les questions brûlantes de la tactique[190]. »

Ainsi *La Revue socialiste* constitue-t-elle un vivier favorable à la diffusion du révisionnisme en France, qui suscite d'ailleurs l'espoir des collaborateurs de voir le marxisme s'ouvrir et se transformer. Mais il ne s'agit que d'une possibilité, qui n'est pas réalisée si l'on tente de comprendre la manière dont les rédacteurs de la revue parlent du révisionnisme pendant les années 1900 et 1901.

Dans une large mesure, en effet, la discussion reste superficielle. Les trois catégories d'articles déjà mentionnés (articles produits par Bernstein et Kautsky, articles de fond, comptes rendus d'ouvrages et de revues) n'approfondissent pas réellement le débat.

C'est Bernstein qui ouvre la série, par « Réponse à mes critiques socialistes », paru en novembre 1899, suivi par « Réponse à Bernstein » de Karl Kautsky en janvier de l'année suivante, puis par une « Réponse à Kautsky » de Bernstein en mars. Dans les deux premiers cas, il s'agit des préfaces aux éditions françaises des ouvrages respectifs des deux hommes, qui paraissent donc quelques semaines avant leur publication. L'objectif est de clarifier les positions de manière à rendre le débat accessible à un public français :

« […] il [Stock] désirerait ne pas reproduire la préface de l'édition allemande qui manquerait d'intérêt pour la France ; il désirerait que vous lui fassiez de suite, une préface […] dans laquelle vous répondriez aux principales objections du livre de Kautsky. Cela, dit-il, rajeunirait, même pour l'étranger et l'Allemagne surtout, votre livre et lui donnerait un regain d'actualité[191]. »

Une telle ambition de clarification est-elle satisfaite ? Le premier article de Bernstein semble le montrer. Il tente d'exposer la manière dont s'est développée la querelle, des articles publiés dans *Die Neue Zeit* à la publication des « Présupposés du socialisme ». Il précise que son livre, opposé à l'interprétation du marxisme « comme une doctrine immuable ou finie », est « un essai de révision, de reconnaissance et de débrouillement[192] ». Ce n'est donc pas une réfutation du marxisme qu'il

190. Olivier Prawdine, « Orthodoxes et critiques », *La Revue socialiste*, n° 192, décembre 1900, tome XXXII, p. 714.

191. Lettre de Sorel à Bernstein, 1er octobre 1899, in Michel Prat, *art. cit.*, p. 161-162.

192. Édouard Bernstein, « Réponse à mes critiques socialistes », *La Revue socialiste*, n° 179, novembre 1899, tome XXX, p. 527-528.

présente, mais un inventaire critique de la théorie. Bernstein ajoute des précisions sur le contenu de son entreprise pour empêcher toute confusion. Non, il n'abandonne pas le matérialisme historique, puisqu'il continue d'accorder la prééminence aux facteurs économiques dans la marche de l'histoire. Il soutient simplement que les autres facteurs ont leur rôle, et ne doivent pas être négligés :

> « Il va sans dire que la volonté humaine n'est jamais une chose absolument individuelle ou subjective ; qu'elle dépend de beaucoup de conditions physiologiques et historiques ou sociales. L'influence du milieu est chose entendue chez tous les hommes raisonnables. Le milieu, les conditions sociales et naturelles forment la base objective de la volonté subjective. Mais déjà cette base objective n'est pas chose purement matérialiste. Les conceptions de morale ou de droit, les croyances religieuses et les théories scientifiques y jouent un grand rôle. Et quelle que soit leur généalogie ou leur relation avec les facteurs économiques, elles sont toujours des forces idéologiques qui de leur côté influent sur les facteurs économiques et cela souvent d'une manière très énergique et avec des résultats considérables[193]. »

Bernstein ne parle pas non plus en faveur de la collaboration politique avec les libéraux :

> « Bien que j'eusse établi une très nette distinction entre le mouvement historique général et les partis contemporains qui s'appellent "libéraux", j'ai été accablé de critiques pour avoir défendu "les libéraux" et pour avoir voulu faire du parti socialiste une simple annexe des partis bourgeois[194]. »

Cependant, malgré la volonté de dissiper les malentendus, l'article de Bernstein est marqué par les caractéristiques du débat allemand dont il fait partie intégrante. Après tout, il vise la réponse de Kautsky parue quelques semaines auparavant, et à laquelle le public français n'a pas encore accès. Ainsi, l'auteur s'attarde sur des points du débat, comme la relation entre nécessité objective ou subjective, en s'appuyant, comme toujours, sur des références à Marx et à Engels. Tout ceci n'est pas véritablement accessible à un public français qui ne possède qu'une information fragmentaire sur les détails de la querelle révisionniste, et peut donc apprécier difficilement les enjeux de telles questions théoriques.

Ces éléments caractérisent le reste des contributions de Kautsky et Bernstein. L'article de Kautsky, par exemple, tente de réfuter son adversaire, en le citant d'abord, puis en lui opposant une autre citation,

193. *Ibid.*, p. 533.
194. *Ibid.*, p. 538.

généralement d'Engels. De sorte que l'article prend rapidement la forme d'un débat exégétique visant à rétablir le véritable sens (ou supposé tel) des écrits fondamentaux du marxisme[195]. De même, Kautsky tente de répondre à l'opinion de Bernstein selon laquelle le congrès de Hanovre, malgré une condamnation formelle, aurait été une victoire pratique du réformisme. Là encore, la discussion est engagée sans que les éléments fondamentaux du débat soient donnés (les enjeux, les positions en présence, les résolutions votées...). Or, les socialistes français ne disposent pas de cette information de base. Et, dans la mesure où le dernier article de Bernstein est une réponse aux objections de Kautsky, ce sont les mêmes traits fondamentaux qui se manifestent, et qui le rendent hermétique à un public français. En somme, malgré l'ambition, avouée au départ, de clarifier les termes du débat, c'est l'inverse qui semble se produire : les caractères fondamentaux de la querelle allemande (discussion autour de la doctrine marxiste, stratégie politique développée lors des congrès en Allemagne) reprennent le dessus. Le débat reste donc largement hors de la portée des Français, il est l'affaire d'Allemands qui parlent entre Allemands.

Dans les autres articles, le débat prend forme, mais se trouve toujours adapté aux réalités françaises. Le compte rendu de *Socialisme théorique et Social-démocratie pratique* par Eugène Fournière est très intéressant à cet égard : tout en manifestant son plein accord avec les thèses de Bernstein, il incise çà et là des remarques qui montrent les déformations à l'œuvre. Lorsqu'il expose, par exemple, la proposition de Bernstein d'élargir le matérialisme historique en intégrant d'autres facteurs que les seuls facteurs économiques, il ajoute que « Bernstein, en ces termes, définit très exactement la tâche entreprise ici même il y a quinze ans par Benoît Malon et ses amis immédiats[196] ». Le socialisme intégral de Malon, au fondement de *La Revue socialiste*, est assimilé au révisionnisme, d'où cette conclusion : *La Revue socialiste* est la tribune de Bernstein en France, ce qui est inexact.

Le révisionnisme est également utilisé comme une arme stratégique dans les luttes qui divisent le socialisme français. Ainsi, Fournière recourt aux thèses de Bernstein sur l'indépendance relative des facteurs moraux pour légitimer l'engagement de certains socialistes en faveur de Dreyfus :

195. Tout le passage traitant du concept de nécessité (et qui est une réponse aux analyses de Bernstein sur le matérialisme historique) est un trajet constant entre ce qu'écrit Engels et ce qu'écrit Bernstein. Kautsky entend ainsi prouver que ce dernier « comprend de moins en moins ce que Marx et les marxistes ont fait jusqu'ici », Karl Kautsky, « Réponse à Bernstein », *La Revue socialiste*, n° 181, janvier 1900, tome XXXI, p. 27-30.
196. Eugène Fournière, « Revue des livres », *La Revue socialiste*, n° 182, février 1900, tome XXXI, p. 229.

« Bernstein, en ces termes, définit très exactement la tâche [...] poursuivie avec assez de succès par ceux-ci, ainsi que l'a prouvé l'attitude de l'immense majorité des socialistes dans une récente agitation pour la justice, c'est-à-dire purement idéologique[197]. »

De même, l'analyse de Bernstein sur la proximité entre le marxisme et le blanquisme est utilisée comme argument pour expliquer la division du socialisme français alors en cours, et pour dénoncer les guesdistes :

« L'attitude récente de deux importantes fractions du socialisme français, dont l'une se réclame de Marx et l'autre de Blanqui, se trouve éclairée d'un jour singulier par cette constatation purement philosophique de Bernstein, qui ne prévoyait certainement pas, au moment où il notait cet aperçu pénétrant, les incidents qui allaient compromettre en France l'union des socialistes[198]. »

Outre l'utilisation du révisionnisme pour répondre aux questions posées au socialisme français, *La Revue socialiste* accrédite certaines méprises sur les idées de Bernstein. Ainsi, lorsque la « Revue des revues » rend compte des dernières analyses présentées par les *Sozialistische Monatshefte*, c'est pour se concentrer sur les articles traitant du cas Millerand, qui agite le socialisme français depuis juin 1899. Olivier Prawdine donne un aperçu très élogieux du débat entre Kautsky et Vollmar sur le sujet, concluant :

« En résumé, l'article [de Vollmar en faveur de la participation des socialistes au gouvernement] dont nous avons exposé fidèlement les principaux passages, est un plaidoyer extrêmement habile et éloquent pour la tactique de Millerand et de ses amis, écrit par un véritable homme d'État du socialisme militant[199]. »

Et, dans un deuxième compte rendu sur les relations houleuses entre *Die Neue Zeit* et les *Sozialistische Monatshefte*, Prawdine juxtapose l'analyse du débat Bernstein/Kautsky à une étude d'un article en faveur du ministérialisme, dont le lecteur ne sait plus bien s'il est publié dans l'une ou dans l'autre des revues. De sorte que l'assimilation du révisionnisme au ministérialisme, si elle n'est pas explicitement assumée, est fortement favorisée par ces rapprochements de textes. De même, *La Revue socialiste*, par ses articles, accrédite l'idée que le révisionnisme

197. *Ibid.*, p. 229.
198. *Ibid.*, p. 231.
199. Olivier Prawdine, « Orthodoxes et critiques », *La Revue socialiste*, n° 192, décembre 1900, tome XXXII, p. 722.

constitue un retour à Kant. Prawdine donne ainsi la priorité à l'étude de contributions sur cette question dans les *Sozialistische Monatshefte*[200]. Dès lors, par les éléments qu'elle choisit de mettre en valeur, par la manière, aussi, dont ses rédacteurs rendent compte du débat révisionniste, *La Revue socialiste* se fait vecteur de diffusion et de transformation du révisionnisme en France.

Il faut cependant nuancer le propos. Très rapidement, la discussion se tarit, et les articles sur le révisionnisme disparaissent totalement en 1902 et 1903. Au fond, pour les collaborateurs, le débat révisionniste est une déception. Prawdine s'en fait l'interprète lorsqu'il analyse les relations entre *Die Neue Zeit* et les *Sozialistische Monatshefte* :

> « Une nouvelle ère de discussions intéressantes sur les questions les plus vitales pour l'individu et la société allait s'ouvrir. Quelques vieux dogmes seraient peut-être restés sur le champ de bataille, mais la vérité scientifique ne s'en serait pas portée plus mal pour cela. Faut-il que notre attente soit déçue ? Est-il nécessaire, est-il souhaitable et utile que ce grave et important débat dégénère en querelles personnelles, entre deux hommes qui, quelle que soit leur valeur, nous intéressent avant tout comme représentants des deux conceptions, des deux méthodes qui divisent les esprits dans tous les pays où le socialisme est devenu un élément essentiel de la vie publique ? Les récentes polémiques entre Kautsky et Bernstein nous font craindre cette déviation déplorable d'une discussion qui promettait tant[201]. »

La période révisionniste de *La Revue socialiste*, non dépourvue d'ambiguïté par les transformations qu'elle opère, ne dure donc que quelques mois, entre la fin 1899 et la fin 1901. Elle favorise malgré tout une première transformation des idées de Bernstein : celui-ci est utilisé pour légitimer des prises de position politiques (sur l'affaire Dreyfus ou la participation au gouvernement), après des déformations (Bernstein serait favorable à la participation ministérielle, il désirerait un retour à Kant). Mais ces transformations restent difficiles à analyser, puisqu'elles se répartissent parmi des articles écrits par des auteurs différents. Il faut donc préciser l'analyse par l'étude du rôle d'un « passeur » essentiel du débat révisionniste dans *La Revue socialiste* : Charles Rappoport.

200. *Ibid.*, p. 715-718.
201. *Id.*, « Revue des revues », *La Revue socialiste*, n° 200, août 1901, tome XXXIV, p. 213-214.

Un « passeur » : Charles Rappoport

Charles Rappoport, né le 14 juin 1865 en Lituanie russe, sympathise d'abord avec le mouvement Narodnaïa Volia[202]. La répression contre le mouvement le force à s'exiler. Il s'installe définitivement à Paris en 1897, et s'intègre alors au groupe d'exilés russes réunis autour de Pierre Lavrov[203].

La familiarité de Rappoport avec le socialisme de Lavrov oriente, pour une large part, la discussion sur le révisionnisme. Lavrov, loin de s'opposer à Marx, dont il reconnaît la pertinence des théories économiques et sociales, désire au contraire le compléter par une philosophie de l'histoire donnant toute son importance à l'individu, aux minorités agissantes et aux idées, conciliant ainsi matérialisme et idéalisme. Les idées, même si elles ont une origine matérielle ou économique, possèdent leur propre loi de développement une fois qu'elles ont été créées. L'histoire est un progrès, défini comme le processus de développement de la conscience individuelle, de la vérité et de la justice par l'esprit critique et la solidarité. Ce sont les individus conscients qui mènent cette marche de l'histoire, opposant aux traditions leur critique démystificatrice. Après que la minorité a triomphé par la diffusion générale de ses idées, celles-ci deviennent elles-mêmes immobiles, et sont combattues par de nouvelles minorités agissantes. La philosophie de l'histoire de Lavrov diffère donc fondamentalement du marxisme : la pensée n'est pas une manifestation collective des forces techniques et sociales, elle obtient une autonomie totale qui en fait l'apanage d'une minorité éclairée. Rappoport, à son arrivée à Paris, est donc antimarxiste[204].

Sa connaissance du révisionnisme résulte d'une confrontation directe avec les textes allemands : il lit le livre de Bernstein dans le texte dès sa publication en 1899[205], et écrit son premier article sur le sujet sous l'inspiration d'un article sur le congrès de Hanovre, paru dans le *Vorwärts* à la fin de l'année[206]. À la différence d'une grande partie des

202. C'est le groupement anarchiste clandestin qui avait organisé l'assassinat d'Alexandre II en 1881, puis l'attentat raté contre Alexandre III en 1887, et qui prônait la prise de pouvoir par une minorité révolutionnaire entraînée.

203. Pierre Lavrov (1823-1900), socialiste russe, s'exile en 1870 en France où il participe à la Commune, qui l'envoie à Londres auprès de l'Association internationale du travail. Il y rencontre Marx et Engels. De retour à Paris en 1871, il réunit autour de lui un cercle formé, en grande majorité, d'exilés russes.

204. Charles Rappoport, *op. cit.*, p. 96-102 ; Georges Lefranc, *Jaurès et le Socialisme des intellectuels*, Paris, Aubier, p. 80-85 ; Daniel Lindenberg et Pierre-André Mayer, *Lucien Herr, le socialisme et son destin*, *op. cit.*, 1977.

205. Charles Rappoport, *op. cit.*, p. 177. L'auteur fait ici une erreur, qui n'est pas relevée dans l'édition critique. Il soutient qu'il a lu les *Voraussetzungen* en Suisse en 1898, alors que le livre a paru en Allemagne l'année suivante.

206. *Ibid.*, p. 179.

socialistes français, qui n'ont qu'une connaissance indirecte du débat en raison de leur ignorance de l'allemand, Rappoport est capable d'engager la discussion très tôt. Le premier article qu'il rédige pour *La Revue socialiste* portant sur le révisionnisme est aussi le premier qu'il publie en français. Cet aspect est fondamental : à son arrivée à Paris, Rappoport est un militant marginal, un exilé russe anarchiste, hostile au marxisme. Son intégration progressive au mouvement socialiste français se réalise par le débat révisionniste et la discussion qu'il engage avec Bernstein. Il explique ainsi que son deuxième article[207], qui vise indirectement Bernstein en discutant de la validité de son « retour à Kant », donne lieu à une controverse avec Lafargue[208]. C'est à l'issue de cette querelle qu'il commence à « être populaire dans les milieux jaurèsistes[209] », où il fait ses classes avant de s'éloigner vers les guesdistes. Le débat révisionniste, dans le cas de Rappoport, constitue donc l'un des engagements à l'origine de son entrée dans le socialisme français.

Rappoport engage la discussion avec le révisionnisme dans six articles, publiés dans *La Revue socialiste* entre novembre 1899 et novembre 1901[210]. Il espère que la crise révisionniste sera l'occasion d'élargir la théorie socialiste et de l'adapter à l'évolution des faits. Il est donc favorable à l'entreprise critique de Bernstein avant tout parce qu'elle sert son antimarxisme :

> « Cette partie de l'œuvre de Bernstein [la partie théorique] est la plus solide et la plus utile. Sans rejeter l'œuvre considérable de Marx en bloc, on sera bien obligé de plus en plus d'en retrancher les parties faibles, surtout son exclusivisme économique et matérialiste [...]. Et contrairement à ce que l'on écrit assez souvent, c'est la méthode de Marx plus encore que la doctrine, qui aura à souffrir de cette critique, cette méthode ramenant, en dernier lieu, toute évolution sociale à un seul facteur souverain, est exclusive et unilatérale par définition et rend toute conception intégrale de la société impossible [...]. De plus en plus, on sera obligé de reconnaître que les conceptions marxistes, dans leur inté-

207. *Id.*, « Le matérialisme de Marx et l'idéalisme de Kant », *La Revue socialiste*, n° 182, février 1900, tome XXXI, p. 160-175.

208. Lafargue publie une réponse à Rappoport dans *Le Socialiste* le 21 janvier 1900. Rappoport répond par « Kant était-il un sophiste bourgeois ? », *La Revue socialiste*, n° 183, mars 1900, tome XXXI, p. 349-361.

209. Charles Rappoport, *op. cit.*, p. 183.

210. « Idées et faits socialistes, la discussion Bernstein, Kautsky et Bebel », *La Revue socialiste*, n° 179, novembre 1899, tome XXX, p. 591-602 ; « Le matérialisme de Marx et l'idéalisme de Kant », *La Revue socialiste*, n° 182, février 1900, tome XXXI, p. 160-175 ; « Kant était-il un sophiste bourgeois ? », *La Revue socialiste*, n° 183, mars 1900, tome XXXI, p. 349-361 ; « Y a-t-il un socialisme scientifique », *La Revue socialiste*, n° 200, août 1901, tome XXXIV, p. 195-212 ; « Les "Problèmes" de Bernstein », *La Revue socialiste*, n° 203, novembre 1901, tome XXIV, p. 513-536 ; « La liberté de critique au congrès de Lübeck », *La Revue socialiste*, n° 203, novembre 1901, tome XXXIV, p. 575-584.

gralité, ne peuvent plus servir de bases théoriques au mouvement socialiste. Elles sont – il faut avoir le courage de le dire – ou incomplètes, ou erronées[211]. »

Là surgit une première difficulté. Rappoport soutient que « ce qui doit être détruit, ce n'est pas le marxisme tout court, mais l'élément aprioristique, métaphysique et hégélien du marxisme »[212], donc admet que l'entreprise de Bernstein est de renouveler le marxisme, non de le détruire. En revanche, les conclusions pratiques de Bernstein sont rejetées en bloc. Rappoport estime que ses propositions, dans la dernière partie du livre, restent confuses, et qu'elles doivent être condamnées. Ayant éloigné la perspective révolutionnaire, le révisionnisme enlève leur sens aux propositions pratiques, et s'apparente en cela à un opportunisme « par lâcheté, par insuffisance d'idées générales, par ignorance et méconnaissance des lois de l'évolution sociale[213] ». Même s'il semble adhérer à l'argument de Kautsky (la révolution permet d'entretenir la flamme du parti), Rappoport oriente sa critique en fonction de son engagement parmi les anarchistes russes, qui prônent, précisément, l'acte créateur et moral de l'insurrection. En somme, il soutient Bernstein en théorie, parce qu'il le considère comme antimarxiste ; il le condamne en pratique, parce qu'il en fait un antirévolutionnaire. L'argumentation (accord en théorie, désaccord en pratique) reste constante dans la série d'articles de *La Revue socialiste*. Mais, parce qu'elle se fonde sur des opinions parfois éloignées du révisionnisme, elle prend des formes ambiguës, et entame un processus de transformation des idées originales.

Rappoport choisit ainsi, parmi les arguments développés par Bernstein, ceux qui appuient ses propres opinions, ou qui, à l'inverse, lui permettent d'affirmer son point de vue en contrepoint. La discussion s'engage sur trois axes : la place de la révolution, le « retour à Kant » et la définition du socialisme.

La critique majeure que Rappoport adresse à Bernstein, dans son premier article, est de minorer le rôle de la révolution dans le mouvement socialiste. Il peut affirmer, à l'inverse, son « révolutionnarisme humain se basant sur le sacrifice et le devoir et non sur le massacre et l'immortalité[214] ». Ici a lieu une première déformation : Bernstein n'est pas opposé à la révolution, mais à la violence. Rappoport, par sa critique, en fait un antirévolutionnaire, mettant ainsi en valeur ses propres convictions.

211. Charles Rappoport, « Idées et faits socialistes, la discussion Bernstein, Kautsky et Bebel », *art. cit.*, p. 601.
212. *Id.*, « Le matérialisme de Marx et l'idéalisme de Kant », *art. cit.*, p. 172.
213. *Id.*, « Idées et faits socialistes, la discussion Bernstein, Kautsky et Bebel », *art. cit.*, p. 594.
214. Charles Rappoport, *Une vie révolutionnaire 1883-1940...*, *op. cit.*, p. 205.

Le débat sur le « retour à Kant » est plus important. Après des développements érudits sur les tentatives de disciples néokantiens de Bernstein de définir la moralité du marxisme et de retourner à Kant, Rappoport conclut qu'une conciliation entre marxisme et kantisme est impossible. Il finit par intégrer Bernstein dans le mouvement de « retour à Kant ».

> « Maintenant ce sont les marxistes qui, ébranlés par une critique incessante et en partie victorieuse de leur doctrine, cherchent à la sauver en lui assimilant de nouveaux éléments philosophiques. Le livre de Bernstein finit aussi par cet appel. Nous croyons en avoir démontré l'impossibilité[215]. »

Or, ce « retour à Kant » n'est pas au cœur du révisionnisme de Bernstein, ce qui n'empêche pas Rappoport de faire l'assimilation. Il lui prête ainsi les mêmes défauts qu'aux néokantiens, qui ne vont pas jusqu'au bout de leur entreprise pour sauver le marxisme. Au-delà de cette transformation, qui, au fond, est assez répandue, pourquoi Rappoport choisit-il cet aspect ? La discussion sur les rapports entre le marxisme et le kantisme permet de statuer sur une question fondamentale pour le disciple de Lavrov, celle de la place de la moralité dans le socialisme. Le détour par la question du « retour à Kant » lui permet de construire son propre raisonnement sur un socialisme moral, s'écartant à la fois de l'idéalisme kantien et du matérialisme marxiste. Il soutient que les idées doivent avoir « un appui solide dans la réalité[216] », mais cette réalité objective (assez conforme, au fond, au matérialisme) ne donne que des moyens de combat. Le but, lui, vient de l'homme, et ne peut donc se réduire à une simple expression matérielle. L'idéalisme critique a pour but de « renouveler la théorie socialiste[217] » et de sortir de la conception marxiste qui, considérant la morale comme un facteur dépendant de l'infrastructure économique, ne lui donne aucun rôle. Affirmer, comme le fait Rappoport, son autonomie par rapport aux conditions économiques, c'est légitimer du même coup l'action des socialistes sur la morale, et lui donner une dimension éthique. Ainsi, la réduction du débat révisionniste à une confrontation entre le kantisme et le marxisme lui permet de tirer des arguments supplémentaires pour étayer ses propres convictions.

Enfin, la discussion sur le caractère scientifique du socialisme lui donne l'occasion de contester le point de vue de Bernstein, et d'affirmer sa conception d'un socialisme moral intégral :

215. *Id.*, « Le matérialisme de Marx et l'idéalisme de Kant », *art. cit.*, p. 172.
216. *Ibid.*, p. 173.
217. *Ibid.*, p. 173.

« La doctrine socialiste n'aura un caractère scientifique que lorsqu'elle réussira à présenter le socialisme comme une conséquence de l'évolution intégrale de l'humanité, économique aussi bien que politique, morale, intellectuelle, subjective et objective [...]. Oui, le socialisme est possible comme science, mais à la condition de cesser d'être exclusivement marxiste. En d'autres termes, le socialisme scientifique a pour base l'évolution intégrale de l'individu et de la société[218] ».

L'ambiguïté de l'accord théorique entre Rappoport et Bernstein apparaît : hormis la critique de l'interprétation sclérosée et sectaire du marxisme, rien n'est vraiment partagé. Au fond, Bernstein réserve au groupe le rôle central dans l'avènement du socialisme, puisque c'est le parti, le syndicat, la coopérative, la commune qui aideront à sa réalisation non violente. Rappoport, lui, fonde son idéal sur l'individu, réalisé intégralement, et qui, par sa faculté critique et sa moralité, donnera l'élan révolutionnaire. Entre Rappoport et Bernstein, il y a donc un accord sur l'ennemi à combattre, non sur l'idéal à réaliser ; l'alliance est négative plus que positive.

Or, l'ennemi à combattre, commun au début, change progressivement de figure pour Rappoport, ce qui l'amène à abandonner le dialogue avec Bernstein. Peu à peu, à son développement original (accord théorique, désaccord pratique), il ajoute des arguments déployés par le centre orthodoxe du SPD : il reprend la philippique de Bebel lors du congrès de Hanovre (Bernstein traite les militants comme des enfants qu'il faut assagir) :

« Bernstein, au contraire, en prévoyant toutes les misères avec lesquelles nous nous trouverons aux prises une fois notre rêve social rapproché, nous dit : n'allez pas si vite ! La société socialiste, c'est un nid de problèmes et de difficultés ; vous vous y casserez les reins. Prudence, prudence, prudence[219]. »

Il montre également que les appels à la patience de Bernstein ne peuvent avoir de portée en Allemagne, en raison de la puissance du parti dont il se fait l'écho :

« Plus une organisation formée pendant la période de la vie sociale normale, et en vue de l'action normale, est puissante, plus elle est étendue, plus elle est pacifique, moins elle se risque dans des "aventures révolutionnaires"[220]. »

218. *Id.*, « Y a-t-il un socialisme scientifique », *art. cit.*, p. 212.
219. *Id.*, « Les "Problèmes" de Bernstein », *art. cit.*, p. 521.
220. *Ibid.*, p. 523.

Au fur et à mesure, l'ennemi change de camp : si Bernstein est encore ménagé, le centre orthodoxe ne fait plus l'objet des mêmes critiques. Il n'empêche que l'espoir de Rappoport de voir s'instaurer un débat réel sur la doctrine socialiste est déçu par le congrès de Lübeck. Dans le dernier article de la série, il s'oppose à la conclusion du congrès qui a abouti, pour lui, à une négation de la liberté de critique dans le SPD. Il dénonce ce qu'il considère comme une décision inquisitoriale[221], il dénonce le marxisme, devenu un dogme religieux dans la social-démocratie allemande. La majorité du congrès « rive le socialisme à une conception dont la critique est en train de démontrer toute la fragilité[222] », et réduit à néant toute l'entreprise révisionniste. Le débat est clos. Rappoport cesse la collaboration à *La Revue socialiste*.

Mais le congrès de Lübeck, s'il permet à Rappoport de manifester sa déception, n'est pas la seule cause de cette extinction de voix. Ses articles montrent qu'il évolue peu à peu vers le marxisme. L'explication en est donnée dans les mémoires : Rappoport, au début de son engagement politique en France, se range aux côtés de Jaurès, dont il admire l'idéalisme, mais il précise : « Je ne pouvais avaler les attaques de Jaurès contre la tactique révolutionnaire[223]. » C'est l'entrée d'Alexandre Millerand dans le ministère Waldeck-Rousseau en juin 1899, et les débats qui suivent sur le problème de la participation des socialistes au gouvernement, qui sonne l'heure de la séparation. En 1902, Rappoport se mêle au groupe guesdiste, et adhère au POF :

> « Je me suis jeté dans la lutte contre le ministérialisme, avec toute l'ardeur de mes convictions révolutionnaires et la fougue de mon tempérament [...]. Et mes télégrammes et articles au *Petit Sou*, rendant compte du congrès dans un style mordant, eurent un certain succès [...]. La lutte était engagée à mort, et les camarades étaient contents du concours que je leur avais prêté, car j'ai commencé à être favorablement connu dans les milieux socialistes[224]. »

Ce revirement s'accompagne d'un contact plus étroit avec Kautsky et la *Neue Zeit*[225], ainsi que d'une conversion au marxisme autour de 1901-1902[226]. À la déception de voir le débat révisionniste étouffé, et

221. *Id.*, « La liberté de critique au congrès de Lübeck », *art. cit.*, p. 577-578.
222. *Ibid.*, p. 583.
223. *Id.*, *Une vie révolutionnaire 1883-1940...*, *op. cit.*, p. 206.
224. *Ibid.*, p. 211-212. Le congrès dont il est question est celui tenu par le Parti socialiste français de Jaurès à Tours en mars 1902.
225. Rappoport commence ainsi sa collaboration à la revue théorique allemande en octobre 1903, et considère alors Kautsky comme le maître du marxisme.
226. *Id.*, *Une vie révolutionnaire 1883-1940...*, *op. cit.*, p. 232.

par là toute tentative de renouvellement doctrinal, s'ajoute donc une évolution personnelle qui exclut toute discussion avec un marxiste apostat.

La période de discussion de Rappoport sur le révisionnisme est donc fort courte, mais elle permet, par un cas concret, d'apprécier la teneur des déformations dont Bernstein fait l'objet. Il est discuté comme antimarxiste, antirévolutionnaire et éclectique (par sa volonté d'un rapprochement abusif entre Marx et Kant), trois caractéristiques infondées. Le cas Rappoport montre également le poids des déformations allemandes du révisionnisme, qui influencent considérablement la discussion. Sur ce point, une contradiction apparaît : comment les interprétations allemandes du révisionnisme auraient-elles pu influencer les Français, dont la plupart ne lisent pas l'allemand ? Le rôle des traducteurs est essentiel, et permet d'aborder une question cruciale dans l'étude du transfert du révisionnisme en France, celui de la traduction du livre de Bernstein, *Die Voraussetzungen des Sozialismus*.

La traduction

Une version française médiocre

Il faut d'abord souligner la mauvaise qualité de la traduction, constatation qui ne relève pas d'un jugement de valeur, mais de la simple lecture du travail d'Alexandre Cohen. Celui-ci prend souvent le parti de traduire littéralement le texte allemand en français, sans aucune modification de syntaxe ou de ponctuation. De sorte que certaines phrases, claires à l'origine, deviennent obscures. Certaines citations, principalement de Marx et d'Engels, sont mal mises en valeur par l'oubli des guillemets. Le fait peut sembler anodin mais, compte tenu de l'importance de la référence dans le texte de Bernstein, à la fois instrument de légitimation et d'argumentation, le fait de ne plus savoir si une phrase est à mettre au compte de l'auteur ou d'Engels est assez grave. D'autant plus que la traduction française ne reproduit presque jamais la référence exacte des citations données, alors que l'édition allemande les indiquait systématiquement. Le propos de Bernstein sur la théorie marxiste et ses évolutions paraît donc arbitraire, invérifiable parce que la source n'est jamais indiquée. Enfin, des maladresses de traduction peuvent aboutir à des transformations isolées du texte allemand. Ainsi, une phrase comme « Là où ces erreurs [celles du marxisme] ne peuvent être prouvées, la conclusion serait inévitablement, du reste, qu'il y avait dans le fondement une erreur ou une lacune[227] » est transformée en « Mais où ces fautes-là n'apparaissent pas, il faut bien conclure, fatalement, que dans les bases mêmes il y ait quelque chose qui cloche[228]. » La traduction française rend ici la critique de Bernstein beaucoup moins précise qu'elle ne l'est en allemand.

Les réactions des Français sont donc des plus prudentes. La revue *Notes critiques*, par exemple, publie un compte rendu dénonçant la mauvaise qualité de la traduction :

> « Il faut toujours, si l'on veut être juste, être indulgent aux traducteurs : leur tâche est la plus ingrate, la plus difficile, la plus impossible qui soit. Mais il y a des limites. Voici un livre qui, moins pour ce qu'il vaut qu'en raison des circonstances, fait époque. Ce livre, dans sa forme allemande, n'est pas sans défauts : il est imprécis souvent, glissant, incomplet, décousu, disparate, déconcertant. Il est cela, mais il est vivant, alerte, spirituel ; il est écrit avec une facilité un peu molle, mais il est amusant et varié. Tout cela vient s'écraser dans l'incroyable bouillie d'un français baroque et absurde, impropre et incorrect, inintelligible pour quiconque ne peut se donner le fastidieux amusement de deviner le texte original à travers les gaucheries, les faux-sens et les trous innombrables de la traduction. Il faut plaindre ceux d'entre nous qui en seront réduits à connaître à travers une aussi lamentable déformation ce livre qui a soulevé tant d'orages[229]. »

Georges Sorel confirme ce jugement :

> « On a trouvé ici la traduction de votre livre mal faite ; vous avez reçu les épreuves ; est-ce qu'elle est si incorrecte qu'on le prétend ? On m'a dit que la pensée était parfois défigurée[230]. »

Il est certain que la mauvaise qualité de la traduction a considérablement gêné la transmission du débat en France, alors même que le livre de Bernstein devait être le premier contact des Français avec les idées révisionnistes.

Une traduction incomplète

La comparaison systématique entre la traduction française et l'original allemand permet d'établir que certains passages entiers ont échappé au traducteur. Il s'agit d'abord des notes de bas de page : 85 notes sont

227. Édouard Bernstein, *Die Voraussetzungen des Sozialismus…*, *op. cit.*, p. 3.
228. *Id.*, *Socialisme théorique et Social-démocratie pratique*, *op. cit.* (traduction Alexandre Cohen), p. 6.
229. *Notes critiques. Science sociale*, n° 1, janvier 1900, p. 13-14.
230. Lettre de Sorel à Bernstein, 3 février 1900, in Michel Prat, *art. cit.*, n° 11, 1993.

ajoutées au texte par Bernstein dans la version allemande, la traduction française n'en retient que 23. La raison de cette omission est donnée dans la préface à l'édition française :

> « L'édition française n'est pas partout une traduction textuelle de l'édition allemande. Çà et là des passages qui sont d'un intérêt trop spécial à l'Allemagne ou des notes de polémique d'un intérêt secondaire ont été omis à un ou deux endroits[231]. »

Cette précision est signée de Bernstein : l'auteur aurait donc accepté les coupes faites dans son livre. Mais l'omission de trois notes sur quatre est trop massive pour être ignorée. D'autant plus que certaines ne sont pas « d'un intérêt secondaire », bien au contraire. 16 d'entre elles concernent effectivement la querelle, mais 20 sont des précisions données par Bernstein sur certains points ou certains termes qui aident à nuancer son propos, 28 notes donnent les références ou précisent le sens des citations utilisées, et 21 complètent les données chiffrées appuyant les faits qui étayent ses arguments. Les notes conservées appartiennent à la dernière catégorie. Ainsi, la traduction est moins précise, moins nuancée que l'original. Et le fait que les citations de Marx et d'Engels, si importantes dans l'argumentation du révisionnisme, ne fassent pas l'objet d'un soin particulier par le traducteur, enlève au livre toute sa portée : pour les Français, le révisionnisme est un antimarxisme en partie parce que la traduction met moins bien en valeur l'objectif de Bernstein : réviser la doctrine, non la détruire. C'est la première idée fausse que la traduction contribue à diffuser.

Enfin, certains passages ne sont pas traduits dans l'édition française. De nombreux passages isolés, phrases ou morceaux de phrases, qui ne portent pas à conséquence, peuvent être relevés dans l'ensemble de l'ouvrage. Le cas le plus grave est celui du dernier chapitre, intitulé « But final et mouvement », où des paragraphes entiers disparaissent dans l'édition française. Il est suffisamment important pour être étudié en détail, afin de comprendre comment la traduction amène une transformation des thèses de Bernstein.

Une traduction infidèle

C'est dans le dernier chapitre que les effets de la traduction sont les plus visibles. Dans une large mesure, ces déformations permettent d'expliquer deux grandes idées inexactes que les socialistes français se font du

231. Édouard Bernstein, *Socialisme théorique et Social-démocratie pratique*, *op. cit.*, p. XXXIII.

révisionnisme : Bernstein aurait renoncé à la révolution, il voudrait faire une synthèse abusive entre Kant et le marxisme.

Dans le dernier chapitre de l'ouvrage, Bernstein conduit une comparaison entre l'action violente et l'action réformiste. En substance, il dénonce l'exagération, visible dans le parti, du recours aux moyens violents pour instaurer le socialisme. Il soutient que, dans un pays où la minorité des possédants ne peut réellement freiner le progrès social (dans une démocratie comme en France, ou dans un système de suffrage universel comme en Allemagne), il est insensé d'avoir recours à l'insurrection. Il faut souligner que, dans le texte allemand, Bernstein utilise systématiquement le terme « *Gewalt* » pour désigner ce courant révolutionnaire. Et il s'empresse de préciser plusieurs fois que, lorsqu'il utilise des expressions comme « *revolutionäre Aktion* », « *revolutionäre Katastrophe* »[232], le mot « révolution » doit toujours être entendu par « violence ». Dans le texte allemand, donc, il n'y a pas d'ambiguïté : Bernstein n'est pas contre la révolution, il dit simplement qu'il s'oppose à sa forme insurrectionnelle.

Or, dans la traduction française, toutes les précautions prises par Bernstein s'évanouissent. L'auteur avait pris soin, par exemple, de rédiger une note pour préciser ce qu'il entendait par « révolution » :

> « Révolution sera pris exclusivement, ici et dans la suite, au sens *politique* du mot, comme équivalent d'*insurrection*, ou plutôt de *violence illégale*. Pour la transformation de principe de l'ordre social, le terme utilisé sera « *changement social* », qui laisse ouverte la question du moyen. Le but de cette distinction est d'exclure toutes méprise et équivoque[233]. »

Cette note disparaît dans la traduction française. De même, Bernstein fait une incise dans son développement, indiquant : « la voie révolutionnaire (toujours dans le sens de violence révolutionnaire)[234] ». Là encore, cette précision disparaît dans le texte français. Les erreurs systématiques de la traduction renforcent ces imprécisions. Aucune ambiguïté n'est possible avec le terme « *Gewalt* » en allemand : il ne peut être traduit, dans le livre de Bernstein, que par le mot « violence ». Or, systématiquement, Alexandre Cohen choisit de le traduire par « force » ou par « action ».

232. « Action révolutionnaire », « catastrophe révolutionnaire ».
233. Édouard BERNSTEIN, *Die Voraussetzungen des Sozialismus...*, *op. cit.*, note 1, p. 87. C'est Bernstein qui souligne.
234. « *[...] der revolutionäre Weg (immer im Sinne von Revolutionsgewalt)* », in *ibid.*, p. 182.

Traduction littérale de l'allemand : « Mais en général, on ne les cherche [les différences entre l'action violente et l'action légale] que dans le fait que la loi, ou la voie de la réforme légale, serait la plus longue, et que la violence révolutionnaire serait la plus rapide et la plus radicale[235]. »

Traduction d'Alexandre Cohen : « Mais généralement on ne les cherche qu'en ceci, que la loi ou le moyen de réformes légales est censé représenter l'action plus lente, l'action révolutionnaire, par contre, la plus rapide et la plus radical [sic][236]. »

La comparaison des deux citations rend manifeste la déformation à l'œuvre dans l'édition française : dans la version allemande, Bernstein est contre « la violence révolutionnaire », dans la traduction, il s'oppose à « l'action révolutionnaire ». Du même coup, le lecteur français peut en conclure que Bernstein est contre la révolution (violente ou non).
Enfin, la traduction semble confirmer l'idée du « retour à Kant », qui n'est d'ailleurs pas assumé comme tel par Bernstein :

« Si je ne devais pas craindre d'être mal compris (je suis évidemment déjà préparé à être mal interprété), je traduirais le "retour à Kant" par un "retour à Lange". De la même manière qu'il s'agit peu, pour les philosophes et les naturalistes qui restent fidèles à cette devise, d'un retour à la lettre de ce que le philosophe de Königsberg a écrit, mais plutôt seulement au principe fondamental de sa critique, il pourrait s'agir, pour la social-démocratie, d'un retour à toutes les opinions politiques et sociales et les jugements d'un Friedrich Lange. Ce que j'ai à l'esprit, c'est le lien, souligné par Lange, entre les prises de position franches et inébranlables pour les efforts d'émancipation de la classe ouvrière avec une absence de préjugés élevée et scientifique, qui soit toujours prête à accepter les erreurs et à reconnaître de nouvelles vérités. Peut-être une si grande bonté d'âme, comme elle resplendit sur nous des écrits de Lange, ne se trouve que chez des personnes à qui fait défaut toute précision mordante, qui est la propriété des esprits novateurs comme l'est Marx. Mais toutes les époques n'engendrent pas un Marx et, en soi, pour un homme de même génie, le mouvement ouvrier contemporain serait trop grand pour qu'il place tous les éléments que Marx rangeait dans son histoire[237]. »

235. « *Aber sie werden gewöhnlich nur darin gesucht, dass das Gesetz oder der Weg gesetzlicher Reform der langsamere, der der Revolutionsgewalt der schnellere und radikalere sei* », in *ibid.*, p. 182.
236. *Id.*, *Socialisme théorique et Social-démocratie pratique*, *op. cit.*, traduction d'Alexandre Cohen.
237. *Id.*, *die Voraussetzungen des Sozialismus...*, *op. cit.*, 1899.

Deux éléments doivent être soulignés : d'abord, Bernstein ne parle pas en faveur d'un « retour à Kant », mais d'une adaptation des théories sociales d'un néokantien (Friedrich Lange). Ensuite, il ne tente pas de reprendre l'intégralité de cette philosophie, mais seulement sa méthode. Or, ce passage, fondamental pour comprendre la relation entre Bernstein et Kant, n'a pas été traduit. Il ne reste que cette phrase et son explication : « La social-démocratie a besoin d'un Kant », qui interviennent avant que Bernstein ne nuance son propos. De sorte que, là encore, la traduction crée la confusion : à sa lecture, Bernstein veut introduire Kant dans la théorie socialiste.

La traduction, qui revêt donc une importance cruciale dans le processus de transfert, accrédite trois idées fondamentales : Bernstein est antimarxiste, il est hostile à la révolution, il prône le retour à Kant. Mais ces transformations ne se font pas à l'insu de l'auteur. Bernstein a lui-même rédigé la préface à la traduction française, où il semble justifier les coupes faites dans son livre. Il est extrêmement difficile, en l'absence de sources, de savoir dans quelle mesure Bernstein accepte la traduction. Une autre question est celle des motivations de telles déformations : sont-elles intentionnelles ou non ? La traduction a-t-elle été utilisée pour rendre le révisionnisme irrecevable en France ? Là encore, il est difficile de trancher. L'hypothèse la plus probable est qu'Alexandre Cohen, disposant d'un temps très limité pour réaliser son travail, ne l'a pas approfondi outre mesure. Ainsi, les déformations de la pensée de Bernstein à l'œuvre dans la traduction relèveraient davantage d'erreurs involontaires que d'une véritable stratégie de disqualification.

La déformation du révisionnisme en France s'explique donc par deux éléments matériels : l'influence des préjugés allemands diffusés par la presse socialiste, et la traduction qui les entérine. Les effets de ces transformations sont visibles dans la conférence prononcée par Jaurès sur Bernstein.

Conséquences de la traduction : l'interprétation de Jaurès

Jean Jaurès prononce le 16 février 1900 une conférence sur le révisionnisme organisée à l'Hôtel des sociétés savantes par le Groupe des étudiants collectivistes. Le texte en est entièrement reproduit dans *Le Mouvement socialiste*[238].

238. « Bernstein et l'évolution de la méthode socialiste », *Le Mouvement socialiste*, n° 29 et n° 30, 1er et 15 mars 1900, p. 257-273, 353-368. Cette conférence a fait l'objet d'une réédition, utilisée ici, publiée en 1926 à la Librairie populaire.

Dès l'ouverture de son allocution, Jaurès prend position, déclarant : « Dans la controverse qui s'est élevée au sujet des principes et de la méthode du socialisme entre Bernstein et Kautsky, je suis, dans l'ensemble, avec Kautsky[239]. » Il serait logique d'en déduire que Jaurès reprend l'argumentation développée par les orthodoxes allemands et enterre le débat par une condamnation sans appel du révisionnisme. Or, il n'en est rien. La conférence de Jaurès mérite qu'on s'y attarde, parce que, tout en condamnant le révisionnisme, elle montre que son auteur est plus sensible à ses thèses qu'il ne veut l'admettre.
Jaurès entend ainsi critiquer Bernstein, en affirmant que les socialistes peuvent modifier leur pratique « sans rompre avec les traditions générales de la démocratie socialiste internationale[240] », et en énonçant :

« Le marxisme lui-même contient les moyens de compléter et de renouveler le marxisme là où il le faut, et qu'il n'est nullement utile, au point de vue théorique, comme au point de vue pratique, de briser les cadres théoriques de la démocratie socialiste internationale, parce que ces cadres peuvent dès maintenant, par leur propre jeu, s'élargir et s'assouplir[241]. »

Bernstein ne soutient pas autre chose :

« Une telle reconnaissance [des limites de la doctrine] ne signifie absolument pas l'effondrement de la doctrine. Il se pourrait bien qu'après la résolution de ce qui est reconnu comme erroné [...] ce soit encore Marx qui ait finalement raison contre Marx[242]. »

Tout en voulant réfuter le révisionnisme, Jaurès se trouve donc d'accord avec lui. Et, dans le corps de l'argumentation, c'est la convergence qui prévaut, qu'elle soit implicite ou explicite. La critique de la théorie de la valeur, telle qu'elle est présentée par Bernstein, est rejetée par Jaurès, non parce que l'argument du révisionniste est contraire à la doctrine, mais au contraire parce qu'elle est conforme au marxisme. Nul besoin, par conséquent, de bousculer Marx, celui-ci s'accorde avec Bernstein :

« Non, la pensée de Bernstein, qui veut que dans le milieu capitaliste lui-même, dès maintenant, l'ouvrier agisse pour améliorer sa condition, cette pensée n'est nullement inconciliable avec la théorie marxiste de la valeur[243]. »

239. Jean Jaurès, *Bernstein et l'évolution de la méthode socialiste*, Paris, Librairie populaire, 1926, p. 1.
240. *Ibid.*, p. 1.
241. *Ibid.*, p. 1.
242. Édouard Bernstein, *Die Voraussetzungen des Sozialismus...*, *op. cit.*, p. 19.
243. Jean Jaurès, *op. cit.*, p. 7.

De même, la présentation du matérialisme historique par Jaurès est identique à l'analyse qu'en faisait Bernstein dans les *Voraussetzungen*. Il commence par affirmer que l'opinion de Marx et Engels sur la place du facteur économique avait évolué au fur et à mesure, et qu'ils n'avaient jamais « eu la pensée de nier, au fond, l'action d'autres éléments politiques ou idéologiques[244] ». Jaurès reconnaît une logique propre aux systèmes d'idées et de croyances, ce qui ne l'empêche pas de reconnaître la suprématie, en dernière instance, des facteurs d'ordre économique à l'œuvre dans l'histoire.

> « Ainsi une société humaine est un ensemble complexe, dans lequel des forces comme la science, comme la démocratie, agissent dans un sens déterminé, mais sans que leur action puisse dépasser certaines limites qui leur sont assignées par les conditions économiques fondamentales[245]. »

L'élargissement du matérialisme historique aboutit finalement à une prise de responsabilité plus grande du socialisme vis-à-vis de la société qui l'entoure, il doit agir sur les rapports économiques, mais également sur les forces morales, politiques, religieuses…, qui, parce qu'elles ont une autonomie relative, ne peuvent être transformées par la simple action sur la sphère économique.

Là encore, Bernstein ne dit pas autre chose. Il souligne, comme Jaurès, l'évolution de la pensée de Marx et d'Engels, affirmant qu'« il ne peut naturellement pas être soutenu que Marx et Engels aient […] perdu de vue le fait que les facteurs non économiques exercent une influence sur la marche de l'histoire[246] ». Il faut donc prendre en compte la multiplicité des facteurs qui influencent l'évolution historique.

Au fond, Jaurès se trompe de débat. L'objet de la critique révisionniste de Bernstein n'est pas le marxisme lui-même, qu'il tente au contraire de préserver comme il peut. Il s'agit avant tout d'une révision de l'orthodoxie du SPD. Cependant, comme les adversaires de Bernstein l'ont accusé de vouloir détruire le marxisme, Jaurès lit le révisionnisme en partant des prémisses allemandes : Bernstein est antimarxiste. Mais, ne constatant pas de contradiction entre ses thèses et l'enseignement de Marx, il en conclut que le révisionnisme est incohérent.

Ce jugement est probablement dicté aussi par des impératifs politiques. Au moment où Jaurès prononce sa conférence, le socialisme français se trouve dans une situation délicate. Le congrès rassemblant les différentes organisations socialistes en vue d'une unité future, réuni salle Japy en décembre 1899, a été parasité par la question de la participation

244. *Ibid.*, 1926, p. 8.
245. *Ibid.*, p. 11.
246. Édouard Bernstein, *Die Voraussetzungen des Sozialismus…*, *op. cit.*, p. 7.

d'Alexandre Millerand au gouvernement Waldeck-Rousseau. Péniblement, un accord avait été trouvé, condamnant dans l'absolu toute participation d'un socialiste à un gouvernement bourgeois, la tolérant en certaines circonstances. Il avait été possible de créer alors un Comité général rassemblant des représentants des cinq partis, des syndicats et des coopératives, et de prévoir l'organisation de congrès annuels. Ces résultats ont été obtenus au prix d'équilibres délicats, et Jaurès ne peut prendre parti pour Bernstein alors que celui-ci est tenu, en France comme en Allemagne, pour un adversaire de Marx et un pourfendeur de révolution.

Jaurès prend donc parti pour Kautsky en raison d'une méprise, explicable en fonction du contexte de l'époque. Mais une raison plus profonde le pousse à rejeter le révisionnisme. La question cruciale, dans la conférence, est celle de la révolution. Jaurès affirme que « le socialisme est nécessairement révolutionnaire [...] c'est-à-dire dans le sens d'une transformation complète de la propriété, du pouvoir que l'histoire aurait remis entre leurs mains[247] ». Au fond, il reproche à Bernstein de renoncer à l'espoir que la révolution suscite. Pour lui, « il faut que les travailleurs, si accablés par les réalités d'aujourd'hui, et qui peuvent désespérer d'avoir dans leurs mains la force nécessaire pour les transformer, il faut que les travailleurs se sentent aidés par la logique même de l'histoire[248] ». C'est donc la révolution qui garantit l'énergie du mouvement, c'est la révolution qui permet d'affirmer à la fois la réforme et la rupture.

247. Jean Jaurès, *op. cit.*, p. 22.
248. *Ibid.*, p. 17.

Chapitre VII

Les raisons d'un échec

L'affaire Dreyfus

Les socialistes et l'Affaire

La condamnation d'Alfred Dreyfus, en décembre 1894, inaugure une première phase, pendant laquelle l'essentiel des socialistes restent à l'écart. La défense du capitaine échoit à des individus isolés, notamment des intellectuels comme Lucien Herr[249]. Parmi les socialistes, seuls les allemanistes dénoncent l'injustice commise, les autres se taisent. L'Affaire est mal connue, elle semble n'être qu'une lutte entre les factions bourgeoises.

La situation change à la fin de 1897 et au début de 1898 : les preuves pour la révision s'accumulent, l'Affaire se politise. Émile Zola publie son *J'accuse* le 13 janvier 1898 ; Jaurès prend ouvertement parti pour le condamné en janvier-février 1898. Les positions se polarisent au sein du mouvement : Guesde et Jaurès, voyant dans l'Affaire une lutte contre la réaction, sont favorables à la révision, alors que les députés socialistes (notamment Millerand) sont hostiles à un tel engagement qui fragiliserait leur position électorale. C'est dans ce contexte qu'est publié le manifeste du 19 janvier 1898, décrivant l'Affaire comme une

249. Voir *infra* p. 179.

lutte interne au régime bourgeois, et qui déclare la « guerre au capital juif ou chrétien [...] au cléricalisme [...] à l'oligarchie militaire[250] ». L'enjeu qui marque cette première période d'engagement n'est donc pas encore la démocratie, mais la lutte contre la réaction.

Les rapports des socialistes à l'Affaire subissent une deuxième secousse avec les élections législatives de 1898 : Jaurès et Guesde sont battus, le socialisme ne progresse pas dans les masses urbaines et ouvrières. Même si le socialisme s'affirme comme un élément durable dans la vie politique française, de tels résultats déçoivent ceux qui espéraient un raz-de-marée socialiste à la Chambre, notamment les guesdistes. Pour eux, les élections ont porté sur l'Affaire, non sur la question sociale ; il faut donc orienter l'action sur le terrain de la lutte de classe et ne plus se prononcer sur l'Affaire. Le POF publie ainsi un manifeste le 14 juillet, qui affirme la neutralité du prolétariat vis-à-vis d'une « bataille qui n'est pas la leur[251] ».

Les positions se clarifient, puisque l'enjeu n'est plus la lutte contre la réaction, mais la défense de la République (et donc le soutien hypothétique à la société bourgeoise). Deux portes sont ouvertes : la défense de la liberté et de la démocratie (même si la lutte contre le capitalisme est remisée au second plan) ou le refus de prendre parti au nom des intérêts supérieurs du prolétariat et du maintien de la lutte sur le terrain social.

Une telle division n'est plus tenable après le suicide du colonel Henry le 31 août 1898, qui fait de l'innocence de Dreyfus une quasi-certitude. La gauche dreyfusarde se radicalise, Jaurès publie *Les Preuves* où il explique pourquoi les socialistes doivent défendre le capitaine : « Par cette affirmation, Jaurès prouvait que le socialisme ne s'arrêtait pas aux frontières de la lutte des classes et qu'il pouvait prendre en charge l'humanité entière et sa recherche de justice[252]. » Des meetings, des campagnes de presse sont organisés pour mobiliser tous les soutiens. Les guesdistes, quant à eux, ne peuvent ignorer le combat, et, au congrès de Montluçon en septembre 1898, ils établissent un compromis, se déclarant favorables à l'unité, à la concentration républicaine contre le nationalisme et l'antisémitisme. Puis le POF prend l'initiative d'un rapprochement en invitant les organisations à se réunir le 16 octobre salle Vantier, où est constitué un comité de vigilance, ce qui lance le processus de l'unité.

250. Cité in Georges Lefranc, *Le Mouvement socialiste en France*, tome I, Paris, Payot, 1963, p. 103.
251. Cité in Jean Verlhac, *op. cit.*, p. 62.
252. Vincent Duclert, « L'affaire Dreyfus et la gauche » in Jean-Jacques Becker et Gilles Candar (dir.), *Histoire des gauches en France*, *op. cit.*, tome II, p. 207.

La première quinzaine de juin 1899 est décisive : l'élection à la présidence de la République d'Émile Loubet, un dreyfusard, soulève l'opposition. Le 11 juin, une manifestation de soutien à la République est organisée à Longchamp, réunissant 100 000 personnes. Certains participants, au retour, sont attaqués par la police, et Lucien Herr, témoin des événements, les narre dans une lettre à Édouard Vaillant. Celui-ci en fait une lecture lors d'une séance à la Chambre, donnant lieu à une interpellation qui fait chuter le gouvernement Dupuy, remplacé à la présidence du Conseil par Waldeck-Rousseau. L'intervention de Herr est intéressante : elle montre que les socialistes dreyfusards prennent fait et cause pour la République, donnant une nouvelle dimension au socialisme lui-même.

Socialisme et morale

L'engagement des socialistes en faveur de la révision du procès de Dreyfus prend ainsi une dimension morale. Selon Jaurès :

> « Si Dreyfus a été illégalement condamné et si, en effet, comme je le démontrerai bientôt, il est innocent, il n'est plus un officier ni un bourgeois : il est dépouillé, par l'excès du malheur, de tout caractère de classe ; il n'est plus que l'humanité elle-même, au plus haut degré de misère et de désespoir qui se puisse imaginer [...] nous pouvons, sans contredire nos principes, et sans manquer à la lutte des classes, écouter le cri de notre pitié ; nous pouvons dans le combat révolutionnaire garder des entrailles humaines ; nous ne sommes pas tenus, pour rester dans le socialisme, de nous enfuir hors de l'humanité[253]. »

Le socialisme ne se fonde donc pas seulement sur la nécessité historique, découverte par une étude objective de la réalité économique et des rapports de production, il est aussi un engagement éthique fondé sur des impératifs moraux. Mais, au fond, cette dimension morale est comme le prolongement de la Révolution française :

> « Les chefs n'ont pas voulu que le socialisme français défendît les droits de l'homme et du citoyen, parce que l'homme était un bourgeois, défendu par des bourgeois[254]. »

Même si le résultat est identique (le socialisme est enraciné dans une conviction éthique), faire dériver la moralité du socialisme du mythe fondateur de la Révolution française est profondément différent de

253. Cité in *ibid.*, p. 207.
254. Charles Péguy, *La Revue blanche*, 15 septembre 1899, cité in Vincent Duclert, *art. cit.*, p. 206.

la démarche de Bernstein. Pour ce dernier, le socialisme est fondé sur la volonté morale, désincarnée et universelle, et ne s'étend pas aux seuls héritiers de la Révolution et aux défenseurs de la République.

> «Je dirai que la doctrine socialiste est science dans la mesure où ses propositions peuvent être acceptées de tout homme, socialiste ou non, pourvu qu'il ait fait abstraction de ses préjugés, et de ses intérêts que le socialisme pourrait léser[255]. »

C'est de cette conception morale que Bernstein déduit sa définition du socialisme, comme « conception juridique ou éthique qui imprègne toutes ses affirmations[256] ». En d'autres termes, Bernstein fait dériver sa conception morale du socialisme d'une règle éthique alors qu'elle est issue, pour les dreyfusards français, d'un impératif historique (il faut préserver et prolonger l'œuvre de la Révolution).

Ainsi, les socialistes dreyfusards parviennent à la même conclusion que Bernstein (le socialisme revêt une dimension morale qui doit influer sur la pratique du parti), mais après un raisonnement différent. Pendant l'affaire Dreyfus, c'est la défense de la République contre la réaction, et de l'héritage de la Révolution contre le cléricalisme et le militarisme qui prime. Or, comme la République et l'héritage révolutionnaire défendent des idées éminemment éthiques comme l'égalité entre les citoyens ou la justice, alors le socialisme lui-même devient moral. Jaurès exprime très bien ce lien entre morale et Révolution dans sa controverse avec Jules Guesde, *Les Deux Méthodes* :

> « Eh bien, laissez-moi me féliciter de n'avoir pas entendu la sonnerie de retraite qu'on faisait entendre à nos oreilles ; d'avoir mis la marque du prolétariat socialiste, la marque de la Révolution sur la découverte d'un des plus grands crimes que la caste militaire ait commis contre l'humanité[257]. »

Socialisme et démocratie

La conséquence logique de ce qui précède est un point de vue différent sur les relations entre socialisme et démocratie. Bernstein la définissait négativement comme l'absence de domination de classe, et positivement comme la réalisation de l'égalité des droits et de l'autonomie individuelle. Elle est le moyen du progrès social, par le suffrage

255. Édouard Bernstein, *Socialisme et Science*, *op. cit.*, p. 5.
256. *Ibid.*, p. 6.
257. Jean Jaurès, *Les Deux Méthodes*, Paris, Librairie populaire, 1933, p. 14.

universel, l'action sur les impôts, sur l'éducation… D'où cette conclusion : elle est à la fois le moyen et le but du socialisme. Pour les socialistes français, une telle définition ne peut être acceptée telle quelle, parce qu'à la différence de Bernstein pour qui elle reste un horizon d'attente, les socialistes français vivent dans une démocratie. Pour le premier, elle est une espérance, pour les seconds, un héritage.

Or, la domination de classe semble rester en vigueur en France, l'exploitation du prolétariat ne s'est pas estompée, et, s'il existe un accord sur des réalisations concrètes (égalité des droits, autonomie individuelle, gouvernement de la majorité), le fait de considérer la démocratie comme la finalité du socialisme n'a rien d'évident. Les socialistes français doivent donc dissocier la république actuelle, système bourgeois conservant les inégalités, et la république future, qui répondra aux espérances des militants. Cette dissociation ne permet plus de considérer la démocratie comme le moyen et le but du socialisme.

Deux solutions sont possibles : ou la démocratie actuelle est le moyen du socialisme, mais elle ne peut être son but en raison de ses imperfections ; ou la démocratie idéale est le but du socialisme, mais elle ne peut en être le moyen, puisqu'elle n'est pas réalisée. La conception évolutionniste de Bernstein, amenant le socialisme à la démocratie par une dynamique lente, est impossible ; la rupture révolutionnaire, qu'elle soit pacifique ou violente, est nécessaire pour réaliser la dissociation entre les deux républiques. Ceci permet de mieux comprendre pourquoi, dans son intervention sur le révisionnisme de Bernstein, Jaurès refuse de renoncer à la révolution : elle est pour lui nécessaire, parce qu'elle permet non seulement de mobiliser les militants autour d'une mythologie glorieuse, qui fait se succéder 1792, 1830, 1848 et la Commune, mais aussi parce qu'elle permet de maintenir le lien avec la démocratie.

L'affaire Dreyfus, tout en amenant certains socialistes français à adopter des conclusions proches de Bernstein, met en lumière des différences fondamentales sur la nature et les moyens de réalisation du socialisme. Le transfert du révisionnisme peut donc difficilement s'organiser dans ce contexte, à moins que les idées de Bernstein ne soient adaptées, transformées, pour mieux correspondre aux réalités françaises.

Le cas Millerand

Les faits

Après la chute du cabinet Dupuy est formé, le 22 juin 1899, un gouvernement de concentration républicaine dirigé par Waldeck-Rousseau, où le socialiste Alexandre Millerand (1859-1943), député de la Seine depuis 1885, engagé sur la voie réformiste depuis le discours qu'il avait prononcé à Saint-Mandé en 1892, obtient le ministère du Commerce et de l'Industrie. Le général Galliffet obtient le portefeuille de la Guerre[258]. L'opposition des guesdistes et des blanquistes est immédiate : le 25 juin, les 15 députés guesdistes et apparentés démissionnent et forment un groupe autonome[259]. Leur hostilité radicale prend la forme d'un manifeste, le 14 juillet 1899, qui oppose « une politique prétendue socialiste faite de compromission et de déviation » à « la politique de classe, et par suite révolutionnaire, du prolétariat militant et du parti socialiste[260] ». La réponse de Jaurès ne tarde pas, et elle contribue à cristalliser l'antagonisme naissant, puisqu'il accuse les guesdistes d'être « opposés sourdement à l'unité socialiste[261] ».

L'opposition est plus complexe qu'il n'y paraît, la base du POF ne partageant pas la vision manichéenne de ses chefs. Pour beaucoup, Jaurès bénéficie d'un grand prestige. La direction fait front et tente de fonder l'unité sur des bases théoriques, de manière à exclure toute possibilité de collaboration à un gouvernement bourgeois. Ainsi, au congrès d'Épernay en août 1899, la motion sur la participation confirme l'orthodoxie doctrinale :

> « Par conquête des pouvoirs publics, le POF a toujours entendu l'expropriation politique de la classe capitaliste, que cette expropriation ait lieu pacifiquement ou violemment. Qu'elle ne laisse place, par suite, qu'à l'occupation des positions électives dont le parti peut s'emparer au moyen de ses propres forces[262]. »

C'est conformément à ces principes que le POF aborde la question de l'unité, se déclarant prêt à devenir l'assemblée constituante pour l'unification du socialisme en France.

258. La composition du cabinet elle-même soulève les critiques des socialistes, puisque le général Galliffet devient ministre de la Guerre. Il était considéré comme l'un des hommes ayant écrasé la Commune de 1871, ce qui explique pourquoi la présence d'un socialiste à ses côtés dans un ministère commun suscita tant de remous.
259. Ils sont rejoints par les 12 députés blanquistes quelques jours plus tard.
260. Manifeste publié dans *La Petite République*, 15 juillet 1899, et dans *Le Socialiste* le 16 juillet, cité in Jean Verlhac, *op. cit.*, p. 84.
261. *La Petite République*, 15 juillet 1899, cité in Jean Verlhac, *op. cit.*, p. 85.
262. *Le Socialiste*, 20 août 1899, p. 5, cité in Claude Willard, *op. cit.*, p. 428.

La division du socialisme évolue au rythme des résultats obtenus par le ministre du Commerce. Il fait adopter certaines mesures améliorant la condition ouvrière : la loi Millerand-Colliard du 30 mars 1900 généralise ainsi la journée de travail à 11 heures par jour. Pour le comité général, la discussion s'oriente plus largement sur l'attitude du groupe parlementaire envers le gouvernement, le vote des députés socialistes à la Chambre étant indispensable au maintien de la coalition Waldeck-Rousseau. Dans cette optique, il faut que les socialistes s'orientent vers la tactique de défense républicaine, voire d'alliance avec la fraction modérée de la coalition ministérielle. Naturellement, les guesdistes et les vaillantistes se désolidarisent de cette politique.

Mais le crédit dont bénéficie Millerand s'érode progressivement. Le 2 juin de la même année, la police tue deux ouvriers métallurgistes lors d'une grève à Châlon-sur-Saône. Le 15 juin, Zévaès (1873-1953), collaborateur de Guesde et député de l'Isère, dépose à la Chambre une demande d'enquête pour éclaircir les événements. Le gouvernement refuse, la plupart des socialistes le soutiennent sans explication. D'où l'impression que les députés sacrifient les principes socialistes pour protéger la coalition Waldeck-Rousseau. Le comité d'entente se désolidarise des élus, et vingt et un députés partisans de l'expérience ministérielle publient un manifeste le 28 juin, contestant la compétence du comité sur les questions théoriques. L'enthousiasme pour le gouvernement faiblit avec ces premières crises, et le discrédit jeté sur l'action du ministre change le problème de la collaboration à un gouvernement bourgeois : la difficulté n'est plus une question de principe, mais le ministre lui-même.

La division du socialisme en deux blocs antagonistes, le Parti socialiste français, autour de Jaurès et des ministériels, et le Parti socialiste de France, autour de Guesde et de Vaillant, hostile à la participation, s'enracine[263]. Le millerandisme détruit ainsi l'unité embryonnaire acquise à la suite de l'affaire Dreyfus.

La question est portée devant le congrès international, qui se tient à Paris salle Wagram du 23 au 27 septembre 1900. Figurent à l'ordre du jour le problème de la conquête du pouvoir et l'alliance avec les partis bourgeois. Celle-ci est interdite en principe, mais tolérée sous certaines circonstances exceptionnelles, si la nécessité d'y recourir est reconnue par les organisations compétentes. L'entente est possible parce que le problème touche tous les partis de l'Internationale. Sur le problème de la participation est adoptée la résolution Kautsky :

263. Jaurès avait organisé le Parti socialiste français lors du congrès de Tours en mars 1902, Jules Guesde et Édouard Vaillant avaient jeté les bases du Parti socialiste de France dès novembre 1901.

« L'entrée d'un socialiste isolé dans un gouvernement bourgeois ne peut être considérée comme le commencement normal de la conquête du pouvoir politique, mais seulement comme un expédient forcé, transitoire, exceptionnel [...] elle ne permet d'espérer de bons résultats que si le parti dans sa majorité approuve pareil acte et si le ministre socialiste reste le mandataire de son parti [...] si dans un cas particulier la situation politique nécessite cette expérience dangereuse, c'est là une question de tactique et non de principe[264]. »

Le socialisme de Millerand

Aux yeux des contemporains, l'expérience ministérielle de Millerand semble très proche des enjeux soulevés outre-Rhin par la querelle révisionniste, pour des raisons chronologiques puisque les deux phénomènes surgissent au même moment. Et la confusion entre révisionnisme et réformisme parlementaire en Allemagne a certainement favorisé l'assimilation du cas Bernstein au cas Millerand, thèse reprise par l'historien Claude Willard[265]. Or, le révisionnisme de Bernstein doit être distingué du réformisme parlementaire d'un Vollmar, ce qui impose d'étudier en détail les idées de Millerand, pour déterminer si son expérience ministérielle est une expression française du révisionnisme, ou si elle n'est qu'une forme de réformisme politique (proche de celui des sociaux-démocrates bavarois). De cette manière, l'hypothèse de Willard, qui soulignait l'identité de posture et d'opinion entre Millerand et Bernstein, pourra être confirmée ou infirmée.

Millerand n'efface d'abord pas la perspective du but du socialisme derrière la réalisation quotidienne des réformes. Le but final du socialisme existe donc, mais il dépasse de très loin la simple collectivisation des moyens de production, pour prendre une dimension éthique universelle :

« Le socialisme a de hautes ambitions. Son idéal est le plus élevé et le plus noble qui puisse faire battre un cœur d'homme, puisqu'il ne sera complètement réalisé que par le développement intégral de l'individu, affranchi des servitudes de l'ignorance et du mal, et investi par sa participation à la propriété sociale de la puissance économique sans laquelle il n'est pas de liberté[266]. »

264. Cité par Jean Verlhac, *op. cit.*, p. 133.
265. Claude Willard, *op. cit.*, p. 166-168.
266. Alexandre Millerand, « Discours de Firminy (13 janvier 1902) » in *id.*, *Le Socialisme réformiste français*, Paris, Société nouvelle de librairie et d'édition, 1903, p. 39.

Tous ces éléments concentrés en une phrase (épanouissement de l'individu, liberté, participation à la propriété) sont présents dans chacun des textes de Millerand[267]. Cet idéal est inscrit dans une évolution historique toujours formulée de la même manière : le progrès scientifique apporte la machine et contribue à concentrer le capital; de ce fait, la société est divisée en deux classes antagonistes; la contradiction sera résolue par le collectivisme. Ainsi exposée, une telle description pourrait être acceptée d'un marxiste orthodoxe. Mais lorsque Millerand parle de deux classes antagonistes, il oppose les possédants à tous les autres membres de la société, agriculteurs, commerçants, industriels, travailleurs intellectuels comme travailleurs manuels. La configuration de la lutte de classe est donc éloignée du marxisme, qui voyait l'antagonisme entre un prolétariat toujours plus nombreux et homogène et une bourgeoisie toujours plus avide. De même, lorsque Millerand utilise le terme de collectivisme, il entend certes « la substitution nécessaire et progressive de la propriété sociale à la propriété capitaliste[268] », mais il ajoute que cette socialisation aura pour but, non de détruire la propriété, mais de l'accomplir :

> « [Le socialisme] veut que, dans l'humanité nouvelle, la propriété individuelle soit non supprimée [...] mais tout au contraire, transformée et si bien élargie qu'elle soit pour chaque homme son prolongement naturel et nécessaire sur les choses, l'indispensable outil de vie et de développement[269]. »

La socialisation sera progressive, triomphant au terme d'un long processus porté par la conscience par les exploités de leur force. Les conditions de réalisation de l'idéal socialiste sont donc doubles : il faut, d'abord, que l'individu puisse assurer sa sécurité et son développement par l'appropriation des biens nécessaires, c'est-à-dire par le maintien d'une propriété individuelle redéfinie. Il faut, ensuite, que les hommes soient libres pour réaliser la promesse d'épanouissement que le socialisme porte en son sein. De ces deux conditions découle l'affirmation du lien entre la Révolution française et le socialisme, le second n'étant que le prolongement logique de la première. Millerand insère ainsi le socialisme dans la trame de l'histoire nationale :

267. Il faut souligner la grande force de cette définition qui parvient à lier étroitement trois idées appartenant à trois corpus distincts : la revendication de l'épanouissement individuel est, en principe, assumée par les républicains radicaux; l'affranchissement « des servitudes de l'ignorance et du mal », qui rappelle les grandes heures de la lutte contre l'obscurantisme, clérical ou traditionaliste, appartient au catalogue de la Révolution française. Enfin, la dernière idée relève plus directement du socialisme.
268. Alexandre MILLERAND, *Le Socialisme réformiste français*, *op. cit.*, p. 26.
269. *Ibid.*, p. 7.

« La Révolution française trouva le serf courbé sur la glèbe. Elle le redressa, elle en fit un homme libre. En 1848, la République fit de chaque Français un citoyen en lui donnant le droit de vote. Bénéficiaires des œuvres de nos pères, héritiers de leurs principes, nous avons pour devoir de poursuivre et de compléter leur tâche en facilitant, au lieu de les contrarier, les transformations nécessaires[270]. »

L'attachement à la Révolution implique l'engagement en faveur de la République.

« La République est la formule politique du socialisme, comme le socialisme est l'expression économique et sociale de la République[271]. »

Le socialisme est donc lié à la nation, ses objectifs sont profondément en accord avec les intérêts nationaux :

« Les destinées de notre pays, sa puissance matérielle, sa grandeur morale, sont intimement liées au sort du combat qui, dans la société actuelle, arme l'une contre l'autre la ploutocratie parasite et la démocratie laborieuse[272]. »

Pour résumer, le socialisme de Millerand vise donc la participation à une propriété redéfinie, la liberté et l'épanouissement intégral de l'individu. Cet idéal est attaché à une constellation conceptuelle, qui articule le socialisme avec la République et la nation, par le ciment de l'héritage révolutionnaire. Une telle définition du socialisme a des conséquences cruciales sur la tactique.

Parce qu'il est républicain, le socialisme ne peut mobiliser les seuls ouvriers, il doit s'étendre à la société entière. Millerand rejette la vision d'un parti de classe pour adhérer à celle d'un parti de masse. Ceux qui sont victimes du capitalisme doivent s'unir, « commerçants expropriés par la concentration des capitaux, rentiers dépouillés par les krachs financiers, patrons rançonnés par l'usure, travailleurs des bras et du cerveau employés sans limites[273] ». Parce qu'il est républicain, le socialisme doit accepter de prendre ses responsabilités lorsque le régime est menacé, et participer à un gouvernement de défense républicaine :

« Les dangers trop réels courus par la République ont été l'occasion matérielle de l'accession au pouvoir, à côté des représentants de toutes les autres fractions du parti républicain, d'un républicain socialiste[274]. »

270. *Ibid.*, p. 7.
271. *Id.*, « Discours du XIIe arrondissement (3 décembre 1902) », in *Le Socialisme réformiste français*, *op. cit.*, p. 56.
272. *Id.*, « Profession de foi de 1898 » in *ibid.*, p. 64.
273. *Id.*, « Profession de foi de 1893 » in *ibid.*, p. 62.
274. *Id.*, « Discours de Firminy (13 janvier 1902) », *art. cit.*, p. 37.

Parce qu'il est républicain, enfin, le socialisme doit renoncer à la révolution violente. C'est par le suffrage universel qu'il doit réaliser son projet, et l'élection est toujours opposée à l'insurrection :

« Le parti socialiste s'était, en effet, rendu compte que, dans une république de suffrage universel, il serait plus vain encore que criminel de ne pas accepter la loi de la majorité et, par un déconcertant paradoxe, d'attendre de je ne sais quel hasard de la force le triomphe des idées de justice et de paix[275]. »

Millerand rejette enfin les formules toutes faites qui immobilisent le socialisme et l'empêchent de s'adapter aux conditions économiques ou sociales :

« Gardons-nous de devenir les prisonniers de formules nécessairement variables, changeantes par le progrès même de l'humanité. Notre but n'est pas d'élever sur un plan arrêté selon des rites prescrits un édifice immuable ; il n'est pas de construire une église pour une secte, mais de rendre pour tous les hommes le monde plus habitable par la disparition successive des iniquités sociales, par l'éducation de l'homme émancipé progressivement des tyrannies intérieures comme des contraintes extérieures[276]. »

Le réformisme de Millerand est donc la conséquence logique de l'intégration du socialisme à la République, de l'utilisation du suffrage universel et du rejet de la révolution violente. Ces réformes doivent améliorer la condition ouvrière et permettre la conquête légale des pouvoirs publics.

Quelles sont les réformes défendues par Millerand ? Dans une large mesure, elles sont logiquement issues des principes déjà exposés. Le socialisme étant assimilé à la République, il doit poursuivre des réformes défendues par les républicains :

« Nous défendrons contre les entreprises réactionnaires le patrimoine commun de tous les républicains : laïcité de l'enseignement, libertés syndicales et politiques[277]. »

Le socialisme n'étant pas, en principe, opposé au patriotisme, les réformes qu'il promeut doivent servir l'intérêt national et améliorer la situation économique et sociale des travailleurs pour leur fournir la sécurité et la liberté nécessaires (réglementation de la journée de travail, de l'hygiène et des accidents du travail, réformes de l'enseignement,

275. *Ibid.*, p. 37-38.
276. *Id.*, *Le Socialisme réformiste français*, *op. cit.*, p. 8.
277. *Id.*, « Profession de foi de 1898 », *art. cit.*, p. 66.

amélioration de la législation sur le chômage, la maladie, l'infirmité, la vieillesse...). Enfin, pour résoudre plus efficacement les problèmes de la société capitaliste, Millerand propose la nationalisation des banques, des chemins de fer ou des mines, ainsi que des entreprises qui s'y prêtent, de manière à permettre

> « la restitution à la nation des moyens de production monopolisés par une poignée d'individus dont l'insolente richesse n'est faite que des dépouilles de milliers de petits propriétaires[278] ».

Cet aspect indique que le réformisme de Millerand, s'il est favorable à l'intégration du socialisme à la République, ne prône pas non plus une assimilation complète : la nationalisation doit ainsi permettre de réguler un ordre économique chaotique. Et Millerand maintient la distinction entre la République présente et la République idéale. La première, c'est celle de la « ploutocratie[279] », mais qui est décrite comme une trahison de l'idée portée par la Révolution. Le socialisme ne doit donc pas créer de régime nouveau, il doit remettre sur le droit chemin un idéal déjà formulé, que la bourgeoisie capitaliste a dévoyé. C'est ainsi qu'est formulée la revendication d'une « révision d'une Constitution faite à contresens de l'esprit républicain[280] ».

Le millerandisme, un révisionnisme à la française ?

La confusion entre Bernstein et Millerand est facilitée par une certaine proximité d'idées. Le socialisme comme résultat d'une évolution progressive, le refus de la violence révolutionnaire ou des formules extrêmes et figées, sont des idées présentes dans les deux œuvres.
En outre, certaines expressions communes sont troublantes : la critique par Millerand des « formules » qui enferment le parti rappelle certains passages des *Voraussetzungen*. Mieux encore, Millerand affirme :

> « Si nous jugeons la violence condamnable autant qu'inutile, si les réformes légales nous paraissent à la fois l'objectif immédiat et le seul procédé pratique de nous rapprocher du but lointain, ayons donc le courage, d'ailleurs facile, de nous appeler de notre nom et de nous dire réformistes, puisque aussi bien nous le sommes. Poussons le courage jusqu'au bout, et, nous étant prononcés pour la méthode réformiste, osons en accepter les conditions et les conséquences[281]. »

278. *Ibid.*, p. 65.
279. *Ibid.*, p. 64.
280. *Ibid.*, p. 66.
281. *Id.*, *Le Socialisme réformiste français*, *op. cit.*, p. 16.

Cette formule est très proche de celle de Bernstein :

> «L'influence de la social-démocratie serait plus grande qu'aujourd'hui, si elle trouvait le courage de s'émanciper d'une phraséologie qui est manifestement dépassée, et de vouloir paraître ce qu'elle est en réalité : un parti réformiste démocratique et socialiste[282]. »

Mais il ne s'agit, au fond, que d'une ressemblance de forme, qui peut s'expliquer par l'ambition commune de réconcilier la théorie du socialisme et sa pratique pour répondre au mieux aux enjeux contemporains, ainsi que par un ennemi comparable, une orthodoxie révolutionnaire aux formules sclérosées. Mais, quant au contenu des thèses de Bernstein et de Millerand, c'est-à-dire la manière de réaliser l'objectif général et de combattre l'adversaire, la différence domine. La première distinction réside dans la légitimation du réformisme. Dans les ouvrages de Bernstein, la référence à Marx et Engels est primordiale, à la fois parce que leur utilisation contre l'orthodoxie sert de point d'appui à la partie théorique du révisionnisme ; et parce que le fait de se réclamer de Marx est une garantie de validité. Pour Millerand, le bien-fondé de son approche est fourni, non par la référence à Marx, mais par la construction d'une constellation conceptuelle qui lie indissolublement le socialisme à la démocratie, à la République et à la nation. Au fond, c'est parce que la République et le socialisme mènent le même combat que la tactique de coalition avec des partis bourgeois est légitime ; c'est parce que le socialisme est intégré dans le mouvement républicain qui se développe depuis la Révolution que l'usage du suffrage universel se justifie. De sorte que Millerand ne fait presque jamais référence à Marx, il puise sa légitimité ailleurs. De même, les «formules» vieillies de certains socialistes français sont attaquées, non parce qu'elles sont une trahison de la théorie, mais parce qu'elles ne permettent pas aux socialistes de voir que leurs responsabilités sont du côté de la République. Millerand ne peut donc être qualifié de révisionniste, parce qu'il ne révise rien. Le marxisme est ignoré ; l'orthodoxie est réduite à un rôle d'épouvantail qui met mieux en valeur le réformisme.

Quoi qu'il en soit, la différence entre Bernstein et Millerand du point de vue des postulats théoriques entraîne des distinctions entre les tactiques proposées. Pour Millerand, l'identification entre la République et le socialisme implique la concentration républicaine, c'est-à-dire la collaboration avec les gouvernements bourgeois dans les assemblées ou au gouvernement. Bernstein, lui, ne se prononce pas sur cette question.

282. Édouard Bernstein, *Die Voraussetzungen des Sozialismus...*, *op. cit.*

Enfin, la déduction par Millerand du socialisme à partir d'une constellation conceptuelle où s'articulent démocratie, République et nation implique une place importante de l'État dans l'avènement de la société idéale. Dans ses propositions de réformes, il développe l'idée de nationalisation des entreprises de biens publics. Bernstein est assez défavorable à cette perspective : la collectivisation passe selon lui par le développement des structures locales (communes) ou associatives (sociétés de consommation), non par un renforcement de l'État central, qui doit être réduit à son expression minimale de représentation nationale. De sorte que, pour Millerand, l'État se renforce par une meilleure organisation des compétences, alors qu'il se délite chez Bernstein par leur transfert.

Au fond, le réformisme de Millerand est assez écarté du révisionnisme de Bernstein. Son attachement à une République existante, à une tradition révolutionnaire que l'Allemagne ne peut revendiquer, lui font prendre un chemin différent. Sans remettre explicitement en cause les fondements théoriques du marxisme, Millerand aboutit à une conception étatiste et républicaine du socialisme, alors que Bernstein propose essentiellement un socialisme démocrate et décentralisé. En somme, Millerand se trouve plus proche des réformistes bavarois comme Vollmar, qui ne s'embarrassent pas de critiques théoriques. Il lui manque, pour s'approcher du révisionnisme de Bernstein, la critique d'un système déjà établi (marxisme, orthodoxie) qui serve de référence à ses propositions.

Mais, en dépit de ces différences entre le révisionnisme de Bernstein et le réformisme de Millerand, qui ne peuvent être assimilés l'un à l'autre, les socialistes français font l'amalgame, et réduisent la question à celle de l'opportunisme politique. De sorte que le débat sur le révisionnisme prend la forme d'une querelle sur le ministérialisme, comme le montre la logique de l'unité.

La dynamique de l'unité

La division des socialistes français (1902-1905)

La logique de l'unité est la conséquence de l'affaire Dreyfus et du cas Millerand. L'Affaire avait créé une prédisposition : le comité de vigilance, formé le 16 octobre 1898, et le comité d'entente permanent du 11 décembre de la même année, en sont les manifestations. Puis, au cours de l'année 1899, les divergences d'opinion entre ceux qui sont partisans d'une défense de la République au détriment de la lutte des classes, et ceux qui font le raisonnement inverse, mettent en danger les efforts vers l'unité. Cela n'empêche pas la tenue, du 3 au 7 décembre 1899, d'un congrès commun dans la salle Japy.

Le cas Millerand complique les choses, en cristallisant les oppositions entre ministériels et antiministériels. La scission des guesdistes lors du congrès de la salle Wagram en septembre 1900, prélude à l'organisation d'un congrès concurrent salle Vantier ; le départ des blanquistes du congrès de Lyon en mai 1901, ne sont que les expressions de ces oppositions à l'entrée d'un socialiste au gouvernement. Le mouvement est alors divisé en deux pôles : le Parti socialiste français (PSF) et le Parti socialiste de France (PSdF).

Usages du révisionnisme : le congrès d'Amsterdam (1904)

Aux yeux de l'Internationale, et en particulier de la social-démocratie allemande, la division du socialisme français en deux partis distincts ne peut se perpétuer. Le prolétariat est un, il ne peut s'exprimer que dans un parti unifié. L'un des problèmes soulevés lors du congrès de l'Internationale à Amsterdam, du 14 au 20 août 1904, est donc celui de l'unité du socialisme français. Mais PSF comme PSdF tentent de réaliser l'unité à leur seul profit. La stratégie de Jules Guesde est de faire adopter la résolution adoptée par le SPD au congrès de Dresde en 1903, qui était formulée ainsi :

> « Le Congrès repousse de la façon la plus énergique les tentatives révisionnistes tendant à changer la tactique éprouvée et glorieuse basée sur la lutte de classe et à remplacer la conquête du pouvoir politique de haute lutte contre la bourgeoisie par une politique de concessions à l'ordre établi [...]. La conséquence d'une telle tactique révisionniste serait de faire d'un parti qui poursuit la transformation la plus rapide possible de la société bourgeoise en société socialiste, d'un parti révolutionnaire dans le meilleur sens du mot, un parti se contentant de réformer la société bourgeoise[283]. »

Cette résolution, qui s'attaque aussi bien à un principe (la définition du parti, de la révolution) qu'à une tactique (la collaboration à un gouvernement bourgeois), est formulée de telle manière qu'il est possible de la diriger à la fois contre le révisionnisme de Bernstein, dont la théorie est rejetée, et contre le réformisme de Millerand, dont

283. Cité in Georges Lefranc, *Le Mouvement socialiste en France, op. cit.*, p. 118-119.

le ministérialisme est voué aux gémonies. D'une certaine manière, elle confirme bien la confusion à l'œuvre en France entre les deux hommes, les orthodoxes rejetant dans le même texte les entreprises théoriques de Bernstein et la stratégie développée par ses partisans. Guesde veut, à travers la dénonciation du ministérialisme, faire condamner Jaurès par le congrès, et organiser l'unité au profit de son parti, le PSdF. Le SPD ne pourra pas refuser de voter en faveur d'une motion qu'il a lui-même rédigée quelques mois auparavant et, si le SPD se déclare en ce sens, son prestige fera le reste : le congrès demandera aux socialistes de s'unir autour des guesdistes.

La première passe d'armes a lieu devant la commission des résolutions. Jaurès y soutient la légitimité d'une action commune avec les libéraux avancés dans certaines circonstances (défendre la République, empêcher un coup d'État, favoriser l'émancipation du prolétariat). Guesde s'oppose à ce point de vue, déclare que la République en France n'est pas en danger. Il maintient sa vision d'un parti opposé en toutes circonstances aux partis bourgeois. La première manche est remportée par Guesde, puisque sa proposition de résolution est adoptée par 27 voix contre 3.

La deuxième passe d'armes a lieu devant le congrès réuni. Jaurès prononce un discours violent contre la social-démocratie allemande, qu'il accuse d'impuissance pratique en raison de son absence d'expérience révolutionnaire, et d'intransigeance théorique. Une telle philippique ne sert à rien, la proposition de résolution de Guesde est adoptée par 25 voix contre 5. Ici se manifeste donc le point d'orgue de l'assimilation du millerandisme au révisionnisme : une résolution qui visait à condamner Bernstein est utilisée pour contrer le ministérialisme en France, comme si les deux problèmes n'en faisaient qu'un. Pour être plus exact, disons que les socialistes utilisent le révisionnisme allemand pour résoudre leurs propres divergences. Le congrès d'Amsterdam sanctionne donc un processus déjà enclenché dans certains cercles socialistes : l'assimilation du révisionnisme au ministérialisme. Cette déformation est fondamentale dans le processus de l'unité, et l'on peut ainsi affirmer que le transfert du révisionnisme joue un rôle non négligeable dans la création de la SFIO. Amsterdam est donc l'aboutissement du transfert, en ce qu'il fait entrer des interprétations intellectuelles et doctrinales dans l'espace politique et stratégique du socialisme français, mais également en ce qu'il met un point final à la pénétration du révisionnisme en France. De la même manière que l'unité s'est, en un sens, construite contre Millerand, elle s'oppose, par l'assimilation décrite, à Bernstein. En 1904, la cause est entendue : les Français ne seront pas révisionnistes.

Le transfert du révisionnisme a bien eu lieu en France au sein des organisations socialistes, de ses revues notamment. Il s'agit d'un phénomène microscopique et très court, de quelques mois à peine, mais qui présente des caractéristiques nettes. Les Français reprennent les arguments et les déformations déjà à l'œuvre en Allemagne : Bernstein est hostile à la révolution, il est antimarxiste, il veut un retour à Kant. La traduction ne fait que confirmer ces opinions.

En dépit de la marginalité apparente du transfert, les socialistes français utilisent le débat révisionniste et ses enjeux dans leurs querelles internes. Le retour à Kant, par exemple, est un argument utilisé par les partisans de la défense républicaine pour légitimer leur approche morale du socialisme. Mais la transformation la plus nette est l'assimilation du révisionnisme au millerandisme, alors que les deux courants sont très différents. Il n'empêche que c'est cette déformation qui fonde la stratégie argumentaire des uns et des autres : les partisans de Millerand utilisent Bernstein pour enrichir leur défense de l'expérience ministérielle, alors que ses opposants la condamnent en s'appuyant sur les décisions de la social-démocratie allemande. C'est donc en fonction de ces déformations qu'il faut interpréter l'utilisation tactique de la motion de Dresde par Jules Guesde lors du congrès d'Amsterdam en 1904.

Le transfert du révisionnisme a donc une importance indéniable. Se prononcer comme partisan ou ennemi de Bernstein équivaut à prendre position sur la question ministérielle. Et, dans la mesure où l'unité de la SFIO s'est constituée largement sur ce débat, il est possible d'affirmer que la condamnation du révisionnisme assimilé au millerandisme constitue l'un des éléments fondamentaux de l'unification du socialisme français, et que, de ce fait, ce phénomène fait partie de son « modèle génétique ».

Troisième partie

Du révisionnisme de Bernstein au réformisme d'Albert Thomas (1900-1914)

Le révisionnisme semble donc être refoulé à la frontière dès 1904 avec la condamnation formelle du ministérialisme. Plus qu'une logique interne au socialisme français, ce sont des circonstances défavorables qui ont empêché la poursuite du dialogue et des transformations entamées dans les pages de *La Revue socialiste*. Est-ce à dire que le transfert aboutit à un échec ?

La discussion sur le révisionnisme se poursuit dans *La Revue socialiste* après 1902. Maurice Halbwachs (1877-1945), normalien alors jeune agrégé de philosophie, publie ainsi en 1905 deux articles sur Bernstein[284]. Ces contributions sont détachées de la polémique, il s'agit simplement d'une analyse de sociologue sur certains aspects du révisionnisme, notamment sur la psychologie de l'ouvrier. Mais ils montrent que Halbwachs est sensible aux thèses de Bernstein, ce qu'il confirme en 1910-1911[285]. Halbwachs appartient également à un autre réseau, distinct de celui de *La Revue socialiste* : celui des socialistes normaliens. Ces deux groupes ne sont pas si éloignés l'un de l'autre, certains membres du second écrivant dans la publication, comme Edgard Milhaud. La prise de contrôle de *La Revue socialiste* par Albert Thomas en 1910 donne lieu à l'entrée de certains de ses camarades et maîtres de l'École dans les pages de la revue. Ainsi, en dépit de la condamnation formelle du révisionnisme, les idées de Bernstein semblent trouver un certain écho au sein de ce réseau des socialistes normaliens. D'autant

284. « La psychologie de l'ouvrier moderne d'après Bernstein », *La Revue socialiste*, n° 241, janvier 1905, p. 46-57, et « La science et l'action sociale d'après Bernstein », *La Revue socialiste*, n° 245, mai 1905, p. 523-535.

285. Terry Nichols Clark, *Prophets and Patrons. The French University and the Emergence of Social Sciences*, Cambridge (Mass.), Harvard University Press, 1973, p. 188-189, note 70. Halbwachs, en séjour en Allemagne et correspondant de *L'Humanité* à Berlin, dénonce la brutalité de la police prussienne lors d'une manifestation, ce qui lui vaut d'être expulsé. L'affaire fait grand bruit, dans les pages de *L'Humanité* notamment. Le numéro du 15 février 1911, notamment, contient un article de Liebknecht soutenant Halbwachs, même si celui-ci « affirma qu'il n'était pas en contact personnel avec Liebknecht, étant plus proche du socialisme défendu par Bernstein » (p. 189).

que les liens de l'École avec l'Allemagne sont anciens et réguliers, les meilleurs élèves y étant envoyés pour s'inspirer de ses méthodes scientifiques. Et la *Bildungserlebnis* (expérience formatrice) peut être doublée d'une *Politikerlebnis* (expérience politique), qui se manifeste par une prise de contact avec les socialistes allemands. Enfin, le groupe s'organise autour de quelques personnages clés, dont l'un, Charles Andler, est réputé pour sa position critique à l'égard du marxisme assez proche de celle de Bernstein. C'est donc vers ce milieu qu'il faut se tourner pour approfondir l'étude du transfert, et en traquer les manifestations.

Mais il faut adopter un angle d'approche adapté. Le réseau se caractérise par la sociabilité qu'il manifeste, définie ainsi : « Entendons par un tel terme, ainsi que l'a proposé Maurice Agulhon, un "domaine intermédiaire" entre la famille et la communauté d'appartenance civique, domaine variant avec les époques et les objets étudiés, mais qui, pour le milieu intellectuel, forme, pour reprendre le mot de Jean-Paul Sartre, "un petit monde étroit", petit monde où les liens se tissent autour d'un certain nombre de structures de sociabilités[286] ». Celles-ci peuvent prendre la forme d'une revue, d'une maison d'édition… Prenant acte de cette définition, il faudra donc analyser ce milieu des socialistes normaliens, caractériser non seulement ses lieux (revues, entreprises menées en commun, institutions…), mais aussi les idées ou valeurs qui le soudent, ainsi que la manière dont ses membres interprètent le révisionnisme de Bernstein. Il ne faut évidemment pas considérer le réseau comme un bloc homogène : même si des convictions communes sont partagées, il existe des distinctions qu'il faudra analyser par deux études de cas : Charles Andler et Albert Thomas.

286. Pascal Ory et Jean-François Sirinelli, *Les Intellectuels en France, de l'affaire Dreyfus à nos jours, op. cit.*, p. 393.

Chapitre VIII

Le socialisme normalien

Chronique d'un engagement

L'Affaire opère une clarification. Elle permet aux intellectuels proches du socialisme d'enraciner leurs valeurs, de se retrouver dans des lieux particuliers. Sans être pour tous l'origine de l'engagement, l'Affaire est la matrice initiale de structures de sociabilité qui rendent le réseau des intellectuels socialistes plus visible parce que plus homogène. Elle tranche les positions, exacerbe l'intensité des amitiés, la violence des dissentiments, alors que les engagements sont éclairés d'une lumière plus franche, au nom de valeurs absolues comme la Vérité ou la Justice.

> « Il ne me semble pas que, même pendant la guerre, on ait assisté à ces séparations brutales, et, par contrepartie, à ces amitiés soudaines, créées séance tenante par la conscience d'un assentiment [...]. Une brusque projection avait éclairé des fonds d'âme que la plus longue intimité n'avait pas ou n'aurait pas pénétrés. On ne vivait qu'avec des amis du même sentiment que soi, puisque ceux qui ne le partageaient pas avaient cessé d'être des amis, puisque ceux qui le partageaient étaient devenus des amis par là même[287]. »

Ici, « la sympathie et l'amitié [...] et *a contrario* la rivalité et l'hostilité, la rancune et la jalousie, la rupture et la brouille[288] » jouent à plein et sont

287. Léon Blum, *Souvenirs sur l'Affaire*, Paris, Gallimard, 1981, p. 90-91.
288. Jean-François Sirinelli, *Comprendre le xxe siècle français*, Paris, Fayard, 2005, p. 69.

capitales pour comprendre la constitution d'un réseau par les intellectuels socialistes. L'Affaire définit un milieu, une atmosphère communs.

Engagement intellectuel

C'est dans le berceau de l'Affaire que naît donc le réseau des socialistes normaliens, qui lui permet de former des structures de sociabilité. L'École normale supérieure est son premier appui institutionnel, notamment par la force d'attraction que représente son bibliothécaire, Lucien Herr. Son influence sur les normaliens est incontestable, confirmée par de nombreux témoignages[289]. Il est un « éveilleur », appartenant à cette « catégorie de clercs qui, sans être forcément connus ou sans avoir toujours acquis une réputation en rapport avec leur rôle réel, ont été, dans différents secteurs de la vie intellectuelle française, un levain pour les générations suivantes, en exerçant une influence culturelle et même parfois politique[290] ». C'est lui qui, pour une grande part, amène l'École normale sur les rivages du dreyfusisme. Son engagement s'exprime de trois manières : il entreprend de convaincre ses collègues de l'École et de l'Université (Charles Andler, Charles Seignobos, Paul Dupuy...) ; mobilise les jeunes normaliens avec l'aide de Charles Péguy (1873-1914), entré à l'École en 1894 où il devient socialiste engagé et « sergent recruteur du dreyfusisme normalien[291] » ; intervient enfin publiquement pour le condamné. C'est Lucien Herr qui aurait ainsi lancé l'idée de la pétition des intellectuels, parue dans les numéros de l'*Aurore* suivant le *J'accuse !* de Zola du 13 janvier 1898.

> « Herr réunit ainsi la première liste de signataires, où, usant de notre droit constitutionnel de pétition, et nous autorisant, non de notre fonction, mais de notre simple titre d'agrégés, nous demandions aux Chambres de mettre le gouvernement en demeure. Il nous fallait toute la lumière, et par la lumière, la révision du procès[292]. »

Bien entendu, réduire l'engagement normalien en faveur de Dreyfus à la seule influence de Herr occulterait des raisons plus profondes. Ainsi, la formation donnée à l'École s'appuie sur la méthode critique, la vérification des sources[293], et ne peut qu'encourager l'intérêt des élèves pour

289. Charles Andler, *Vie de Lucien Herr*, Paris, Rieder, 1932, p. 84-85 ; Hubert Bourgin, *De Jaurès à Léon Blum, l'École normale et la politique*, *op. cit.*, p. 107-111 ; Léon Blum, *op. cit.*, p. 44-46 ; Ernest Tonnelat, *Charles Andler. Sa vie, son œuvre*, *op. cit.*
290. Jean-François Sirinelli, *op. cit.*, p. 66.
291. Michel Winock, *Le Siècle des intellectuels*, Paris, Seuil, 1997, p. 16.
292. Charles Andler, *op. cit.*, p. 97.
293. Étienne François, « Traditions germanisantes chez les historiens », in *L'École normale supérieure et l'Allemagne*, textes rassemblés par Michel Espagne, Leipzig, Leipziger Universitätsverlag, 1995.

une affaire qui, au premier chef, est basée sur la confrontation et la recherche de preuves ou la comparaison d'écritures. La tradition républicaine de l'École tient également son rôle : l'institution, en symbiose avec une République positiviste et rationaliste, partage avec elle la foi dans la science, dans l'héritage des Lumières[294]. L'investissement de l'École par le dreyfusisme ne fait donc aucun doute. En revanche, la pénétration simultanée du socialisme est loin d'être aussi évidente. Avant l'Affaire, Herr ne professe pas ses convictions publiquement :

> « Herr, derrière le bureau de sa bibliothèque, restait impénétrable. Il fallait être entré très loin dans son intimité pour qu'il s'ouvrît à vous de ses opinions politiques et sociales. Il ne le faisait pas sans s'être assuré au préalable des vôtres. Son prosélytisme supposait l'accord préexistant. Alors il se sentait fort. Il insistait. Combien y en a-t-il qu'il a, comme moi, envoyés dans les groupes possibilistes ? Un très petit nombre, sans doute[295]. »

Il se tient donc à un carrefour entre dreyfusisme et socialisme, mais ce point de jonction peut donner lieu à une confusion, l'un n'étant pas assimilable à l'autre. Si Herr a su gagner les normaliens à la cause de Dreyfus, il ne les a pas pour autant enrôlés aux côtés de Jaurès. L'École normale supérieure fournit un vivier pour le milieu des intellectuels socialistes, mais elle n'est pas vraiment le lieu de la politisation.

Ce lieu se trouve au 17 rue Cujas, à la librairie Georges Bellais, fondée par Péguy après son échec à l'agrégation de philosophie et son départ de l'École, et inaugurée en mai 1898. La boutique devient le point de ralliement du mouvement dreyfusard, à la fois pour discuter et pour se battre. Sa situation stratégique, à deux pas de la Sorbonne, permet à Péguy et à ses amis d'aller défendre les professeurs menacés par les chahuts des étudiants antidreyfusards. La librairie est aussi un lieu de rencontre. Léon Blum dit ainsi y avoir fait la connaissance d'Albert Thomas[296]. Elle est, enfin, un premier cadre d'engagement socialiste car elle doit, selon Péguy, servir de première lueur à une humanité libérée des entraves de la société bourgeoise, qui donnera à l'individu le plein épanouissement de sa personnalité.

Malheureusement, l'entreprise tombe rapidement en faillite, et Péguy fait appel à ses amis en juin 1899. La librairie est transformée en société anonyme, et devient la Société nouvelle de librairie et d'édition (SNLE). La première réunion du conseil des actionnaires a lieu le 2 août.

294. Voir Daniel Lindenberg et Pierre-André Mayer, *Lucien Herr, le socialisme et son destin*, *op. cit.*

295. Charles Andler, *op. cit.*, p. 95.

296. Léon Blum, *op. cit.*, p. 96.

Sa composition permet de donner des contours plus nets au réseau en formation[297]. Ce qui frappe au premier abord, c'est la prédominance des normaliens (18 sur 23), qui ne doit cependant pas masquer la présence d'autres individus comme Paul Fauconnet (1874-1938), agrégé de philosophie après des études à la Sorbonne, ou Edgard Milhaud. Ensuite, le rapprochement des dates de naissance et des dates d'entrée à l'École permet de distinguer deux générations : celle des anciens, représentée par Lucien Herr et Charles Andler[298], et celle des plus jeunes, entrés entre 1893 et 1895. Le fait est important : ces jeunes normaliens s'engagent pour Dreyfus au moment de « leurs jeunes années universitaires, à un âge où les amitiés se nouent aisément et où les influences s'exercent sur un terrain meuble[299] ». Pour beaucoup d'entre eux, l'heure de l'Affaire sonne celle de leur entrée en politique. Enfin, le rapprochement des parcours permet de distinguer la forte tonalité socialiste du groupe : 14 sur 23 poursuivent leur engagement politique par la suite. Les activités de la société répondent à cette orientation politique. Elle crée ainsi la « Bibliothèque socialiste », collection de monographies sur l'histoire et les doctrines du socialisme, adressée à un vaste public. Y sont publiés des ouvrages écrits par des socialistes réformistes (Alexandre Millerand, Georges Renard...) et par certains membres du groupe (Blum, Andler, Thomas...). La société tente également de lancer un périodique. Lucien Herr avait eu l'idée de créer une revue, *La Semaine*[300], où il aurait siégé au comité de rédaction avec Charles Andler, Léon Blum, Charles Seignobos[301] et François Simiand. D'autres collaborateurs auraient été mobilisés, comme Hubert Bourgin (1875-1955), de la promotion 1895, Paul Fauconnet, Henri Hubert, Charles Péguy et d'autres. Cette liste montre l'arrivée progressive d'une nouvelle

297. Le 12 août, cinq administrateurs sont élus : Léon Blum, Hubert Bourgin, Lucien Herr, Mario Roques et François Simiand. Charles Péguy s'écarte par la suite du groupe pour des questions financières. Il semble qu'il ait été déçu de l'évolution du socialisme français. Présent lors du congrès de la salle Japy, en décembre 1899, il s'était opposé à certaines des décisions prises en commun, notamment à l'interdiction faite aux journalistes socialistes d'étouffer les critiques du régime bourgeois dans leurs articles. Opposé à la dérive dogmatique du mouvement, il se détache progressivement de ses associés, qui, eux, approfondissent leurs rapports avec le socialisme partisan. Cette évolution culmine en décembre 1899, lorsque Péguy démissionne de ses fonctions dans la société, et demande le recouvrement intégral des 40 000 francs qu'il avait investis dans la librairie Bellais. Ses associés refusent de lui verser la somme. Les relations s'enveniment, l'affaire est portée devant le tribunal de commerce en 1901, Péguy se brouille avec Herr, et part fonder les *Cahiers de la quinzaine* en janvier 1900.

298. Nés respectivement en 1864 et 1866, ils entrent à l'École normale en 1883 et 1884.

299. Jean-François Sirinelli, *Génération intellectuelle. Khâgneux et normaliens dans l'entre-deux-guerres*, Paris, Puf, 1988, p. 12.

300. Charles Andler, *op. cit.*, p. 136-138. L'opération semble avoir échoué à la suite de mauvais placements de Herr en février 1899.

301. Charles Seignobos (1854-1942), normalien de la promotion 1874, agrégé d'histoire, professeur d'histoire à la Faculté des lettres de Paris et inspirateur, avec Charles Langlois, de l'histoire méthodique contre laquelle les Annales de Marc Bloch et de Lucien Febvre se dresseront.

composante : les sociologues, qui, autour d'Émile Durkheim, entreprennent la fondation de l'École française de la sociologie (Fauconnet, Hubert, Simiand).

Cet apport durkheimien se manifeste particulièrement dans le projet de revue finalement adopté : *Notes critiques. Science sociale*, dont le premier numéro paraît en janvier 1900. Il s'agit d'un bulletin bibliographique, recensant tous les nouveaux ouvrages parus en France et à l'étranger en sciences sociales. La rédaction est confiée à François Simiand (1873-1935), normalien de la promotion 1893, qui se tourne alors vers l'étude des sciences sociales sous l'influence de Durkheim. La nouvelle revue est très proche de *L'Année sociologique*, fondée en 1895. Parmi les quinze collaborateurs de *Notes critiques*, sept participent au même moment à *L'Année*[302], et certains thèmes sont partagés (comme l'histoire des religions, la sociologie, l'ethnographie...). Durkheim aurait même songé à fondre les deux publications en raison de la charge de travail que représente la collaboration à deux revues ayant presque les mêmes caractéristiques :

> « La seule solution que j'aperçoive est de nous grouper autour des *Notes critiques*. Si même on pouvait les transformer de manière à les fondre avec l'*Année*, ce n'est pas moi qui y contreviendrais[303]. »

Engagement politique

À mesure que le réseau s'institutionnalise, il s'engage de plus en plus nettement en faveur du socialisme par l'action sur l'éducation et par le soutien aux tentatives d'unification qui agitent à ce moment le mouvement. La constitution de la SNLE est en effet fortement liée à une prise de position politique.

> « Herr voulait que tout le monde fût étroitement rattaché au parti socialiste. Non qu'il refusât de renseigner quiconque voulait se rattacher à d'autres doctrines [...]. Chacun étant renseigné, il nous appartenait de dire pourquoi nous choisissions, quant à nous, le parti socialiste[304]. »

C'est dans cette optique d'engagement qu'est fondé le groupe de l'Unité socialiste, à la veille du congrès de Japy en décembre 1899. L'objectif est d'« exploiter le dreyfusisme en faveur d'un socialisme

302. Émile Durkheim, Emmanuel Lévy, Hubert Bourgin, Paul Fauconnet, Henri Hubert, Marcel Mauss, François Simiand.
303. Lettre d'Émile Durkheim à Marcel Mauss, s. d. [1900], citée in Marcel Fournier, *Marcel Mauss*, Paris, Fayard, 1994.
304. Charles Andler, *op. cit.*, p. 96.

unifié à égale distance entre l'empirisme et le pragmatisme de l'aile droite (possibilistes et certains indépendants) et le dogmatisme rigide de l'aile gauche (guesdistes)[305] ». C'est donc la vision d'un socialisme scientifique, démocratique, réformiste et unitaire que le groupe défend[306]. En mars 1902, il adhère au PSF, et le cycle d'engagement culmine en 1904. Léon Blum et Lucien Herr pressent Jaurès de lancer un nouveau quotidien pour soutenir leurs idées unitaires. Le projet initial de racheter *La Petite République* est un échec, il faut créer un nouvel organe. Les fonds sont réunis en grande partie par Lucien Lévy-Bruhl (1857-1939), l'un des maîtres de la sociologie naissante avec Émile Durkheim. Lucien Herr trouve le titre, *L'Humanité*, et le premier numéro paraît le 18 avril 1904. Les socialistes normaliens jouent donc un grand rôle dans la fondation du journal, que confirme la collaboration de nombre d'entre eux (Charles Andler, Lucien Herr, Léon Blum...). Mais, malgré ses dix-sept agrégés, seulement 12000 exemplaires sont vendus quotidiennement les premiers mois. Les caisses sont vides dès 1905, et le journal doit demander l'aide de la SFIO. Ainsi sonne le glas de l'engagement des intellectuels qui, progressivement, quittent l'agora pour leurs cabinets d'études[307].

Le réseau s'investit également dans l'œuvre d'éducation des masses. Une École socialiste est ainsi fondée en décembre 1899 rue Mouffetard, et ouvre jusqu'en 1901. Les cours sont centrés autour de l'étude du mouvement ouvrier français et international. Ils s'adressent à un public étudiant, et visent à informer et à préparer à l'action[308].

Les socialistes normaliens forment donc un réseau matériellement homogène, qui repose sur des revues, des publications, des actions entreprises en commun, et sur un état d'esprit partagé que l'affaire Dreyfus a contribué à souder.

Les idées du socialisme normalien

La chronologie montre que le socialisme normalien s'est constitué en palimpseste, superposant deux strates étroitement liées qui lui donnent

305. Gilbert Ziebura, *Léon Blum et le Parti socialiste (1872-1934)*, Paris, Librairie Armand Colin, Cahiers de la FNSP, 1967, p. 64.

306. Il est constitué de Roques, Simiand, Bourgin, Perrin, Langevin, Hubert, Fauconnet, Albert Lévy, Challaye, Halbwachs, Thomas, Milhaud, Mauss, Emmanuel Lévy...

307. Michel Winock, *op. cit.*, p. 92.

308. Il ne faut cependant pas conclure par ce schéma simpliste : engagement lors de l'Affaire, politisation aux côtés des socialistes, désengagement après 1904-1905. Le cycle se poursuit, notamment avec la création du Groupe d'études socialistes en 1908 et la reprise de l'École socialiste en 1909.

sa spécificité idéologique : les conceptions des « éveilleurs », Lucien Herr et Charles Andler, et celles des durkheimiens.

Lucien Herr

Lucien Herr, né le 17 janvier 1864, est reçu à l'École normale supérieure en 1883, et obtient l'agrégation de philosophie en 1886. Le jeune Herr est alors influencé par le positivisme de gauche de Littré et de Renan qui marque l'École à cette époque, enracinant la foi en la science émancipatrice, et par socialisme français, de Saint-Simon à Proudhon, dont la lecture précède celle de Marx.

En 1888, renonçant à une carrière dans l'université, Herr demande et obtient le poste de bibliothécaire de l'École normale. C'est pendant cette période qu'il fréquente le cercle des exilés russes, réunis autour de Pierre Lavrov, dans lequel évolue également Rappoport[309]. C'est surtout dans sa conception de l'intellectuel et de son rôle social que l'influence de Lavrov est la plus perceptible[310]. Elle apparaît dans les écrits de Herr, notamment dans les aphorismes jetés comme des ébauches au livre inachevé : *Le Progrès intellectuel et l'Affranchissement de l'humanité.*

> « [Les idées neuves doivent agir] non à la manière de prémisses conscientes dont les conséquences logiques seraient peu à peu détruites par un effort cohérent de pensée, mais à la façon de centres lumineux, de points de tension, de motifs impulsifs autour desquels la conduite, c'est-à-dire les sentiments et les idées, s'agrégeront et s'organiseront graduellement par le processus naturel, végétatif de la vie psychologique[311]. »

C'est dans cette perspective que Herr conçoit le réseau des « socialistes normaliens » en constitution :

> « Nous voudrions qu'il y eût bientôt en France une cinquantaine d'hommes jeunes et actifs, directement associés à notre œuvre. Peu à peu, leur propre effort d'intelligence, d'observation, d'enquête, d'abord hésitant et morcelé, organiserait autour de chaque centre, le réseau d'information, le réseau d'action qui fera à travers toute la nation comme une transmission continue en un réveil ininterrompu d'énergie honnête et vigilante[312]. »

En 1889, Herr s'engage dans le parti possibiliste, avant que la scission de Châtellerault ne l'oriente vers le POSR, le parti des allemanistes.

309. Charles Andler, *op. cit.*, p. 96.
310. Voir *supra* p. 135.
311. Lucien Herr, cité in Georges Lefranc, *Jaurès et le socialisme des intellectuels, op. cit.*, p. 91.
312. *Ibid.*, p. 98.

Là encore, son choix est révélateur de sa conception du socialisme et de son rapport avec les intellectuels. Loin d'être partisan d'une vision élitiste laissant à une « minorité éclairée » la charge de mener le prolétariat vers la société idéale, le fait que Herr choisisse d'adhérer au parti le plus ouvriériste et le plus égalitaire montre qu'il pense l'intellectuel comme un inspirateur, certes, mais un inspirateur humble et anonyme. Enfin, c'est aussi la défense par le POSR de la grève générale qui motive le choix de cette formation, ce qui montre que Herr ne donne pas à l'intellectuel seul l'initiative révolutionnaire. Celle-ci doit aussi venir du prolétariat.

L'apport durkheimien

Il faut ici souligner combien l'intégration des sociologues au réseau est loin d'être évidente, en raison de l'hostilité relative de Herr et d'Andler aux recherches de Durkheim avant l'affaire Dreyfus. En 1896, une controverse oppose, dans les pages de *La Revue de métaphysique et de morale*, Célestin Bouglé, partisan de la nouvelle discipline, et Charles Andler. Celui-ci considère comme une mystification l'idée formulée par Durkheim dans *Les Règles de la méthode sociologique* : « En s'agrégeant, en se pénétrant, en se fusionnant, les âmes individuelles donnent naissance à un être, psychique si l'on veut, mais qui constitue une individualité psychique d'un genre nouveau[313]. » Lucien Herr n'est pas aussi virulent qu'Andler. Il est depuis longtemps lié avec Durkheim, qu'il aide et soutient dès 1885-1886[314]. Même s'il reste critique envers la sociologie[315], il n'en est pas moins l'un des artisans de la fusion progressive qui s'opère entre les deux réseaux. D'autres individus y jouent un rôle, constituant autant de carrefours. Marcel Mauss (1872-1950), neveu de Durkheim et militant socialiste depuis le début de ses études de philosophie à Bordeaux, constitue ainsi son propre réseau dès la préparation de l'agrégation à la Sorbonne en 1895-1896. Il se lie alors avec Edgard Milhaud et Paul Fauconnet[316]. En 1895-1896, il entre à l'École pratique des hautes études pour y étudier l'histoire des religions et la philologie, et rencontre Henri Hubert, né en 1872, normalien de la promotion 1892. Ce dernier est par ailleurs l'assistant de Lucien Herr à la biblio-

313. Émile Durkheim, *Les Règles de la méthode sociologique*, Paris, Puf, 1960, p. 103.
314. Marcel Fournier, *op. cit.*, p. 202-203.
315. Ainsi, publiant un compte rendu de *De la division du travail social*, la thèse de Durkheim, il écrit : « Mais je refuse d'inclure, et je refuse de reconnaître comme scientifique tout ce qui pourrait être construit sur de telles fondations, avec ces matériaux », *La Revue universitaire*, 1893, tome III, p. 477-478, cité in Terry Nichols Clark, *op. cit.*, p. 173, note 35.
316. Marcel Fournier, *op. cit.*, p. 60-61.

thèque de l'ENS en 1893-1894. La composition de ce réseau d'intellectuels socialistes se précise : il s'agit non seulement d'individus passés par l'École, et soumis à l'influence prépondérante de Lucien Herr, mais aussi de jeunes chercheurs groupés autour d'Émile Durkheim et de *L'Année sociologique*.

C'est au cours de l'affaire Dreyfus que les deux groupes fusionnent, « Durkheim et ses associés [sont] parmi les dreyfusards les plus actifs. Simiand et plusieurs durkheimiens plus jeunes [participent] aux activités organisées par Herr[317]. » Pendant cette période, tous se rangent explicitement au côté des socialistes.

L'entrée des durkheimiens dans le réseau des socialistes normaliens constitue un apport, ne serait-ce qu'en raison des opinions du maître de la sociologie. En effet, « l'image que se fait Durkheim du contenu du socialisme est inséparable de sa propre conception de la cohésion du système social et en particulier de son analyse des formes pathologiques de la division du travail[318] ». L'élaboration d'une définition du socialisme, dans les trois premières leçons du cours professé à l'université de Bordeaux en 1895-1896, est tout à fait éclairante à cet égard.

> « On appelle socialiste toute doctrine qui réclame le rattachement de toutes les fonctions économiques, ou de certaines d'entre elles qui sont actuellement diffuses, aux centres directeurs et conscients de la société[319]. »

Une telle définition ne peut se comprendre indépendamment des recherches de Durkheim, préoccupé par le problème de la désorganisation économique et du malaise social qui en découle. Le socialisme, tel qu'il le conçoit, est une tentative de reconfigurer les fonctions économiques de la société pour assurer entre elles une harmonie qu'elles ne connaissent pas dans le régime capitaliste. Un deuxième élément tient à la définition des « centres directeurs et conscients de la société », expression désignant l'État. Ses relations avec les fonctions économiques ne sont pas assimilables à un rapport de domination, mais à un dialogue constant :

> « C'est qu'en effet ce lien entre la vie économique et l'État n'implique pas, suivant nous, que toute l'action vienne de ce dernier [...] On peut prévoir que la vie industrielle et commerciale, une fois mise en contact permanent avec lui, affectera son fonctionnement, contribuera à déterminer les manifestations de son activité beaucoup plus qu'aujourd'hui, jouera dans la vie gouvernementale un rôle beaucoup plus important[320]. »

317. Terry Nichols Clark, *op. cit.*, p. 173.
318. Jean-Claude Filloux, *Durkheim et le Socialisme*, Genève, Librairie Droz, 1977, p. 269.
319. Émile Durkheim, *Le Socialisme*, Paris, Puf, p. 49.
320. *Ibid.*, p. 49.

Le dialogue permanent entre l'État et les groupes économiques parle en faveur d'un socialisme démocratique, et non autoritaire. Tel que le conçoit Durkheim, il est donc profondément démocratique, organisateur et régulateur. Il vise avant tout à assurer l'ordre social.

Les socialistes normaliens

Les influences combinées de Lucien Herr et de Durkheim donnent au réseau des socialistes normaliens une homogénéité intellectuelle où la science et la sociologie ont un rôle central à jouer dans la transformation vers la société future. « Tous étaient persuadés qu'on pouvait préparer la révolution en éditant des livres, en vulgarisant la science, grâce à la "conspiration permanente des savants"[321]. »

Les socialistes normaliens se distinguent d'abord par leur critique du marxisme. Ces élèves de l'école méthodique et de Durkheim, formés à l'exactitude des faits et à la vérification des sources, lui reprochent son manque de rigueur scientifique. Cette posture intellectuelle structure leur critique de Marx, ainsi que, plus généralement, la manière dont ils évaluent les ouvrages qu'ils lisent. Avant de discuter du fond d'une théorie, ils en font la critique scientifique, et c'est seulement si l'auteur abordé obtient son certificat de scientificité que le dialogue peut être instauré. Cette critique scientifique du marxisme s'articule à une attaque contre le guesdisme. Ce que les normaliens veulent apporter, c'est un renouvellement de la doctrine par le recours à la tradition française (Proudhon, Saint-Simon) qui, en dissociant le socialisme du marxisme, permettrait « d'imprimer une orientation réformiste à la ligne du Parti[322] ». Il s'agit également de restaurer l'accord entre la doctrine et la pratique par l'observation des faits sociaux.

Leurs propositions pratiques s'orientent donc vers le réformisme. Ils défendent l'idée de la coopération, qui doit permettre d'abolir le chaos du système capitaliste en adaptant la consommation à la production. De même, ils proposent les nationalisations progressives pour enrayer l'anarchie du système capitaliste et concilier intérêt particulier et intérêt général. Ainsi, le socialisme des normaliens peut être défini comme une théorie gestionnaire, qui vise à réguler, organiser et harmoniser la vie économique, mettant fin à l'anarchie du système capitaliste. En cela, ils sont donc bien les successeurs politiques de Durkheim et les élèves de

321. Gilbert Ziebura, *op. cit.*, p. 63.
322. *Ibid.*, p. 142.

Herr, parce que ce socialisme organisateur doit être pensé et proposé au parti par les intellectuels. C'est là l'état d'esprit au fondement du Groupe d'études socialistes, en 1908.

Cette conception du socialisme est toutefois distincte du révisionnisme. Certes, les deux formes de réflexion se rejoignent dans la critique de Marx et de ses interprètes. À la nuance près que Bernstein tente de sauver Marx, en le distinguant de ses épigones. Les socialistes normaliens, eux, le condamnent sans appel : si la théorie n'est pas adaptée à la réalité, il ne sert à rien de la réviser, il faut la remplacer. En d'autres termes, Bernstein ne désire pas sortir de la demeure marxiste, mais simplement y faire des travaux pour la rendre habitable. Les socialistes normaliens renoncent à s'y installer, et préfèrent construire une nouvelle maison. Ce qui permet d'expliquer une autre différence fondamentale entre Bernstein et les normaliens : dans la mesure où les derniers sortent du marxisme, ils sont amenés à formuler des propositions pratiques originales, alors que le premier, gardant malgré tout les cadres de pensée marxistes, ne propose pas de système alternatif. De sorte que des divergences frappantes peuvent être constatées sur le plan pratique, notamment sur le rôle de l'État. Les socialistes normaliens sont favorables à son renforcement. Bernstein, quant à lui, y est plutôt hostile. L'État doit être réduit à sa fonction de représentation minimale, et la direction doit échoir aux administrations locales (communes, régions) :

> « Avec ou sans révolution, les fonctions des représentations centrales deviendront de plus en plus limitées [...] l'autonomie est indiquée comme la condition primordiale à l'émancipation sociale, de même que l'organisation démocratique à partir d'enbas y est signalée comme destinée à être la voie de réalisation du socialisme[323]. »

En dépit de leur hostilité commune au marxisme, il semble donc impossible de faire des socialistes normaliens, dans leur ensemble, les « passeurs » du révisionnisme en France. L'hypothèse doit être confrontée à l'étude de la revue du groupe : *Notes critiques. Science sociale.*

323. Édouard Bernstein, *Die Voraussetzungen des Sozialismus...*, *op. cit.*, p. 136-137.

Le révisionnisme dans *Notes critiques*[324]

La place de Bernstein et des révisionnistes

Globalement, et cela confirme les analyses précédentes, les socialistes normaliens ne parlent pas de Bernstein. Un compte rendu de la traduction française de *Die Voraussetzungen des Sozialismus* est certes publié :

> « Voici un livre qui, moins pour ce qu'il vaut qu'en raison des circonstances, fait époque. Ce livre, dans sa forme allemande, n'est pas sans défauts : il est imprécis souvent, glissant, incomplet, décousu, disparate, déconcertant. Il est cela, mais il est vivant, alerte, spirituel ; il est écrit avec une facilité un peu molle, mais il est amusant et varié. Tout cela vient s'écraser dans l'incroyable bouillie d'un français baroque et absurde [...], inintelligible pour quiconque ne peut se donner le fastidieux amusement de deviner le texte original à travers les gaucheries [...] de la traduction[325]. »

Mais c'est la mauvaise traduction qui retient leur attention, non les thèses de Bernstein. Cette posture est identique dans le compte rendu de la réponse de Kautsky, *Le Marxisme et son critique Bernstein*[326]. Toutefois, si la qualité de la traduction est contestable, une grande partie des collaborateurs lisent l'allemand[327], et peuvent donc se reporter à la version originale. En outre, d'autres ouvrages critiques envers le marxisme font l'objet d'une analyse de fond la même année[328].

Manifestement, les collaborateurs de *Notes critiques* n'ignorent ni le livre, ni les thèses de Bernstein. Mais ils refusent de se prononcer et le livre, « amusant et varié », ne retient pas leur attention. Deux raisons sont déterminantes pour expliquer cette position. Le critère fondamental pour juger un ouvrage, qu'il soit d'ordre scientifique ou d'ordre politique, est sa méthode. Or, la critique majeure que fait le rédacteur de la note porte précisément sur la rigueur scientifique de l'ouvrage. La seconde raison du silence de la revue tient au fait que le groupe refuse aux idées de Bernstein toute originalité. Au fond, le révision-

324. À partir d'un échantillon global de 7465 références (mentions simples et comptes rendus), sur sept ans. On été répertoriés les mentions ou articles concernant les ouvrages de Bernstein, des révisionnistes et de Kautsky. Il faut noter que les articles sont signés à partir de 1901, ce qui autorise une étude individualisée des contributions à la revue.

325. *Notes critiques. Science sociale*, n° 1, 10 janvier 1900, p. 13-14.

326. *Notes critiques. Science sociale*, n° 6, 25 mars 1900, p. 94.

327. Il est avéré que Lucien Herr, Charles Andler, Émile Durkheim et Marcel Mauss lisent l'allemand.

328. Comme le livre de Benedetto Croce, *Materialismo storico ed economica marxistica* (*Notes critiques. Science sociale*, n° 5, 10 mars 1900, p. 77-78).

nisme ne sort pas des cadres d'analyse de Marx, ce qui disqualifie d'emblée sa pertinence. Pour des intellectuels qui adoptent une attitude si distanciée par rapport au marxisme, une révision qui ne brise pas les cadres de la théorie ne peut être recevable. Cet aspect se donne à voir dans le compte rendu de *Die verschiedenen Formen des Wirtschaftsleben* (« Les Différentes Formes de la vie économique ») :

> « Cette conférence est, à coup sûr, plus intéressante qu'instructive ; même, plus qu'intéressante, elle est curieuse. Elle l'est comme document sur l'état d'esprit des "révisionnistes" allemands, chez qui bien souvent la critique de Marx en est restée au point de vue de Marx[329]. »

Mais, si Bernstein n'est pas discuté, il est lu, et plusieurs de ses ouvrages font l'objet de références[330]. Mieux encore, le relevé systématique des notes qui lui sont consacrées montre une évolution dans l'interprétation qu'en font les collaborateurs de *Notes critiques*. En avril 1903, Albert Thomas rédige le compte rendu de la conférence prononcée par Bernstein en 1901[331]. Le point de vue est nettement moins catégorique que dans le compte rendu de 1900 :

> « On a donc eu raison de le traduire tant pour son intérêt historique que pour sa valeur de science. Mais on aurait pu cette fois rappeler son intérêt au public français. Nous regrettons qu'on ne l'ait point fait[332]. »

Le registre change : Albert Thomas reconnaît l'aspect scientifique de l'ouvrage de Bernstein, et résume brièvement sa thèse. Mais le révisionniste n'est pas discuté pour autant, le compte rendu reste informatif. Une étape est franchie cependant : l'hétérodoxe allemand a gagné son certificat de scientificité, et peut donc être pris au sérieux. Un autre stade est franchi avec le compte rendu de Louis Gernet[333], puisqu'une véritable discussion s'instaure. La critique principale que les collaborateurs de *Notes critiques* adressent à Bernstein apparaît clairement : il ne sort pas des cadres de pensée marxistes. Mais le rédacteur met l'accent sur les aspects pratiques du révisionnisme.

> « Mais ce qui vaut, ici comme ailleurs, c'est, à la fin, la philosophie de l'action sociale, bien plus que la philosophie sociale [...]. Et son socialisme, pour le présent, se caractérise : 1) par l'universalité de son action qui, grâce aux droits politiques reconnus aux prolétaires, peut s'insérer

329. *Notes critiques. Science sociale*, n° 37, octobre 1904, p. 214-215.
330. Ainsi, entre 1900 et 1904, Bernstein est cité six fois (n°s 1, 9, 18, 24 et 37).
331. Il s'agit de *Socialisme et Science*.
332. *Notes critiques. Science sociale*, n° 24, avril 1903, p. 123-124.
333. Louis Gernet (1882-1962), normalien de la promotion 1902. Il vient d'obtenir l'agrégation de grammaire au moment où il rédige cette note.

dans le système économique (p. 30, en particulier, grande importance donnée au socialisme communal) ; 2) par l'esprit d'énergie et de résolution morales, dont il exige le progrès continu chez les travailleurs organisés[334]. »

Les collaborateurs de *Notes critiques* refusent donc de s'engager dans le débat pour des raisons scientifiques et théoriques. Mais ils suivent la querelle ainsi que les publications de Bernstein. À la fin de la période, la position est différente : sans pour autant recueillir les faveurs du groupe, les idées révisionnistes sont discutées. La revue disparaît malheureusement trop tôt pour permettre à l'analyse d'aller plus loin.

Le fait trouve confirmation si l'on compare les articles et références consacrés à Bernstein, et ceux dévolus à son adversaire dans la querelle révisionniste, Karl Kautsky, qui fait l'objet de six références, dont quatre comptes rendus[335]. Celui qui est publié sur *Le Marxisme et son critique Bernstein* (mars 1900) est du même registre que la note sur *Socialisme théorique et Social-démocratie pratique* de Bernstein : l'attention du rédacteur s'attache à la qualité déplorable de la traduction, non aux idées développées par Kautsky. Le deuxième compte rendu porte sur *Die Agrarfrage* (« La question agraire »[336]), et le ton change : le collaborateur présente un résumé succinct du livre de Kautsky, sans toutefois se prononcer sur le contenu (de la même manière que la note d'Albert Thomas sur *Socialisme et Science*, en avril 1903, ne tranchait pas pour ou contre Bernstein)[337]. L'évolution se manifeste dans le dernier compte rendu, celui de Charles Andler, portant sur *La Politique agraire du parti socialiste*[338]. Le professeur d'allemand dénie à l'ouvrage toute valeur scientifique :

> « Il était nécessaire de la traduire. Non pas pour sa valeur de science. On sait que le livre de Kautsky a été l'un des plus retentissants fiascos scientifiques que le marxisme orthodoxe ait eu à enregistrer[339]. »

L'ouvrage de Kautsky est contradictoire : le théoricien allemand refuse de définir un programme agraire, puisqu'il signifierait la conservation de la propriété paysanne, alors même que Kautsky avait discrédité les mouvements pratiques ignorant toute théorie et tout but final.

334. *Notes critiques. Science sociale*, n° 37, octobre 1904, p. 214-215.
335. Pour les comptes rendus : *Notes critiques. Science sociale*, n° 6, 25 mars 1900, n° 13, 10 juillet 1900, n° 21, janvier 1903, n° 23, mars 1903. Pour les simples mentions : *Notes critiques. Science sociale*, n° 21, janvier 1903, n° 23, mars 1903.
336. *Notes critiques. Science sociale*, n° 13, 10 juillet 1900, p. 206.
337. Dans cette catégorie entre également le compte rendu de Robert Hertz sur *Politique et Syndicats* (*Notes critiques. Science sociale*, n° 21, janvier 1903, p. 30-31).
338. *Notes critiques. Science sociale*, n° 23, mars 1903, p. 89-91.
339. *Ibid.*, p. 89-91.

Il semble donc que le regard que le groupe des rédacteurs de *Notes critiques* porte sur Bernstein et sur Kautsky s'inverse : la position est la même à l'origine (silence), puis se transforme en neutralité, avant de passer à une opinion relativement favorable à Bernstein, nettement défavorable à Kautsky, autour de 1903-1904.

La manière dont les collaborateurs de *Notes critiques* discutent des ouvrages écrits par les partisans de Bernstein permet de préciser les éléments que les socialistes normaliens retiennent du révisionnisme. Un compte rendu de *Die Agrarfrage und Sozialismus* (« La Question agraire et le socialisme) de Friedrich Hertz, préfacé par Bernstein, est publié dès 1900. Le rédacteur de la note souligne la scientificité de l'ouvrage :

> « M. Hertz pense que le socialisme s'établira avec le concours des paysans ou qu'il ne s'établira pas. C'est affaire de statistiques, et celles de M. Hertz ne laissent pas de doute[340]. »

La thèse de Hertz est résumée : les paysans peuvent trouver un intérêt à une forme socialiste de la culture et de la répartition, mais il faut admettre la petite propriété, organisée par les coopératives agricoles. La conclusion du compte rendu prend des allures antiorthodoxes :

> « On peut proposer un programme rural socialiste, éloigné également des fictions démagogiques françaises comme aussi du désespoir de Kautsky ; un programme prudent, pratique, rapidement efficace, et c'est celui que M. Hertz, qui est un agronome des plus experts, a essayé d'esquisser[341]. »

Albert Thomas rédige aussi une note sur l'ouvrage d'Édouard David, *Sozialismus und Landwirtschaft* (« Socialisme et Agriculture »). La grille de lecture est identique : l'ouvrage est scientifique, et répond à des exigences pratiques, puisque « c'est d'une préoccupation pratique que cette œuvre est née : pour conquérir le pouvoir politique, la démocratie sociale, en Allemagne, a besoin de la classe paysanne. Comment la gagner[342] ? » Les deux conditions préalables à toute discussion étant réunies (scientificité, intérêt pratique), le débat peut être posé. Albert Thomas partage les positions d'Édouard David sur les insuffisances du marxisme concernant la politique agraire :

> « Les discussions des congrès (Francfort, Breslau) sur le programme agraire n'ont abouti qu'à une affirmation nouvelle du dogme marxiste : supériorité des grandes entreprises, ruine des petits propriétaires, prolétarisation croissante. Mais les constatations des agronomes

340. *Notes critiques. Science sociale*, n° 25, novembre 1900, p. 284-285.
341. *Ibid.*, p. 284-285.
342. *Ibid.*

et des statisticiens, les analyses nouvelles de Hertz, de Nossig, de Gatti, et la pratique même du parti social-démocrate démontrent la fausseté de ces thèses, et il a suffi de toute l'ingéniosité de Kautsky pour leur donner une efficacité quelconque de propagande[343]. »

Pour Édouard David, le travail agricole est soumis à l'action de la nature, et seul ce qui touche au processus biologique est essentiel. Ni la division du travail ni la mécanisation ne peuvent assurer une supériorité de la grande entreprise agricole sur la petite ; à l'inverse, l'amélioration des sols, des variétés de plantes ou de l'élevage peuvent assurer à l'agriculture des progrès notables. Tout l'enjeu de la démonstration est de montrer que ces progrès ne peuvent être réalisés au mieux que dans la petite propriété, qui doit donc être conservée. Au fond, ce raisonnement est celui de Bernstein lorsqu'il analyse les évolutions de la propriété agraire : les petites exploitations, non seulement se maintiennent, mais se développent par rapport aux grandes exploitations foncières. Le socialisme doit en tenir compte, et adapter son discours aux petits propriétaires. La conclusion d'Albert Thomas est favorable malgré les défauts du livre, qu'il tient davantage pour un outil de propagande[344].

Le regard des collaborateurs de *Notes critiques* est donc beaucoup moins sévère à l'égard des partisans de Bernstein qu'envers Bernstein lui-même. Il faut également constater que les deux seuls comptes rendus sur les révisionnistes allemands concernent la branche « agrarienne ». Les socialistes normaliens ne sont donc pas sensibles au discours théorique de Bernstein, mais aux propositions pratiques que formulent ses partisans, notamment sur la politique agraire. L'hypothèse est d'ailleurs confirmée par une lettre de Lucien Herr à Albert Thomas. Celui-ci avait écrit un ouvrage sur les syndicats allemands[345] et, devant sa qualité, il lui écrit :

« Faites sur la question agraire, avec David, Hertz, etc. quelque chose qui vaille cela (avec une méthode d'exposition différente, bien entendu), et vous aurez rendu un grand service à la cause[346]. »

Il n'en demeure pas moins que la place de Bernstein et des révisionnistes dans *Notes critiques*, même si elle est visible, reste marginale. Elle ne l'est point si l'on tente de comparer le nombre de références

343. *Notes critiques. Science sociale*, n° 24, avril 1903, p 121-123.
344. *Ibid.*, p 121-123.
345. Albert Thomas, *Le Syndicalisme allemand. Résumé historique (1848-1903)*, Paris, SNLE, « Bibliothèque socialiste », n° 20, 1904.
346. Lettre de Lucien Herr à Albert Thomas, 10 octobre 1903, AN 94AP/471.

aux ouvrages des chefs de la social-démocratie allemande (Bernstein est, avec Kautsky, le seul à être cité), mais, limitée à huit occurrences, elle se perd parmi les milliers de références bibliographiques.

Les « socialistes de la chaire » dans *Notes critiques*

Tout autre est la situation du groupe des *Kathedersozialisten* (ou socialistes de la chaire). Il s'agit d'un groupe d'universitaires qui ont pour point commun « les convictions que le gouvernement allemand doit essayer d'établir l'harmonie sociale à l'intérieur du pays en suivant un large programme de réformes[347] ». Le groupe avait été créé par Gustav Schmoller, Adolph Wagner et Lujo Brentano. Ils s'inspirent de Friedrich List, pour qui le bien-être de chacun dépend de la puissance et de la prospérité de la nation, et de la vieille école historique allemande de Savigny, pour qui les théories économiques doivent être testées par une analyse prudente, ouverte aux autres forces sociales, et insérées dans leur contexte historique. Dans les années 1860, de jeunes économistes reprennent ces deux traditions, et entreprennent la réalisation de monographies traitant de problèmes économiques particuliers (institutions spécifiques, entreprises, commerce, structures sociales...) qui doivent être restitués dans leur contexte historique, politique et psychologique. La finalité du groupe est ainsi résumée par Abraham Asher : « Ils sentaient que l'histoire avait prouvé que les applications de la doctrine du laisser-faire avaient permis l'émergence de troubles économiques et de conflits de classe, alors que l'intervention de l'État dans les affaires économiques s'était avérée un avantage énorme pour la nation[348]. » Le courant a une visibilité importante dans l'Empire, puisque ses membres occupent des positions éminentes dans les universités, et fondent le Verein für Sozialpolitik[349] en 1872, dont l'influence sur l'administration n'est pas négligeable. Les ouvrages publiés par les membres du *Kathedersozialismus* sont fréquemment cités dans *Notes critiques*. En tout, 25 références s'appliquent à un échantillon de six auteurs[350] qui appartiennent tous au socialisme de la chaire. L'équipe de *Notes critiques* est parfaitement au fait des thèses de cette école :

347. Abraham Asher, « Professors as Propagandists : the Politics of the Katherdersozialisten », in Mark Blaug (éd.), *Gustav Schmoller and Werner Sombart*, Cambridge, Cambridge University Press, 1992, p. 72.

348. *Ibid.*, p. 75 (nous traduisons).

349. Union pour la politique sociale. Le groupe se réunissait chaque année pour présenter les travaux récents, et publiait un fascicule annuel. Il a duré jusqu'en 1932.

350. En 1900, deux ouvrages de Schmoller, un de Sombart et un d'Adolph Wagner sont mentionnés. Puis, en 1901, deux de Sombart, un de Schmoller, un de Brentano, un d'Adolph Wagner et un de Nossig ; en 1902 : un ouvrage de Schäffle, un de Brentano, un de Nossig, un de Sombart, trois de Schmoller ; en 1903 : deux ouvrages de Schmoller et un de Sombart ; en 1904 : deux ouvrages de Schmoller, un de Sombart, un de Schäffle, un de Brentano.

« L'esprit est ce qu'on sait : un humanitarisme éclairé qui admet presque toutes les revendications issues du prolétariat, mais qui se défie de l'expression violente de ces revendications ; un mépris très grand de la corruption qui envahit les classes dirigeantes, et un souci très timoré de conserver une classe dirigeante, dans l'intérêt, semble-t-il, surtout de la grande industrie nationale ; une croyance en la légitimité d'une intervention de l'État, justifiée par la préoccupation même du statut individuel de tous et de chacun[351]. »

Gustav Schmoller, Adolph Wagner et Lujo Brentano.

La *Verein für Sozialpolitik* (Association pour la politique sociale) est dirigée à sa création en 1872 par Gustav Schmoller (1836-1917), qui enseigne l'économie politique à l'université de Strasbourg. Son intérêt pour la question sociale ne l'empêche pas de devenir un ferme partisan de l'Empire : il est membre de plusieurs commissions gouvernementales, devient recteur de l'université de Berlin en 1897, et est anobli par Guillaume II en 1908.

Cette orientation conservatrice est aussi celle d'Adolph Wagner (1835-1917), qui enseigne aussi à l'université de Berlin. Davantage que Schmoller, Wagner se place nettement sous l'influence des socialistes d'État, notamment de Rodbertus. Avec le prédicateur de la cour Adolf Stöcker, il participe à la fondation du parti chrétien-social, nettement populiste, et participe à plusieurs commissions d'experts conseillant les gouvernements.

En 1872, Lujo Brentano (1844-1931) enseigne l'économie à l'université de Breslau. Comme ses collègues, il entretient, mais avec moins de succès, l'ambition de jouer un rôle dans la définition de la politique économique et sociale allemande.

Ces trois personnalités aident à définir l'esprit de la *Verein für Sozialpolitik* : l'organisation est préoccupée par les conséquences du développement capitaliste, alors que l'Allemagne s'industrialise et s'urbanise rapidement. Mais, au lieu de prôner le bouleversement de la société existante, comme les socialistes, ils préconisent une intervention rationnelle et efficace de l'État. Le soutien qu'ils accordent au régime impérial s'explique par cette ambition d'améliorer les structures économiques et sociales de l'intérieur.

351. *Notes critiques. Science sociale*, n° 17, 10 novembre 1900, p. 260-262.

Du point de vue de la méthode comme des conclusions, ce mouvement a davantage marqué les collaborateurs de *Notes critiques* que Bernstein et ses partisans[352]. Comme pour les révisionnistes, il faut noter une variation : en 1900, 4 références concernent le « socialisme de la chaire », 6 en 1901, 7 en 1902, 3 en 1903, 6 en 1904, puis aucune en 1905 et en 1906. De sorte que l'évolution est inverse à celle constatée pour le révisionnisme : la revue est de plus en plus favorable aux disciples de Bernstein, elle occulte peu à peu la référence aux socialistes de la chaire.

Glissement des transformations et des interprétations

La manière dont ces références (aux révisionnistes et aux socialistes de la chaire) s'articulent peut être éclairée par l'évolution de l'engagement de chacun des collaborateurs dans la réalisation de *Notes critiques*. Certes, il existe un noyau dur, composé de ceux qui ont créé la revue (Charles Andler, Léon Blum, Hubert Bourgin, Émile Durkheim, Paul Fauconnet, Lucien Herr, Henri Hubert, Emmanuel Lévy, Marcel Mauss, Edgard Milhaud et François Simiand). Mais ce cercle de départ tend à s'élargir par la suite, de jeunes collaborateurs rejoignant l'équipe originelle (comme Albert Thomas, par exemple).

L'intervention de chacun peut être mesurée par le nombre de comptes rendus qu'ils rédigent. Au début, c'est surtout le groupe fondateur qui se charge de rédiger ces notes (Henri Hubert, Lucien Herr, François Simiand, Marcel Mauss, Georges et Hubert Bourgin, Claude-Eugène Maître, Charles Andler). Ensemble, ils écrivent 97 articles, soit plus de 75 % du total. Le fait perdure en 1902, le même groupe réalisant 48 comptes rendus, 62 % du total. En 1903, le retrait est patent : le groupe ne produit que 49 comptes rendus, soit 48 % du total. Les années suivantes, tous s'effacent à l'exception de François Simiand et d'Hubert Bourgin.

Parallèlement, de nombreux collaborateurs font leur apparition, mais ils écrivent tous un ou deux articles par an. De sorte qu'en 1906, au moment de sa disparition, la revue est soutenue par une équipe composée d'Hubert et de Georges Bourgin, de Louis Gernet et de Maurice Halbwachs. Il faut enfin noter la collaboration stable d'Albert Thomas, qui fournit 2 comptes rendus en 1901, 2 en 1902, 4 en 1903,

352. Il n'est pas anodin que Charles Andler ait rédigé sa thèse en 1897 sur *Les Origines du socialisme d'État en Allemagne*, où il s'attache à démontrer la filiation qui unit, à travers tout le XIXe siècle, Hegel, Savigny, Friedrich Gans, von Thünen, Friedrich List, Lassalle et Rodbertus, théoriciens qui ont tous fortement structuré la pensée des socialistes de la chaire.

4 en 1904, puis 5 en 1905. La création de *La Revue syndicaliste*, dont le premier numéro paraît en mai de la même année, explique son retrait en 1905-1906.

Ce qui se profile donc, mais la disparition de la revue ne permet pas de le confirmer, c'est un transfert d'un groupe à l'autre. Le premier, plus ancien, est composé principalement de normaliens entrés à l'École avant 1895 et sortis en 1898 au plus tard. Ils y sont donc au moment de la phase « héroïque » de l'affaire Dreyfus, pendant laquelle ils se battent pour la vérité et la justice. Tous participent à la fondation du réseau, notamment à l'entreprise de la SNLE. Le groupe des plus jeunes est composé de normaliens entrés à l'École entre 1898 et 1902, c'est-à-dire au moment où l'affaire Dreyfus entre dans sa phase finale, et où l'engagement socialiste prend la relève. Ils n'ont pas non plus créé le réseau, ils s'y insèrent. Jusqu'en 1903-1904, c'est le groupe fondateur du réseau des socialistes normaliens et de *Notes critiques* qui domine dans la revue, et l'importance des références aux socialistes de la chaire montre qu'ils sont marqués par le socialisme d'État. Le fait est confirmé pour les plus âgés : Charles Andler en a rencontré certains, notamment Schmoller et Wagner, lors de son voyage en Allemagne en 1890[353]. Il écrit une thèse sur *Les Origines du socialisme d'État en Allemagne*, donne deux préfaces élogieuses pour des ouvrages d'Anton Menger, un des membres du courant. De même, Durkheim, lors de son séjour en Allemagne en 1886, aurait été influencé par Schaeffle[354]. Leur vision du socialisme et la critique du marxisme qui en découle sont fondées, en partie, sur ces inspirations allemandes. Il existe donc une correspondance entre son retrait de *Notes critiques* et la disparition progressive des références aux socialistes de la chaire. À l'inverse, les comptes rendus concernant les révisionnistes et Bernstein sont rédigés par des collaborateurs plus jeunes comme Albert Thomas (promotion 1899), Louis Gernet (promotion 1902). Ce sont donc les benjamins du socialisme normalien qui lisent et critiquent Bernstein, s'inspirant davantage de ses idées pratiques que de ses élaborations théoriques.

353. Ernest Tonnelat, *op. cit.*, 1937.
354. Jean-Claude Filloux, *Durkheim et le Socialisme*, *op. cit.*, p. 24.

Chapitre IX
Le cas Andler

Le cas Andler permet d'expliquer pourquoi la génération des premiers socialistes normaliens est hostile à Bernstein, d'autant que Charles Andler, germaniste connu pour sa critique du marxisme, pourrait être un promoteur du révisionnisme en France. Christophe Prochasson ouvre une piste de réflexion : « Ni Sorel ni Andler en France ne furent les disciples de Bernstein. Il n'en demeure pas moins qu'ils participèrent l'un et l'autre à un mouvement entraînant plusieurs intellectuels socialistes à réévaluer ou à réinterpréter les écrits de Marx au terme d'une décennie qui les avait largement diffusés[355]. » Comme pour le cas Millerand, quoique sur le plan intellectuel, cette fois, il faut éclaircir la possibilité d'un transfert du révisionnisme en France par Charles Andler.

Charles Andler et le socialisme

Étapes d'un engagement

Né le 11 mars 1866 à Strasbourg, Charles Andler est reçu à l'ENS en 1884. Deux échecs successifs à l'agrégation de philosophie le poussent vers des études d'allemand. Andler devient maître de conférences

355. Christophe PROCHASSON, « L'invention du marxisme français », *art. cit.*, p. 439.

à l'École en 1893, et reste connu pour ses études sur Nietzsche. Il est, au fond, un érudit qui lit Marx et le soumet à une étude critique comme pour n'importe quel autre penseur.

L'engagement socialiste d'Andler est précoce, nourri de la lecture des théoriciens français (Proudhon, Saint-Simon, Bazard, Fourier, Cabet). Ensuite seulement, il lit Marx dans le texte dès la fin des années 1880. En tous les cas, « c'est en cette année 1889 qu'Andler s'était senti et avait commencé à se dire socialiste[356] ». La même année, il adhère avec Lucien Herr au parti possibiliste, puis au POSR après sa création en 1890. En 1889-1890, il étudie en Allemagne, où il aurait côtoyé certains chefs de la social-démocratie allemande. Il part ensuite pour Londres en 1891, et rencontre Engels. Andler n'a jamais adhéré au marxisme, son adhésion au socialisme est basée sur une connaissance livresque où Marx n'a pas le monopole, et s'exprime par le refus de s'engager dans le parti guesdiste, dont il n'accepte pas les principes doctrinaux.

De sorte que, très rapidement, Charles Andler entre dans une phase où il critique violemment Marx. Les premiers articles sur ce thème paraissent dès 1892, et culminent avec un cours donné au Collège libre des sciences sociales en 1895-1896 sur la « Décomposition du marxisme ». Le texte n'en a jamais paru. Mais la critique andlérienne présente toujours deux faces : il y a, d'un côté, celle de l'interprétation orthodoxe du marxisme, et, de l'autre, celle de la théorie elle-même.

Critique du marxisme ou de l'orthodoxie ?

Malgré tout, le fond permanent de la critique d'Andler est visible dès ses deux premiers articles, où la mise en cause du marxisme est distinguée de celle de l'orthodoxie allemande. La critique du socialisme allemand est fonction d'un jugement politique. Andler reproche au SPD le manque de réalisme pratique, masqué par un attachement indéfectible au marxisme qui confine au fanatisme religieux.

> « Les Berlinois, qui se croient très forts parce qu'ils sont de purs marxistes, ont totalement oublié, à force de lire Marx, d'y ajouter quelque chose. Mais ils le lisent comme un Évangile ; ils le rééditent ; mais ils n'essaient même point d'en déduire des applications. C'est pourquoi leur doctrine est peu intéressante[357]. »

356. Ernest Tonnelat, *op. cit.*, p. 40.
357. Théodore Randal, « Notes sur le socialisme berlinois » in Luc Gerson, *L'Athènes de la Spree*, Paris, Savine, 1892, p. 236.

Il ne s'agit cependant pas de détruire les théories de Marx, qui sortent indemnes de la critique :

> « En réalité, le socialisme allemand souffre du grand mal dont souffre l'Allemagne actuelle : le manque d'originalité, l'arrêt intellectuel. On se croise les bras devant l'œuvre accomplie par les grands prédécesseurs de la génération actuelle ; on n'ose y toucher de peur de déranger quoi que ce soit [...]. En ce sens, *Le Capital* de Marx (paru en 1867) a été fatal au socialisme allemand par sa grandeur même. En dehors de la pensée marxiste, personne n'ose plus penser ; on n'ose même pas interpréter cette pensée du maître[358]. »

Le marxisme fait l'objet d'un jugement distinct, d'ordre scientifique, lequel s'articule en deux idées qui structurent toute la réflexion ultérieure. La première, c'est le refus de Marx d'envisager l'aspect juridique du socialisme. Le cœur de l'exploitation capitaliste réside dans les rapports de production, par lesquels l'ouvrier doit produire une plus-value indûment accaparée par l'entrepreneur. Pour Andler, en revanche, le problème réside ailleurs : « C'est que, s'il [l'ouvrier] n'est pas propriétaire, il n'est pas non plus une propriété[359]. » La répartition de la plus-value tient donc avant tout à des conditions juridiques, qui définissent à la fois la structure de la propriété et le statut des individus dans la société. L'autre idée structurante est celle du rôle de la force dans la genèse du capitalisme, masquée chez Marx par les facteurs économiques. Les deux idées sont liées, puisque la plus-value et la rente ne peuvent se concevoir sans une « institution de droit, la propriété, secondée par la force brutale de nos institutions de police[360] ».

Ainsi, Andler tente de démontrer contre l'orthodoxie la stérilité que représente la fascination pour l'œuvre de Marx ; contre le marxisme, l'aspect juridique du socialisme. À l'origine, les deux critiques sont distinctes : d'un côté, le socialiste Andler dénonce l'incapacité pratique des radicaux allemands ; de l'autre, l'érudit Andler entreprend une analyse rigoureuse de la théorie.

L'impact des penseurs hétérodoxes

La critique du marxisme et de l'orthodoxie s'articule chez Andler à la référence à d'autres penseurs ; deux d'entre eux sont fondamentaux : Anton Menger et Otto Effertz.

358. *Ibid.*, p. 246.
359. Charles Andler, « La fin du *Capital* de Karl Marx » in *La Revue blanche*, 15 mai 1895, p. 452.
360. *Ibid.*, p. 434.

Anton Menger (1841-1906)[361], juriste autrichien et professeur de droit civil à Vienne, oriente ses recherches sur l'étude des principes socialistes d'un point de vue juridique. Même s'il dénonce les inégalités économiques, il reste à l'écart du socialisme en raison de ses critiques du matérialisme historique. Les rapports entre Andler et Menger sont indirects, le premier prenant connaissance des ouvrages du second à la bibliothèque de l'École normale[362]. C'est Charles Andler qui rédige la préface à l'édition française du *Droit au produit intégral du travail*, en 1900, puis de *L'État socialiste*, en 1904.

L'idée centrale du *Droit au produit intégral du travail* est que le socialisme désire la « transformation fondamentale [du] droit patrimonial traditionnel[363] », fondé sur la force. *L'État socialiste* approfondit l'analyse du point de vue juridique : le régime capitaliste est fondé sur la loi du plus fort dont la fin viendra de l'abolition de la distinction entre droit privé (fondé sur la domination) et droit public (fondé sur l'intérêt général). Il préconise donc l'absorption du pouvoir juridique par le pouvoir administratif, l'extension du code pénal et du code civil, assurant ainsi la sécurité des personnes et le droit de vivre, ainsi qu'un renforcement de l'État centralisé.

Andler puise dans l'œuvre de Menger cet aspect juridique du socialisme qui s'oppose au capitalisme fondé sur la force. L'idée, déjà présente dans le cadre conceptuel du germaniste, se trouve systématisée dans l'œuvre de Menger, pour revêtir les caractères d'une loi historique mettant en cause le marxisme, qui n'intègre pas cette dimension[364], un primat étant accordé au facteur économique[365]. Plus qu'une source d'inspiration, la pensée de Menger constitue un réservoir d'idées utilisé par Andler pour confirmer ses thèses. Il compte d'ailleurs sur la multiplication de telles recherches pour définir une pratique conforme à ses souhaits : un socialisme réformiste.

> « En plusieurs pays, le moment est venu où le socialisme ne peut plus rester la pensée d'un simple parti d'opposition, capable, par une protestation grosse de menaces, d'amener des améliorations partielles de la vie matérielle des classes laborieuses. Il doit, par une conversion progressive

361. Ses ouvrages principaux sont *Das Recht auf den vollen Arbeitsertrag* (1886), *Gutachten über die Vorschläge zur Errichtung einer eidgenössischen Hochschule für Rechtswissenschaft und Staatswissenschaft* (1889), *Das bürgerliche Recht und die besitzlosen Volksklassen* (1890), *Die sozialen Aufgaben der Rechtswissenschaft* (1895).

362. Christophe Prochasson, « Sur la réception du marxisme en France : le cas Andler (1890-1920) », *art. cit.*, p. 88.

363. Anton Menger, *Le Droit au produit intégral du travail*, traduction Alfred Bonnier, Paris, Giard et Brière, 1900, p. 7.

364. *Ibid.*, p. 138.

365. *Ibid.*, p. 148-149.

du suffrage universel, pénétrer la pensée gouvernementale et législative elle-même. Il va être mis en demeure, non seulement d'assurer la transition graduelle à un nouveau régime économique, juridique et politique, mais d'inaugurer une vie nouvelle de culture démocratique[366]. »

Otto Effertz, quant à lui, est largement inconnu. Sa relation avec Charles Andler est avérée : dans une lettre à Eugène Fournière, il évoque une affaire qui aurait opposé Effertz à l'université de Bonn.

« Mais il a un caractère infernal et il devient tout à fait fou, dans les dernières années. C'est peut-être à une lettre de moi, qu'il a produite aux magistrats de Bonn, qu'il doit de ne pas être enfermé, après les insultes qu'il avait prodiguées à l'université de là-bas. On n'a pu le sauver de la prison qu'en le déclarant fou. Et sans ma lettre, on l'aurait déclaré fou dangereux [...]. Je l'ai aidé à avoir un cours libre à la faculté de Droit l'année écoulée[367]. »

Otto Effertz, de son côté, reconnaît ce lien intellectuel :

« Je crois qu'une nouvelle doctrine qui, par des hommes aussi prééminents qu'Andler et ses élèves, a été déclarée "classique" et qui "marquait un moment décisif dans l'histoire des systèmes"[368]... »

Le germaniste rédige une introduction à la traduction française des *Antagonismes économiques* en 1906[369]. Andler admire la qualité scientifique du travail d'Effertz, qui tente de définir une « science des conditions économiques qui subsiste indépendamment des variations de l'état social[370] ». Une telle admiration explique le rôle de « passeur » joué par Charles Andler :

« J'ai tâché, dans des leçons professées au Collège libre des sciences sociales durant l'année 1896-1897 sur la *Décomposition du marxisme*, de marquer la place que gardera M. Otto Effertz dans l'histoire des doctrines économiques. Je n'ai pas à m'exprimer sur les circonstances qui ont empêché la publication de ces leçons. Elles n'auront pas été

366. *Id.*, *L'État socialiste*, traduction d'Edgard Milhaud, Paris, SNLE, 1904, p. II.
367. Lettre de Charles Andler à Eugène Fournière, août 1913, IFHS, 14 AS 181², lettre n° 20.
368. Lettre d'Otto Effertz à Eugène Fournière, août 1913, 26 juillet 1913, IFHS, 14 AS 181², n° 575. Ce lien est confirmé par Albert Thomas : « Il [Otto Effertz] voudrait qu'il y eût toujours une feuille de la *Revue* [*socialiste*] réservée aux *Ponophysiocrates*. Comme il compte parmi les tenants de sa doctrine des hommes comme Andler et Landry, je ne vois pas quant à moi un inconvénient quelconque à lui donner cette assurance. » (Lettre d'Albert Thomas à Eugène Fournière, 5 août 1913, IFHS, 14 AS 181², n° 1408.) Ponophysiocratie : théorie socialiste formulée par Otto Effertz.
369. Cette introduction est reproduite dans Charles Andler, « Un système nouveau de socialisme scientifique : M. Otto Effertz », *Revue de métaphysique et de morale*, 1906, n° 4, p. 596-616.
370. *Ibid.*, p. 597.

stériles, s'il est vrai qu'elles aient valu à M. Effertz un disciple français original, M. Adolphe Landry[371]. »

Le germaniste revendique donc lui-même un rôle clé dans le passage des théories d'Effertz en France : il y aurait par conséquent un transfert dès 1896-1897.

Andler retire des ouvrages d'Effertz trois critiques contre le marxisme : d'abord, la théorie de la valeur est une abstraction de la réalité des biens, dont la production est déterminée par d'autres facteurs que le travail (notamment la matière). Une véritable théorie scientifique de la valeur doit donc intégrer cette diversité, et en pondérer les différents éléments. Ensuite, le matérialisme historique, même s'il permet de comprendre les raisons pour lesquelles une société ne fait pas progresser son niveau de civilisation et de culture, ne peut en déterminer les causes positives ; et le marxisme ne peut suffire à donner une bonne vision de la société socialiste future. Enfin, la lutte des classes est une vue de l'esprit. Si la production intègre d'autres facteurs aussi déterminants que le travail, si les relations de production sont complexes, il faut admettre la diversité des conflits sociaux, l'impossibilité de les résoudre totalement, et donc la nécessité de procéder par ajustements progressifs pour maintenir la concorde et la justice.

De Menger comme d'Effertz, Andler tire des conclusions qui lui permettent de construire sa propre conception du socialisme et de critiquer le marxisme : la société idéale doit répondre à des exigences juridiques et morales en s'opposant au règne de la force dans le régime capitaliste, envisager la complexité des rapports économiques et sociaux, ce qui conduit, au fond, à défendre une conception progressive du mouvement, basée sur des engagements moraux.

Vers une pensée socialiste originale

Il est fondamental de distinguer les deux éléments : Charles Andler est un lecteur rigoureux de Marx, certes, mais il est aussi un intellectuel pensant le socialisme. Réduire sa réflexion sur le socialisme à une critique négative supposerait d'occulter les propositions pratiques qu'il élabore, ainsi que l'originalité de ses conceptions. Plutôt que de réduire les écrits d'Andler à de simples philippiques contre le marxisme, il faut donc étudier sa pensée comme un tout dans lequel la critique du marxisme joue un rôle fondamental, mais non exclusif.

371. *Ibid.*, p. 596-597.

Décomposition (1897-1901)[372]

L'attaque contre le marxisme, virulente dans cette période, superpose les deux modes de discours déjà relevés : la critique politique de l'orthodoxie se confond avec celle, scientifique, de la théorie. L'article sur le livre de l'orthodoxe Antonio Labriola débute ainsi par une passe d'armes contre l'auteur, qui déforme la pensée de Marx. Ce débat d'interprétation permet à Andler d'opposer au marxisme mal interprété par Labriola le « vrai Marx » tel qu'il le comprend :

> « S'il faut y chercher une métaphysique, elle est sans cohérence, et, en tous les cas, elle n'est pas conforme à la métaphysique de Marx[373]. »

Mais un saut se manifeste dans l'argumentation : lorsque Andler aborde la question du progrès technique dans le marxisme, il quitte le champ de bataille où il combattait les épigones pour entrer sur celui où il affronte Marx lui-même. Il commence par montrer que, chez Marx, la jonction entre la pensée et la réalité se réalise par l'action toujours en mouvement et trouve un prolongement dans l'outil. Le progrès humain par le développement technique est donc une nécessité inhérente au marxisme ; la prééminence du facteur économique dans l'histoire en découle logiquement. Andler montre que Labriola réduit cette nécessité logique à une nécessité historique indémontrable. Là encore, la stratégie consiste à opposer le « vrai Marx » à celui, mal compris, de Labriola. Mais la conclusion de ce raisonnement met sur le même plan les deux hommes.

> « Mais alors cette histoire de l'économie, à laquelle le marxisme réduit l'histoire sociale, manque elle-même son principe explicatif[374]. »

La critique de l'orthodoxie marxiste devient ainsi critique du marxisme. Développant l'aspect juridique du socialisme, Andler montre qu'il faut distinguer le mode de production du mode de répartition qui lui est antérieur. La lutte de classe n'est donc pas issue des forces productives, mais des relations de propriété. Comme celles-ci ont été historiquement établies dans la brutalité, la division en classes est un fait politique, fondé sur la force, qui s'exprime par la loi. L'infrastructure

372. Les textes correspondant à cette période sont « La conception matérialiste de l'histoire d'après M. Antonio Labriola », *Revue de métaphysique et de morale*, novembre 1897, p. 644-658 ; « Du quasi-contrat social et de M. Léon Bourgeois », *Revue de métaphysique et de morale*, 1897, p. 520-530 ; sa thèse intitulée *Les Origines du socialisme d'État en Allemagne*, Paris, Alcan, 1897 ; « Le rôle social des coopératives », *Revue de métaphysique et de morale*, janvier 1900, p. 121-134, et février 1900, p. 485-501 ; et la préface d'Anton Menger, *Le Droit au produit intégral du travail*, *op. cit.*

373. Charles Andler, « La conception matérialiste de l'histoire d'après M. Antonio Labriola », *art. cit.*, p. 651.

374. *Ibid.*, p. 652.

marxiste est donc une métaphore : les vices de la société capitaliste ne s'expliquent que par la violence et l'iniquité des droits. Or, Marx tente d'établir qu'au terme de son développement le mode de production n'est plus adapté aux forces productives, et que ces dernières se rebellent devant cette contradiction. C'est donc l'infrastructure, les rapports de production qui engendrent le bouleversement social. Si cette infrastructure est métaphorique, alors la mécanique ne peut plus fonctionner. La révolution n'est plus fatale, et la primauté de l'économie ne parvient plus à expliquer les évolutions historiques[375]. Plus généralement, l'économie ne peut donner qu'une explication négative des sociétés. Elle permet d'expliquer à quelles conditions elles peuvent se développer, non le mode de leur expansion.

> « Car la vie économique est à coup sûr la condition *sine qua non* de toute vie supérieure. Mais de cette condition négative conclure au contenu positif de la pensée, c'est comme si on déduisait la religion des apôtres de leur métier de pêcheurs ou de faiseurs de tentes[376]. »

Pour toutes ces raisons, Andler finit par dénier au marxisme toute pertinence, et sa conclusion est sans appel :

> « Cette raison dernière et générale, jointe aux raisons de détail qu'on a énumérées, oblige à proclamer le marxisme une doctrine vieillie. Des fragments certes en demeurent ; mais le système se désagrège. Il nous donne pour de la science une série d'hypothèses indémontrables. Les hypothèses par où des disciples ingénieux tentent d'étayer le système croulant, le compromettent davantage. Pour comble, ces disciples, en s'écartant de Marx, ne s'entendent pas entre eux, et ce n'est pas un des moindres symptômes de la décomposition du marxisme[377]. »

Toute la difficulté provient donc de cette infrastructure et de l'économisme abusif qui la fonde. Les principes théoriques de l'alternative proposée sont exposés dans *Le Socialisme d'État en Allemagne*. Andler dérive sa définition du socialisme d'une contradiction fondamentale entre le droit naturel à l'existence, exigé par le socialisme, et le droit positif, défini par la société bourgeoise et basé sur la force. De cette opposition découlent les revendications économiques des socialistes, impliquant la transformation du mode de répartition ; le remède qu'ils proposent est « une législation conforme aux principes juridiques idéaux[378] ». En somme, les doctrines socialistes sont celles

375. *Ibid.*, p. 654.
376. *Ibid.*, p. 656.
377. *Ibid.*, p. 658.
378. *Id.*, *Les Origines du socialisme d'État en Allemagne*, *op. cit.*, p. 10.

« qui jugent que la solidarité sociale peut se réaliser, non pas en vertu d'une harmonie des intérêts, préétablie entre les hommes, mais dans un certain milieu qui s'appelle l'État, et par l'intervention d'une volonté collective délibérante[379]. »

Les propositions pratiques d'Andler visent, par conséquent, à fonder la société idéale sur le droit, par la théorie du quasi-contrat. Il s'agit d'un engagement pris « sans qu'il intervienne aucune convention ni de la part de celui qui oblige, ni de la part de celui envers qui il est obligé[380] ». Les troubles de la paix sociale, pour Andler, sont dus au doute des membres de la société sur les liens qui les unissent à l'État (obligations d'obéissance, droits fondamentaux...). Mais celui-ci n'a aucune existence en soi, il n'est que la somme des individus. Par conséquent, ces droits et obligations ne relient pas l'administration aux administrés, mais les citoyens entre eux. Andler fait donc une description de la société moderne en fonction de ce principe de solidarité :

« Trois quasi-contrats emboîtés l'un dans l'autre, celui des particuliers entre eux, celui des gouvernés avec les gouvernants, celui des vivants avec la génération à venir, constituent la règle de la vie sociale ; et toutes les relations qui existent dans le droit public se trouvent ramenées à une relation qui existe dans le droit privé[381]. »

C'est la généralisation du quasi-contrat qui fait advenir le socialisme. Celui-ci est alors réformiste, puisqu'il s'appuie sur une règle de droit préexistante qui sert de matrice aux réformes sociales futures, et fait l'économie d'une révolution violente. Il est patriote, car il est fondé sur une norme juridique définie par la communauté nationale. Il est conforme à la tradition de la Révolution française, puisqu'il reconnaît pleinement l'autonomie individuelle, et s'inscrit dans le sillage du libéralisme philosophique[382].

Mais si cette organisation globale fonde en droit le socialisme, elle ne permet pas de répondre au problème de la répartition des biens. Le quasi-contrat, au fond, met en relation des citoyens, et non des agents économiques. De sorte que le tableau de l'organisation sociale par la solidarité doit être complété par celui de l'organisation économique

379. *Ibid.*, p. 10.
380. *Id.*, « Du quasi-contrat social et de M. Léon Bourgeois », *art. cit.*, p. 520-530. Le quasi-contrat concerne, par exemple, les obligations dues par le pupille envers son tuteur après sa majorité, qui résultent d'un accord tacite de sa part qu'il ne pouvait prendre en raison de son âge. Il s'agit aussi des engagements pris par un conseil d'actionnaires en l'absence d'un de ses membres, qui lient ce dernier même s'il n'a pas donné son approbation au moment de la prise de décision...
381. *Ibid.*, p. 530.
382. *Ibid.*, p. 530.

de la répartition. Andler lui donne la forme de la coopérative de consommation. En effet, c'est l'échange qui fonde pour lui la spoliation dans le régime capitaliste.

> « C'est le bénéfice commercial qui est la source de tous les abus. Contrairement à ce que pensait Marx, la formation des plus-values a lieu dans l'échange. La vraie exploitation se passe dans l'entremise entre le producteur et le consommateur[383]. »

L'abolition de cette exploitation par l'échange doit venir de la création de coopératives de consommation. Elles sont efficaces parce que marchands comme producteurs ont besoin de leurs clients, qui disposent ainsi d'un formidable moyen de pression contre le capitalisme. Mais il faut que cette forme d'organisation soit étendue et diversifiée au point de regrouper l'ensemble des acteurs économiques, et Andler parle en faveur d'une fédération des coopératives de consommation, qui doit être complétée par des ateliers de production. Cependant la réalisation intégrale du collectivisme ne s'accomplira pas nécessairement, dans la mesure où elle repose sur la volonté de ses membres d'y travailler et d'y consommer :

> « Cette République de justice sociale, toute réalisable qu'elle soit, ne se réalise donc pas de nécessité comme le croient les marxistes de la leur [...]. Extensible à l'infini, elle n'est pourtant pas tenue de s'étendre[384]. »

Le recours à la coopérative permettrait de faire l'économie d'une révolution violente. Elle ne connaît, en principe, aucune limite à son expansion, car elle peut intégrer tous les individus qui consomment. Elle peut recruter tous les ouvriers qui le souhaitent sans se soucier de sa compétitivité. Chaque travailleur qui produit dans la coopérative s'engage ègalement à y consommer, créant ainsi le débouché nécessaire à chaque embauche. Ce processus réduit la part de marché des capitalistes, de sorte que, « sans exproprier le capital et le sol, les ouvriers dès maintenant sont les maîtres de le déprécier au point d'en amener l'irrémédiable déchéance[385] ». La coopération s'articule enfin avec la théorie du quasi-contrat, la réussite du projet dépendant de l'obligation pour ses ouvriers d'y consommer. Ce problème trouve une solution dans la perspective déjà ébauchée précédemment : un ordre social fondé sur la coopération juridique entre les individus.

383. *Id.*, « Le rôle social des coopératives », *art. cit.*, p. 127.
384. *Ibid.*, p. 132.
385. *Ibid.*, p. 132.

Recompositions (1901-1905)[386]

Le texte le plus important de cette période est la traduction qu'Andler publie en 1901 du *Manifeste du Parti communiste*, de Marx et Engels, assortie d'un commentaire détaillé. L'introduction historique, décrivant le contexte du *Manifeste*, ainsi que les gloses qui accompagnent le texte, montrent à quel point Marx et Engels ont été influencés par les traditions antérieures françaises, anglaises et allemandes du socialisme. Mais ils ne citent que rarement leurs sources, et ce défaut est rédhibitoire pour un universitaire comme Andler, rompu aux méthodes de la recherche scientifique.

En revanche, le germaniste donne des précisions sur certains aspects du texte, offrant une image nuancée du marxisme. Il analyse ainsi l'idée de rapports de production, réduite par les orthodoxes à la simple exploitation économique. Andler distingue non seulement la dimension économique du concept, mais également ses aspects juridiques (rapport entre le propriétaire et la propriété), politiques (rapport entre direction et obéissance) ou moraux (rapports de sentiment). Il cherche ainsi à légitimer ses opinions : Marx et Engels nourrissent aussi une réflexion juridique et morale, ils expliquent aussi le capitalisme par la force. Les rapports entre l'infrastructure et la superstructure sont donc beaucoup plus complexes qu'une simple dichotomie.

Tout ceci montre qu'Andler cherche à trouver dans le marxisme des justifications à ses propres positions. Deux passages révèlent plus clairement cette utilisation du *Manifeste*, qui peut parfois dépasser le texte. Le premier concerne la tactique que le socialisme doit adopter. Le texte original est formulé ainsi :

> « Dans toutes ces luttes, elle [la bourgeoisie] se voit forcée de faire appel au prolétariat, de réclamer son aide et de l'entraîner ainsi dans le mouvement politique. Elle apporte ainsi au prolétariat les éléments de sa propre culture : elle met dans leurs mains des armes contre elle-même[387]. »

Andler, lui, montre que, si le prolétariat n'est pas majoritaire, la lutte de classe n'est pas arrivée à son terme, et que d'autres catégories subsistent (petite bourgeoisie, aristocratie). Dans ce contexte, le prolétariat peut appuyer la bourgeoisie en échange de garanties politiques :

386. Appartiennent à cette période : Karl Marx et Friedrich Engels, *Manifeste communiste*, traduction, introduction historique et commentaire de Charles Andler, Paris, SNLE, 1901 ; et la préface d'Anton Menger, *L'État socialiste*, *op. cit.*
387. Karl Marx et Friedrich Engels, *Manifeste communiste*, in Karl Marx, *Œuvres*, tome I, Paris, Gallimard, « Pléiade », 1963, p. 171.

« C'est ce système de garanties obtenues par une infiltration lente d'influences prolétariennes au sein des classes aristocratiques ou bourgeoises qui se disputent le pouvoir que l'on pourrait appeler le socialisme d'État[388]. »

C'est une définition du réformisme politique, qu'il tente de justifier par la référence à Marx, mais au prix d'une déformation, le texte original ne faisant référence à aucune sorte de garantie ou de négociation entre la bourgeoisie et le prolétariat. C'est le même phénomène de déformation qui doit être constaté dans un autre passage :

« Enfin, quand la lutte des classes approche de l'heure décisive, la désagrégation de la classe dominante, voire de la vieille société tout entière, va s'accentuant, et prend un caractère si violent et si tranché qu'une petite partie de la classe dominante s'en désolidarise et se rallie à la classe révolutionnaire, à la classe qui porte l'avenir dans ses mains. De même qu'autrefois, un partie de l'aristocratie passa à la bourgeoisie, une partie de la bourgeoisie passe au prolétariat, en particulier ceux des idéologues bourgeois qui se sont haussés à l'intelligence théorique du mouvement général de l'histoire[389]. »

Il n'est pas question ici d'une supériorité de ces « idéologues » sur le mouvement ouvrier, il y a là un vide, et Andler en tire profit pour justifier la place qu'il veut voir assigner aux intellectuels dans le socialisme : ils sont les guides désintéressés de la classe ouvrière.

« Un petit groupe se détache du capitalisme lui-même [...]. L'intelligence seule des événements, et une délicatesse morale qui les élève au-dessus de leur classe, fait qu'une élite de la bourgeoisie passe d'esprit et de cœur à la classe adverse. Il se passe en eux cette révolution de la honte que Marx avait décrite dans sa *Psychologie de l'intellectuel* en 1844. Par eux se prépare *l'entente de ceux qui pensent et de ceux qui souffrent*, et ils affaibliront, par une propagande d'autant plus émouvante qu'elle masque plus de désintéressement, la croyance aveugle que la foule des petits-bourgeois met à la disposition du capitalisme. Il suggère les mesures du socialisme d'État qui, sans abolir le régime ancien, y insinuent l'influence prolétarienne. La bourgeoisie qui a fait l'éducation politique du prolétariat, en lui apprenant, à son propre service, l'art de former et de diriger un parti, lui fournit maintenant ses contingents les plus éclairés, ses hommes les plus capables[390]. »

388. *Id.*, *Manifeste communiste*, *op. cit.*, Paris, SNLE, 1901, p. 126.
389. *Id.*, *Manifeste communiste*, in Karl Marx, *Œuvres*, *op. cit.*, p. 171.
390. *Id.*, *Manifeste communiste*, *op. cit.*, Paris, SNLE, 1901, p. 128-129.

Le commentaire d'Andler du *Manifeste* est donc moins critique envers le marxisme, puisqu'il s'agit non plus de mettre en cause les capacités pratiques de la théorie, mais simplement d'en faire un examen érudit. Cette position plus conciliante marque aussi sa préface à *L'État socialiste* de Menger. Andler précise ainsi que « le marxisme n'est pas l'interprétation économique de l'histoire[391] », et que Marx a reconnu le rôle de la force dans la genèse du capitalisme sans préciser son importance relative. Andler expose ensuite ses propres opinions sur l'organisation socialiste future. Globalement, les principaux éléments définis précédemment restent vigoureusement formulés : nécessité d'abattre la distinction entre droit privé et droit public, plaidoyer pour la coopération étendue à la nation entière (et qui doit appliquer au niveau économique la solidarité préconisée au niveau social), infiltrant progressivement le régime capitaliste abattu sans violence[392].

L'engagement socialiste de Charles Andler aux côtés des socialistes normaliens est déterminante dans cette évolution à partir de 1901. Il siège dans le conseil d'administration de la SNLE. Il participe également au groupe de l'Unité socialiste, ainsi qu'à la fondation de *L'Humanité*. À cette étape, faire l'unité du socialisme français implique, pour fédérer des organisations différentes, de trouver une plate-forme doctrinale commune. Celle-ci ne peut être que le marxisme. La modération d'Andler vis-à-vis de la théorie ne signifie donc pas qu'il ait renoncé à ses anciennes idées. L'ordre des priorités a changé : l'unité du socialisme vaut bien quelques concessions à la rigueur scientifique. En revanche, l'engagement socialiste d'Andler permet d'expliquer pourquoi sa conception du socialisme varie peu : le rôle des intellectuels pour les socialistes normaliens est de guider le prolétariat sur la voie de l'émancipation, et les idées pratiques qu'ils peuvent lancer ont davantage de valeur.

Régénération (1906-1913)[393]

Une nouvelle étape est franchie avec le retrait des intellectuels socialistes de la scène politique, où ils avaient joué un rôle majeur. Charles Andler ne fait pas exception : même s'il est actif lors de la reprise de l'École socialiste en 1909, « après 1906, il renonça [...] tout à fait à écrire de nouveaux textes critiques[394] ». Il réfléchit toujours sur le

391. Charles ANDLER, *L'État socialiste*, *op. cit.*, p. VI.
392. *Ibid.*, p. XX, XXIX, XXXIII.
393. Sont ici concernés « Un système nouveau de socialisme scientifique : M. Otto Effertz », *art. cit.*, p. 596-616, et *La Civilisation socialiste*, Paris, Marcel Rivière, 1911.
394. Christophe PROCHASSON, « Sur la réception du marxisme en France : le cas Andler (1890-1920) », *art. cit.*, p. 98.

socialisme, mais sa critique du marxisme est « de plus en plus docte et de moins en moins polémique[395] ». Les idées socialistes d'Andler ne se définissent donc plus contre Marx, elles construisent un système original, ce qui permet d'en mesurer toute la spécificité.

Le processus critique ne s'arrête pas pour autant : les références à Marx subsistent, même si elles se font plus rares[396]. En outre, le germaniste ne fait que reprendre des arguments développés précédemment. Le marxisme n'aurait intégré que le facteur travail dans sa théorie de la valeur, à l'exclusion de tous les autres[397] ; il explique les conditions négatives d'une société, non son contenu positif[398] ; il ne hiérarchise pas les facteurs déterminants[399]. La critique ne se renouvelle pas, et elle prend des aspects plus tranchés.

> « Nous ne croyons plus qu'il y ait du travail incorporé dans les produits de l'homme. On l'a cru autrefois. Tout le marxisme est fondé sur cette croyance, qui a rempli l'économie politique durant cent cinquante ans. Et je ne suis pas qualifié pour reprocher à Marx son erreur, parce que je l'ai longtemps partagée. Mais aujourd'hui, il nous faut, dans l'intérêt de l'action future, abandonner cette erreur qui nous paralysait[400]. »

Le poids de la critique du marxisme diminuant, les conceptions propres d'Andler s'autonomisent. Ainsi, après avoir résumé les thèses d'Effertz et souligné leur intérêt, Andler cherche à les adapter à ses propres opinions. Et, dans ce passage[401], Marx n'est ni discuté, ni même cité. De même, dans *La Civilisation socialiste*, qui constitue l'exposé le plus abouti du socialisme d'Andler, Marx et sa théorie ne sont invoqués que quatre fois. Les conceptions du germaniste passent donc du statut de système alternatif, visant à résoudre les contradictions et les limites du marxisme, à celui de système original.

Il ne faut cependant pas se méprendre : ce système exposé dans *La Civilisation socialiste* prolonge des réflexions déjà à l'œuvre dans des textes précédents. L'idée que le socialisme est fondé sur un sentiment moral est conservée, même si elle est poussée à l'extrême, prenant même la forme d'« une régénération intérieure totale[402] ». De même,

395. *Ibid.*, p. 99.
396. Cinq références dans l'article sur Effertz, quatre dans *La Civilisation socialiste*.
397. Charles Andler, « Un système nouveau de socialisme scientifique : M. Otto Effertz », *art. cit.*, p. 599-600, repris de Charles Andler, *Le Droit au produit intégral du travail*, *op. cit.*, p. X.
398. *Id.*, « Un système nouveau de socialisme scientifique : M. Otto Effertz », *art. cit.*, p. 603, repris de Charles Andler, « La conception matérialiste de l'histoire d'après M. Antonio Labriola », *art. cit.*, p. 656.
399. *Id.*, « Un système nouveau de socialisme scientifique : M. Otto Effertz », *art. cit.*, p. 605, repris de Charles Andler, *L'État socialiste*, *op. cit.*, p. X.
400. *Id.*, *La Civilisation socialiste*, *op. cit.*, p. 42.
401. *Id.*, « Un système nouveau de socialisme scientifique : M. Otto Effertz », *art. cit.*, p. 610-616.
402. *Id.*, *La Civilisation socialiste*, *op. cit.*, p. 6.

l'idée que le socialisme se définit avant tout comme un type de relations entre les individus est étendue à la civilisation dans son ensemble :

> « Le socialisme du XXe siècle devra ne pas négliger cette préoccupation de coordonner et de légitimer les efforts qu'il tente en vue d'améliorer le sort de la classe ouvrière par une façon nouvelle de concevoir les relations entre les hommes et par une philosophie qui définisse les conditions générales sous lesquelles peut naître une civilisation supérieure[403]. »

Enfin, la conviction que l'évolution sociale est déterminée par la force donne lieu à une relecture de l'histoire[404]. Les idées anciennes sont conservées, mais elles sont systématisées.

L'originalité de la théorie socialiste élaborée par Andler réside dans le rejet de la démocratie bourgeoise, alors qu'il s'était déclaré précédemment pour un socialisme évolutionniste, réformiste et démocratique. Il admet que la démocratie a permis de démanteler l'État monarchique, qu'elle a apporté « l'affirmation de la valeur absolue de l'individu[405] », mais il rejette la corruption du régime parlementaire. Le socialisme ne peut donc s'identifier totalement à la démocratie.

> « La démocratie a préparé la voie au socialisme, mais le socialisme n'est pas la démocratie achevée. Il est un fait totalement nouveau, comme la démocratie a été un fait nouveau, par rapport à l'ancien étatisme. La démocratie est dissolution ; le socialisme est reconstruction. La démocratie est la défense de l'individu, quel que soit cet individu. Cette défense est essentielle. Mais si elle permet un enrichissement infini des qualités individuelles, elle ne constitue pas cet enrichissement. Le socialisme est la naissance en chacun de nous d'une vie plus riche qui se répand sur les autres. La démocratie est partage et morcellement égalitaire, le socialisme est mise en commun de toutes les ressources et de tous les efforts, il est le sentiment vivant de la solidarité[406]. »

Dans la mesure où le socialisme ne trouvera de réalisation que dans l'avenir, il est décrit sous le mode de l'utopie. Sa réalisation devra passer par la régénération de l'État et de ses fonctions militaires, administratives, judiciaires et productives, par la création de coopératives d'État, qui prendront en charge les services publics. Puis viendront la socialisation des services commerciaux, et de la production dans son ensemble. Cette description matérielle de l'utopie socialiste est complétée par celle d'une esthétique et d'une morale nouvelles. Pour Andler, l'émotion

403. *Ibid.*, p. 4-5.
404. *Ibid.*, p. 16-26.
405. *Ibid.*, p. 30.
406. *Ibid.*, p. 35.

esthétique se fonde sur le sentiment d'une adéquation entre la nature de la matière et la forme que le travail lui donne, en fonction de besoins déterminés. Par la production d'ersatz (le linoléum remplace le marbre, par exemple), la société capitaliste détruit cette identité en donnant aux produits du travail une matière inadéquate et fausse. C'est une authenticité esthétique que le socialisme doit retrouver. En ceci réside le fondement d'une morale nouvelle, car l'authenticité d'un objet atteste la moralité de son créateur. Une éthique ainsi définie est fondée sur la valeur du travail, qui permet l'affranchissement, et donc la réalisation de l'individu. La manière dont Charles Andler précise les caractéristiques de cette moralité nouvelle constitue le point d'aboutissement de la conférence. Il formule le syllogisme suivant : la moralité socialiste est une valeur nouvelle ; or, les valeurs nouvelles sont toujours l'apanage des élites ; donc la moralité socialiste doit prendre pour modèle celle des élites, c'est-à-dire des scientifiques et des artistes.

> « Cet état d'esprit, aimant et prodigue, comme celui de l'artiste, énergique et ascétique comme celui du savant, est la moralité nouvelle que nous revendiquons pour le travailleur. Il est l'état d'esprit vraiment révolutionnaire[407]. »

Par là, Andler systématise une pensée déjà diffuse parmi les socialistes normaliens : le rôle de l'intellectuel qui doit guider les masses vers leur émancipation.

Charles Andler et le révisionnisme

La proximité intellectuelle entre Bernstein et Andler est grande, les deux hommes concentrent leurs critiques du marxisme sur les mêmes éléments (théorie de la valeur, matérialisme historique, intégration de la morale…). À cela s'ajoute une simultanéité chronologique : la critique d'Andler prend une forme plus radicale à partir de 1896-1897, au moment de la querelle révisionniste. Deux hommes formulant le même type de critique au même moment, il serait facile d'en conclure qu'il existe bien un « révisionnisme à la française » et qu'Andler est son principal représentant. Mais s'agit-il d'un transfert ? La nature des relations entre les deux socialistes et la comparaison de leurs œuvres doivent apporter des éléments de réponse.

407. *Ibid.*, p. 46.

Une absence de contact direct

Charles Andler a-t-il connu personnellement Bernstein? Ernest Tonnelat, son biographe, accrédite cette rumeur : évoquant le séjour d'Andler en Allemagne en 1889, il écrit :

> « Il dut, en tout cas, aller voir, à Berlin, les écrivains ou les journalistes qui formaient en ce temps-là l'état-major du parti social-démocrate [...]. Je suppose qu'il connaissait personnellement Bernstein et d'autres chefs de la social-démocratie allemande[408]. »

Certaines biographies reprennent cette information[409]. Mais ce qu'écrit Tonnelat doit être considéré avec prudence parce qu'il fait une erreur de chronologie : Andler et Bernstein se seraient rencontrés en 1889-1890 en Allemagne, alors que ce dernier est encore en exil à Londres. Il est possible que les deux hommes se soient vus chez Engels en 1891, alors qu'Andler rencontre l'ami de Marx pour obtenir des informations utiles à sa thèse sur le socialisme d'État en Allemagne. Mais, à ce moment, Bernstein est encore un marxiste orthodoxe, ce qui ne suffit pas à établir une relation entre le révisionnisme de l'Allemand et la critique du marxisme du Français. Et l'hypothèse ne peut être levée, puisqu'il n'existe aucune source prouvant qu'Andler et Bernstein aient entretenu un contact régulier au moment où ils commencent leurs critiques du marxisme, en 1896-1897.

Il est en revanche certain qu'Andler a lu les écrits de Bernstein dans leur version originale. L'inventaire de sa bibliothèque, donnée à l'ENS, prouve qu'il connaît ses principaux ouvrages, dont *Die Voraussetzungen des Sozialismus und die Aufgaben der Sozialdemokratie*, et *Wie ist wissenschaftlicher Sozialismus möglich*[410] ?

En l'absence de preuves formelles d'un contact entre Bernstein et Andler, le rapport entre les deux hommes doit être élucidé par la comparaison de leurs critiques du marxisme. Si le résultat est négatif, l'hypothèse d'un transfert du révisionnisme en France par l'intermédiaire du germaniste devra être abandonnée.

408. Ernest Tonnelat, *Charles Andler, sa vie et son œuvre*, *op. cit.*, p. 42.
409. Bertus Willem Schaper, *Albert Thomas, trente ans de réformisme social*, Paris, Puf, 1959, p. 21.
410. Christophe Prochasson, « Sur la réception du marxisme en France : le cas Andler (1890-1920) », *art. cit.*, p. 88-89.

Des constructions théoriques différentes

La critique de la définition de l'infrastructure par Marx s'enracine, chez Bernstein comme chez Andler, sur un postulat commun : les relations de production ne suffisent pas à expliquer l'évolution des sociétés, le marxisme se transforme, par l'action de ses interprètes, en un économisme pur et simple. Tous deux s'accordent donc sur le point de donner à d'autres facteurs un rôle autonome dans l'interprétation de l'histoire. Mais Bernstein reste assez flou :

> « On fait plus de mal que de bien à l'idée du matérialisme historique en récusant dédaigneusement et *a priori*, les taxant d'éclectisme, la démonstration positive des influences autres que celles d'une nature purement économique et la considération des facteurs économiques autres que la technique de la production et son développement prévu[411]. »

Le « parallélogramme de forces[412] » qui doit composer l'infrastructure n'est pas défini outre mesure, il comprend les relations juridiques, la morale, la religion, la politique, la répartition de la population sur le territoire… Andler est plus précis : les facteurs qui doivent gagner leur autonomie par rapport aux rapports de production sont les relations juridiques et la morale[413]. La conséquence d'une telle distinction est importante : si certains facteurs sont autonomes, le parti socialiste doit aussi agir sur eux pour amener la révolution et la société idéale. En d'autres termes, ce débat sur l'infrastructure a des conséquences pratiques et tactiques fondamentales. Mais celles-ci ne peuvent être déduites qu'à la condition de préciser quels sont ces facteurs indépendants. Comme Bernstein reste imprécis, il ne peut élaborer de programme d'action. Symétriquement, comme Andler définit les facteurs qui déterminent l'évolution historique, il est en mesure de faire des propositions concrètes, et c'est pour cette raison qu'il développe ses théories sur le quasi-contrat[414]. En somme, contrairement à Bernstein, Andler parvient à élaborer une stratégie alternative aux méthodes marxistes.

Le même fait peut être constaté pour la théorie de la valeur. À nouveau, Andler et Bernstein s'accordent pour dénoncer l'abstraction qu'elle représente, mais, à nouveau, il ne s'agit que d'un point commun apparent. Bernstein conteste la théorie de la valeur marxiste

411. Édouard Bernstein, *Die Voraussetzungen des Sozialismus…*, *op. cit.*, p. 9.
412. *Ibid.*, p. 7.
413. Charles Andler, « La fin du *Capital* de Karl Marx », *art. cit.*, p. 452 ; *id.*, *Les Origines du socialisme d'État en Allemagne*, *op. cit.*, 1897.
414. *Id.*, « Du quasi-contrat social et de M. Léon Bourgeois », *art. cit.*, p. 520-530.

parce qu'elle ne tient pas compte de la complexité et de la diversité du facteur travail.

> «Mais une série d'abstractions et de réductions est exigée par ce critère de la valeur. La valeur d'échange pure doit d'abord être élaborée par l'abstraction de la valeur d'usage particulière des denrées spécifiques. Ensuite, en raison de la construction du concept du travail humain global ou abstrait, de la diversité des procédés de travail particuliers (réduction du travail plus difficile ou plus compliqué en travail abstrait)[415].»

Bernstein apporte en cela certaines nuances au marxisme, mais il n'en sort pas : son cadre de réflexion sur la théorie de la valeur est encore marqué par l'omniprésence du facteur travail. La critique d'Andler prend un tout autre chemin : la théorie de la valeur est une abstraction parce qu'elle ne prend pas en compte des éléments fondamentaux qui pourtant entrent dans sa définition, comme la matière[416]. C'est donc le fondement même du concept qu'il met en cause. Bernstein ne sort donc pas du marxisme ; Andler propose un schéma de pensée tout différent.

Ces éléments sont confirmés par la critique de la lutte de classe. Andler et Bernstein pensent tous deux qu'elle ne peut être conçue comme un antagonisme binaire entre la bourgeoisie et le prolétariat. Mais Bernstein aboutit à cette conclusion après avoir remarqué que la structure sociale est plus complexe que ne l'avait pensé Marx.

> «Mais alors ce "prolétariat" est un mélange d'éléments extraordinairement variés, de couches sociales qui se distinguent plus les unes des autres que le "peuple" de 1789, qui, certes, tant qu'existeront les conditions de propriété présentes, auront dans l'ensemble plus d'intérêts communs que contradictoires, mais qui, dès que les possédants et dirigeants actuels seront destitués ou seront dépouillés de leur position, deviendront très vite conscientes de la diversité de leurs besoins et de leurs intérêts[417].»

Les catégories ne sont donc pas homogènes, la classe ouvrière est divisée, une classe moyenne se développe sans s'agréger ni à la bourgeoisie ni au prolétariat. Il n'empêche que Bernstein garde la méthode d'analyse marxiste, en décrivant les relations sociales comme des manifestations des relations de production[418]. Pour Andler, la complexité

415. Édouard BERNSTEIN, *Die Voraussetzungen des Sozialismus...*, *op. cit.*, p. 37.
416. Charles ANDLER, *Le Droit au produit intégral du travail*, *op. cit.*, p. XXIX-XXX.
417. Édouard BERNSTEIN, *Die Voraussetzungen des Sozialismus...*, *op. cit.*, p. 88-89.
418. Le fait d'admettre l'existence d'autres classes ou de souligner la division du prolétariat et de la bourgeoisie n'est qu'une manière de souligner la diversité des modes de production.

de la lutte de classe tient au problème de la répartition des richesses, basée sur la force. Il adopte donc un point de vue radicalement différent du marxisme.

Sur ces trois points (définition de l'infrastructure marxiste, théorie de la valeur, lutte de classe), l'explication de la divergence entre Andler et Bernstein tient à la nature de leurs engagements respectifs. Le premier n'a jamais complètement adhéré à la théorie. Le second, au contraire, a longtemps été considéré comme l'un des meilleurs disciples de Marx. Cette différence permet d'expliquer leurs attitudes lorsqu'ils sont confrontés aux contradictions du marxisme : Andler en prend acte et conclut à l'invalidité du système. Bernstein cherche par tous les moyens à sauvegarder la doctrine. Ainsi, après avoir constaté l'aporie d'une infrastructure qui ignore la complexité des facteurs historiques, il souligne qu'Engels, à la fin de sa vie, avait élargi le concept[419]. De même, après avoir montré l'inadéquation de la théorie de la valeur à la réalité, Bernstein la définit comme un simple instrument d'analyse qui ne doit donc pas être abandonné[420].

Divergences pratiques : à propos des coopératives de consommation

L'un des arguments qui peuvent inciter à rapprocher Andler du révisionnisme est l'importance commune donnée aux coopératives de consommation comme mode d'organisation économique de la société future[421].

Les deux hommes se rapprochent en effet par une similitude de références. Ils évoquent, entre autres, les pionniers de Rochdale[422], pour souligner qu'une faible mise de départ peut, par la coopération, se trouver multipliée à l'infini. Mais, après tout, il ne s'agit que d'une inspiration commune à tous les coopérateurs. En revanche, il faut constater chez Bernstein comme chez Andler les mêmes références bibliographiques. Tous deux s'appuient sur les travaux des Fabians, se réfèrent

419. Édouard BERNSTEIN, *Die Voraussetzungen des Sozialismus...*, *op. cit.*, p. 6-7.

420. *Ibid.*, p. 42.

421. Charles ANDLER, « Le rôle social des coopératives », *art. cit.*, p. 485-501, et le quatrième chapitre des *Voraussetzungen*. Les deux textes sont comparés dans les analyses suivantes. Le point, par ailleurs, est souligné dans Christophe PROCHASSON, « Sur la réception du marxisme en France : le cas Andler (1890-1920) », *art. cit.*, p. 95.

422. L'entreprise coopérative des Équitables Pionniers de Rochdale, initiée en 1844, rassemblait des travailleurs manuels d'une petite ville du Lancashire. Ils ouvrent une épicerie coopérative. Au départ, ils sont vingt-huit ouvriers, rassemblant un capital de vingt-huit livres sterling. Elle prospère après quelques années et fait école en Grande-Bretagne et en Europe.

au livre d'Oppenheimer, *Die Siedlungsgenossenschaft* (« L'Association de colons », 1896), qui offre la description du développement rationnel des coopératives agricoles. À partir de ces références communes, ils déduisent des arguments assez proches.

Bernstein et Andler développent en effet la même critique de la pensée marxiste sur la coopération. Pour Marx, celle-ci est une illusion ; la seule solution possible aux problèmes du capitalisme est l'expropriation violente. Les deux hommes se retrouvent également dans la critique des coopératives de production, qui développent, selon eux, les défauts des entreprises capitalistes : comme elles recherchent des débouchés pour vendre leurs produits, elles entrent en concurrence les unes avec les autres, et manifestent par là un conflit d'intérêts ; elles aboutissent à l'exclusivisme, puisque la nécessité de produire à bas prix tout en maintenant des salaires élevés, les pousse à réduire l'embauche. À l'inverse, la coopérative de consommation est ouverte à tous. Puisqu'elle n'est pas tenue à un impératif de rentabilité, elle est extensible à l'infini, et elle est conforme à l'intérêt général, son but n'étant pas de réaliser un profit, mais de vendre ses produits à un maximum d'individus aux meilleures conditions. Enfin, Bernstein et Andler pensent que l'avènement du socialisme par la coopérative de consommation est réalisable, parce qu'elle ne suppose pas la perfection humaine : les travailleurs y achètent, non par abnégation, mais parce que les produits proposés sont moins chers qu'ailleurs. En cela, la coopération répond à leurs intérêts immédiats.

Cela étant, la similitude d'argumentaire ne doit pas occulter les différences profondes qui séparent le projet de Bernstein et celui d'Andler. Le raisonnement du premier sur les coopératives de consommation s'inscrit dans une démonstration plus large : le prolétariat n'est pas homogène, le capitalisme est trop complexe pour s'effondrer brusquement. La coopérative de consommation est la solution, parce qu'elle permet de réaliser la justice et l'équité dans la consommation, tout en maintenant les structures privées de production :

> « Toutes ces entreprises de grande industrie et d'autres analogues peuvent parfaitement bien être exploitées *pour* des associations, auxquelles l'ensemble des employés peuvent appartenir, mais elles sont absolument inadaptées à l'exploitation directe par l'association de ces employés[423]. »

Le principal problème auquel s'attache Bernstein est celui de la gestion de ces coopératives (organisation, recrutement des administrateurs). La conclusion est donc modérée : par la coopération, il ne s'agit

423. Édouard Bernstein, *Die Voraussetzungen des Sozialismus…*, *op. cit.*, p. 102.

pas d'abattre le système capitaliste dans son ensemble, mais simplement d'en corriger les défauts, par la suppression du bénéfice commercial notamment :

«Ce que la société ne peut prendre en mains par elle-même, que ce soit par l'État ou par les communes, elle fera bien, dans des époques agitées, d'abandonner pour un temps de telles entreprises à leur sort[424].»

Charles Andler adopte un point de vue bien différent : il s'agit pour lui de démontrer la force irrésistible des coopératives de consommation, qui se développeront comme des enclaves isolées dans le régime capitaliste, pour ensuite s'étendre jusqu'à englober la nation entière :

«Ce mouvement d'expansion [celui des coopératives], on en connaîtra la vitesse et le rythme, mais il n'aura pas de fin [...]. Toute la surface de terre labourable que couvrirait en France la production des denrées agricoles nécessaires pour nourrir les dix millions d'habitants dont se compose la classe ouvrière et les hommes qui produisent ces denrées appartiendrait aux ouvriers s'ils organisaient leur force d'achat immense[425].»

Ainsi, Andler attend de la généralisation des coopératives le bouleversement du régime capitaliste, Bernstein n'en espère que l'aménagement.

Les idées de Bernstein et celles d'Andler sont donc comparables dans leur forme : elles partagent les mêmes postulats et certains arguments. Mais, quant au fond, c'est-à-dire les enjeux que les deux hommes soulèvent, c'est la différence qui domine. Celle-ci ne fait que s'accentuer avec le temps, Andler élaborant un système particulier qui ne peut plus se résumer à une alternative au marxisme. Au fond, il est impossible de faire d'Andler un révisionniste : son rapport à Marx est tranché, il valide ses thèses ou il les rejette, mais il n'existe pas de demi-mesure.

Le cas particulier d'Andler ne permet pas de formuler de généralisations. Mais sa critique radicale du marxisme rend plus visibles des tendances à l'œuvre dans la génération plus ancienne du réseau des socialistes normaliens. Ainsi, pour penser le socialisme, cette génération s'appuie sur des références autres, comme les socialistes d'État ou des penseurs indépendants du marxisme. Andler n'est pas le seul dans ce cas : Durkheim en subit aussi l'influence. La critique du marxisme et de l'orthodoxie du parti, virulente chez Andler, peut également être notée chez Lucien Herr : leur engagement commun parmi les allemanistes se justifie par l'hostilité à la rigidité doctrinale des guesdistes.

424. *Ibid.*, p. 102.
425. Charles ANDLER, «Le rôle social des coopératives», *art. cit.*, p. 493.

L'ancienne génération est donc méfiante envers le révisionnisme, parce qu'il ne répond pas aux critères scientifiques qu'elle veut appliquer à toute théorie politique, parce qu'elle pense le socialisme en s'appuyant sur d'autres références (socialistes de la chaire, hétérodoxes). Le révisionnisme arrive donc pour elle à un moment où son opinion sur le marxisme est déjà faite, où elle a déjà commencé à formuler des modèles alternatifs. La question ne peut évidemment pas se poser de la même manière pour une génération plus jeune, dont l'éveil politique coïncide avec la fin de l'affaire Dreyfus, et pour qui le contact avec Marx se fait au moment de ses grandes remises en cause, notamment par le révisionnisme. Elle pourrait donc être plus favorable au transfert.

Chapitre X

Albert Thomas, un révisionnisme à la française ?

Le cas Albert Thomas permet d'analyser un autre point de contact possible, par lequel les idées de Bernstein passeraient en France. Il revêt un intérêt particulier par rapport au cas Andler, qui reste un théoricien à l'audience très limitée. Thomas, lui, prend une importance croissante au sein du parti nouvellement fondé, au point qu'il est considéré, à la veille de la guerre, comme le chef du réformisme français, et l'un des successeurs de Jaurès. En faire un passeur du révisionnisme en France donne au transfert une plus grande ampleur.

L'établissement d'un réseau et d'un contact

Les années de jeunesse

Thomas entre dans la section lettres de l'École normale supérieure en octobre 1899, et s'oriente vers une carrière d'historien. Il est admis premier à la licence ès lettres en 1900, obtient le diplôme d'études supérieures d'histoire-géographie en 1901, avant d'être reçu premier à l'agrégation d'histoire en 1902. Lors de sa formation à l'ENS, Albert Thomas approfondit une adhésion au socialisme, qu'il revendiquait déjà avant d'entrer à l'École[426]. C'est là qu'il aborde les grands théoriciens,

426. Bertus Willem Schaper, *op. cit.*, p. 19.

Saint-Simon et Marx notamment[427], et qu'il rencontre ses maîtres, Lucien Herr et Charles Andler.

Ceux-ci sont d'abord des inspirateurs pour le jeune Albert Thomas, et il est « à maints égards leur collaborateur et leur héritier intellectuel[428] ».

> « De tous les élèves que Ch. Andler a eus à l'École normale, Albert Thomas est certainement celui qu'il a le plus aimé [...]. Albert Thomas, à vingt ans, s'était porté vers lui d'un élan si spontané et si confiant qu'Andler l'avait accueilli, conseillé, aidé comme un frère encore jeune dont on attend beaucoup. Thomas était historien, et non germaniste. Mais il rêvait d'entreprendre une thèse de doctorat qui eût été une sorte de continuation de celle d'Andler[429]. »

L'amitié entre Andler et Thomas ne se dément pas. C'est Thomas, par exemple, qui édite *La Civilisation socialiste* en 1911. Les deux hommes se brouillent en 1913, lors de la querelle qui oppose le germaniste à Jean Jaurès, Thomas dénonçant publiquement les positions d'Andler à la Chambre en février. Mais, même à ce moment, les liens restent forts :

> « Pour Thomas, c'est autre chose. Je ne veux ni ne puis défendre son discours, que je n'ai pas lu, mais je sais quels sentiments il a toujours eus pour toi, et il n'est pas possible qu'il ait dit sciemment des paroles qui puissent t'offenser[430]. »

Andler et Herr jouent aussi un rôle d'intermédiaire. Andler aurait ainsi aidé Thomas à préparer son voyage en Allemagne en 1902, en fournissant des lettres de recommandation à certains chefs du SPD.

> « Lorsque Albert Thomas, entreprenant en 1902 un assez long voyage d'études en Allemagne, se présenta à ces théoriciens ou à ces hommes politiques [du SPD], il était porteur de recommandations signées "Ch. Andler"[431]. »

C'est à l'École que Thomas constitue son réseau. Il contribue dès 1901 à *Notes critiques. Science sociale*, fait paraître une étude sur le syndicalisme allemand[432] dans la « Bibliothèque socialiste » créée par la SNLE,

427. *Ibid.*, p. 20.
428. *Ibid.*, p. 18.
429. Ernest TONNELAT, *op. cit.*, p. 149.
430. Lettre de Lucien Herr à Charles Andler, 25 février 1913.
431. Ernest TONNELAT, *Charles Andler. Sa vie et son œuvre*, Publications de la Faculté des lettres de Strasbourg, 1937, p. 42.
432. Albert THOMAS, *Le Syndicalisme allemand, résumé historique (1848-1903)*, *op. cit.*

à laquelle il participe, et prend part au Groupe d'unité socialiste. Albert Thomas entretient des relations avec certains membres du groupe, et dans sa correspondance se côtoient des lettres de Mario Roques[433], François Simiand, Hubert Bourgin ou Maurice Halbwachs. Ces hommes constituant « l'équipe Thomas[434] » seront intégrés plus tard dans le ministère de l'Armement, où Thomas est nommé en 1916.

Le séjour en Allemagne (1902-1903)

À l'automne 1902, Albert Thomas entreprend un voyage en Allemagne, qui l'entraîne d'abord à Berlin, où il reste six mois, puis à Munich. Il fréquente alors étroitement la famille Bernstein et entretient avec elle une correspondance en français entre 1902 et 1903. Le lien qui s'établit est d'ordre personnel et la plupart des cartes ou lettres adressées par Édouard Bernstein à Albert Thomas sont accompagnées de mots rédigés par Regina Bernstein, l'épouse du révisionniste, et par sa fille. Bernstein joue un rôle essentiel pour le jeune normalien lors de son séjour : il est un pédagogue, un intermédiaire, un soutien et un interlocuteur.

Albert Thomas, parti en Allemagne pour étudier le SPD, profite de la position éminente de Bernstein pour réunir des informations sur la vie quotidienne du parti.

> «J'ai de nouveau à faire une conférence, et cela même hors de Berlin [...]. Si ce n'était pas assez loin (quatre heures de chemin de fer) je vous ferais la proposition de m'accompagner, car on m'a dit que la réunion sera assez grande, mais il y aura pour vous de meilleures occasions de connaître nos ouvriers de province, et, du reste, il sera plus intéressant demain de voir au Café des Westens que ce n'était vendredi passé[435]. »

Cette immersion sous l'égide du révisionniste est fructueuse car Thomas publie dès 1904 une étude sur les syndicats allemands. Bernstein se fait également l'intermédiaire entre son protégé et certains socialistes allemands appartenant au groupe révisionniste. Il le présente ainsi à Woltmann[436], partisans du « retour à Kant », et à Édouard David.

> « David est à Mayence et son adresse est 37 Churfürstenstrasse, Mainz. Il vous donnera des adresses pour les transports et les autres places.

433. Mario Roques (1875-1961), normalien de la promotion 1894, était un proche de François Simiand et d'Albert Thomas.
434. Bertus Willem Schaper, *op. cit.*, p. 22-23.
435. Lettre d'Édouard Bernstein à Albert Thomas, 20 novembre 1902, AN 94AP/471.
436. *Ibid.*

Quant à lui-même, cette carte postale suffira parfaitement comme lettre d'introduction[437]. »

Bernstein représente également un soutien pour Thomas, notamment dans une affaire qui l'oppose en décembre 1902 à un journaliste au *Vorwärts* qui avait accusé Millerand de chauvinisme à la suite d'un discours. Thomas intervient et défend le ministre. L'affaire semble s'envenimer, Lucien Herr écrit à Albert Thomas en janvier 1903 pour l'inciter à la modération. Quoi qu'il en soit, Bernstein lui offre son soutien et le conseille :

« Vous avez bien raison d'être indigné de l'entreprise du *Vorwärts* sur le discours de Millerand et je suis fortement de l'avis qu'il faut y répondre. Si je n'étais pas tant occupé à présent, je le ferais moi-même, mais il m'est absolument impossible, et peut-être il vaut mieux qu'un socialiste français le fasse[438]. »

Mais la majeure partie de la correspondance concerne des échanges à la fois d'informations et d'opinions. Albert Thomas transmet à Bernstein certaines publications, notamment un exemplaire de *Notes critiques*[439]. Réciproquement, le révisionniste indique à son ami français la parution d'articles, notamment dans les *Dokumente des Sozialismus*. Bernstein exprime enfin certaines de ses opinions. Il se déclare ainsi hostile à l'expulsion de Millerand, à la suite de l'expérience ministérielle :

« Maintenant le congrès de Bordeaux a lieu, et de ce que j'en sais jusqu'ici il paraît qu'en somme ses délibérations prennent un cours assez satisfaisant. J'aurais vu, moi, dans l'expulsion de Millerand une signe de faiblesse, et je regarde le refus comme une preuve de maturité du parti. Peut-être il y aura quelques sorties, mais si elles ne sont pas trop nombreuses, elles seront plutôt à saluer qu'à plaindre[440]. »

Mais les références à la querelle révisionniste sont rares, sauf lors du congrès de Dresde, où Bernstein fait part de ses réactions deux mois après les faits.

« Dresde fut une affaire plus triste que sérieuse. Toutes nos faiblesses s'y sont montrées, et on peut bien dire qu'il y avait beaucoup de blessés mais pas de vainqueurs. Toutefois, le parti n'en souffre pas trop – extérieurement au moins – les choses travaillent toujours pour nous et nous

437. Lettre d'Édouard Bernstein à Albert Thomas, 27 avril 1903, AN 94AP/471.
438. Lettre d'Édouard Bernstein à Albert Thomas, 10 décembre 1902, AN 94AP/471.
439. Carte d'Édouard Bernstein à Albert Thomas, 3 mars 1903, AN 94AP/471.
440. Lettre d'Édouard Bernstein à Albert Thomas, 15 avril 1903, AN 94AP/471.

permettent la plus grande aise intellectuelle [...]. J'eus des réunions enthousiastes, naturellement le *Vorwärts* n'en a soufflé mot. On me boycotte ici autant que possible mais ça ne fait rien[441]. »

Thomas serait donc devenu révisionniste lors de son séjour en Allemagne, ce qu'Hubert Bourgin confirme :

« Sa connaissance et sa pratique du socialisme allemand, surtout dans ses formes et dans ses parties critiques, dans ses tentatives révisionnistes (il était très lié avec Bernstein), l'avaient confirmé dans ses vues, qui le conduisaient à une théorie systématique d'application. Cette théorie, où se réunissaient des tendances formées ou cultivées par le jauressisme et par le révisionnisme bernsteinien, était un réformisme démocratique oscillant entre l'étatisme et le communalisme[442]. »

Deux éléments précisent le lien qui se tisse entre les deux hommes. Le premier est une lettre adressée pendant son séjour par Thomas à Paul Desjardins (1859-1940), son ancien professeur de philosophie en première supérieure au lycée Michelet de Vanves. Il déclare sa sympathie pour les *Sozialistische Monatshefte* :

« Il y a dans le petit groupe des *Sozialistische Monatshefte* un amour de la vérité et un acharnement au travail qui leur permettront de renouveler un jour ce prolétariat allemand, souvent pesant et inerte. J'ai l'intention d'étudier un peu en détail, si je puis, d'une part le mouvement intellectuel du parti (révisionnisme), d'autre part les organisations vivantes (coopératives, syndicats) qui se développent avec rapidité[443]. »

D'autre part, Albert Thomas profite pleinement des relations d'Édouard Bernstein et entame une correspondance avec tous les grands noms du mouvement. Il reçoit ainsi des lettres d'Édouard David et de Friedrich Hertz, partisans du révisionnisme agraire, de Heinrich Braun et de Joseph Bloch, directeur des *Sozialistische Monatshefte*. Auprès de tous ces partisans de Bernstein, Albert Thomas joue un rôle de « passeur ». Il leur transmet des articles ou des ouvrages français, les met parfois en relation avec certains chefs (notamment Jaurès ou Millerand). Ce travail d'information fonctionne à double sens, puisque les révisionnistes conseillent à Albert Thomas la lecture d'articles ou d'ouvrages :

« J'étais pendant plusieurs jours dans ma circonscription électorale, j'ai reçu votre sympathique envoi et vous demande d'excuser que je vous dise seulement maintenant mes meilleurs remerciements. Comme vous

441. Lettre d'Édouard Bernstein à Albert Thomas, 29 novembre 1903, AN 94 AP/471.
442. Hubert Bourgin, *De Jaurès à Léon Blum, l'École normale et la politique*, *op. cit.*, p. 437-438.
443. Lettre d'Albert Thomas à Paul Desjardins, citée in Bertus Willem. Schaper, *op. cit.*, p. 28.

étiez dans les parages, alors que je débattais avec Bebel dans le couloir du Reichstag du problème en question, je vous envoie un article à ce propos que j'ai publié dans le *Vorwärts* ainsi que la réponse de Kautsky, dans lequel je suis utilisé comme un millerandiste "grisonnant". Montrez l'article à Jaurès ou Millerand[444]. »

Thomas joue également le rôle d'intermédiaire entre socialistes français et révisionnistes allemands pour la publication d'articles dans des revues situées de part et d'autre de la frontière. Ainsi, Joseph Bloch lui demande de le mettre en contact avec un Français qui lui écrirait un article sur Charles Longuet, le gendre de Marx décédé quelques jours plus tôt. Il s'agirait d'un article polémique, la contribution devant mettre l'accent sur le révisionnisme supposé du gendre de Marx. Elle doit être publiée dans un numéro spécial des *Sozialistische Monatshefte*, au moment du congrès de Dresde.

« C'est principalement la personnalité du défunt qu'il faudrait dépeindre [...] et surtout montrer, comme ses [déclarations] permettent de l'établir, qu'il fut très "révisionniste", lui, le propre gendre de [Marx] [...]. Je veux en effet mettre l'article dans le prochain numéro. Celui-ci est le "numéro du Congrès" et lui est destiné[445]. »

Bloch fait donc appel à Thomas pour l'aider dans une opération qui s'inscrit dans le cadre de la querelle. Il se tourne vers Eugène Fournière en lui adressant une copie de la lettre du directeur des *Sozialistische Monatshefte*[446]. L'opération semble réussir puisque Thomas reçoit les remerciements de Bloch peu après. En tous les cas, cette affaire est le début d'une correspondance fournie, et d'une collaboration de Thomas à la revue des révisionnistes.

Le cas le plus intéressant est sa contribution aux *Sozialistische Monatshefte* en 1903[447], intitulée « Échos du débat Millerand à Bordeaux », où il tente d'expliquer aux Allemands les enjeux du congrès tenu par le PSF en avril 1903, et où la question ministérielle est amplement

444. « *Ich war mehrere Tage in meinem Wahlkreis, erhielt erst Leute Ihrer freundliche Sendung und bitte zu entschuldigen, dass ich Ihnen erst heute meinen besten Dank sage. Da sie einmal dabei waren, als ich im Couloir des Reischstages mit Bebel über die betreffende Frage debattierte, schicke ich Ihnen einen drüber von mir im* Vorwärtz *veröffentlichten Artikel und Kautskys Antwort, in der ich "graülich" als Millerandist gebraudmacht werde. Zeigen die Artikel Jaurès oder Millerand* », carte de Heinrich Braun à Albert Thomas, 1903, AN 94AP/471 (nous traduisons).

445. « *Hauptsächlich die Persönlichkeit des Verstorbenen soll dargestellt, u. a., dass er, wie seine [ill] im vergangenen Jahre zeigten, sehr "revisionistisch" gesonnen war, er, der [ill.] von Marx!... Ich will nämlich den Artikel noch im kommenden Heft bringen. Dasselbe ist das "Parteitags-Heft" und für unsern Parteitag bestimmet* », lettre de Joseph Bloch à Albert Thomas, 9 août 1903, AN 94AP/471 (nous traduisons).

446. Lettre d'Albert Thomas à Eugène Fournière, n° 1398, sans date (mais très probablement du 10 ou 11 août, puisque Thomas écrit à Fournière dès la réception de la lettre de Bloch), IFHS, 14 AS 181[2].

447. Bertus Willem SCHAPER, *op. cit.*, p. 64.

débattue. Il y soutient que, dans le cadre d'un régime parlementaire démocratique, comme en France, la lutte de classe disparaît à mesure que le socialisme se réalise, ce qui implique de renoncer à toute violence révolutionnaire. Le PSF doit devenir un parti constitutionnel, et renoncer au dualisme qui touche le socialisme entre la tentation de l'illégalité insurrectionnelle et celle de la réforme. Et Thomas conclut par une critique de la phraséologie figée qui immobilise le mouvement. Ces arguments sont identiques à ceux de Bernstein, mais ils sont utilisés pour légitimer une position particulière à la situation française : le soutien à l'expérience ministérielle de Millerand. Thomas reprend donc ici une déformation déjà à l'œuvre en Allemagne comme en France, mais pour des raisons différentes, puisque Bernstein, depuis 1900-1901, fait évoluer ses thèses et se déclare nettement favorable à la participation.

La Revue syndicaliste (1905-1910)

À son retour d'Allemagne, Albert Thomas s'éloigne progressivement de sa vocation première d'historien, et s'engage résolument dans l'action politique, à l'inverse de Charles Andler ou d'autres intellectuels normaliens qui prennent leurs distances avec le mouvement. En avril 1904, Jaurès le charge de la rubrique traitant du mouvement syndical dans *L'Humanité* qu'il vient de créer. En mai, il est élu conseiller municipal de Champigny-sur-Marne.

Le fait le plus marquant de cette période reste son engagement dans le mouvement syndicaliste français, alors en pleine ébullition. La question est très complexe, il faut simplement souligner ici que les divisions à l'œuvre parmi les syndicalistes jouent sur trois plans différents, quoique liés entre eux : « l'opposition classique réforme/révolution ; le primat du politique opposé à celui de l'"économique", c'est-à-dire au syndicalisme ; la nécessité de l'action parlementaire, donc de la législation, contre l'antiparlementarisme, voire l'aparlementarisme[448] ». Les questions qui se posent au syndicalisme au moment de la charte d'Amiens de 1906 concernent donc le rôle du syndicat (quelle doit être son action pour les ouvriers ?), son rapport à la SFIO naissante (doit-il être soumis, indépendant, supérieur ?), son attitude vis-à-vis du régime. Albert Thomas, qui a étudié les syndicats en Allemagne, décide de fonder avec Louis Sellier un nouvel organe pour développer ses propres positions : *La Revue syndicaliste*. Il s'appuie sur un réseau composé essentiellement

448. Jean-William Dereymez, « Naissance du syndicalisme », Jean-Jacques Becker et Gilles Candar, *Histoire des gauches en France*, tome II, Paris, La Découverte, 2004, p. 478.

d'ouvriers engagés dans le mouvement syndical[449], le groupe des socialistes normaliens n'étant pas mobilisé pour écrire des articles (à l'exception de Maurice Halbwachs). Le but de la revue est clairement affiché dès l'origine : il faut éduquer la classe ouvrière et lui donner les informations indispensables à une action efficace.

> « Il y a une place, à notre avis, pour toute une besogne indispensable d'information et de science. Pour l'action quotidienne du syndicat, pour l'efficacité de la propagande, pour le développement des organisations, on n'a jamais trop de connaissances. On ne connaît jamais trop d'expériences, jamais trop de faits, nous dirons même : jamais trop de chiffres[450]. »

Au milieu des divisions du mouvement, *La Revue syndicaliste* défend une position intermédiaire : le syndicat est le moyen privilégié de l'émancipation ouvrière, il doit affirmer son indépendance vis-à-vis du parti, tout en partageant avec lui le but final : la collectivisation.

> « Un syndicalisme, fortement organisé, absolument autonome, indépendant de toute attache politique ; un libre syndicalisme, appliqué à sa tâche quotidienne d'amélioration sociale, mais constamment dominé par son idéal de suppression du salariat, tel est le but auquel nous tendons[451]. »

Le révisionnisme est-il diffusé dans les pages de cette nouvelle revue ? Certains éléments semblent l'indiquer. Dans un répertoire, par exemple[452], figurent 144 adresses, dont 9 en Allemagne. La majorité d'entre elles concernent des syndicalistes ou des syndicats allemands (comme Legien qui préside la Commission générale des syndicats allemands de 1891 à 1920) et n'appellent pas de commentaires. En revanche, aucun chef du SPD ne figure dans le document, à l'exception d'Édouard Bernstein. Celui-ci fournit d'ailleurs un article, dans le supplément accompagnant le numéro consacré au congrès d'Amiens, qui traite du syndicalisme au Danemark. Dans la conclusion, le révisionniste adopte la même position que celle d'Albert Thomas et de la revue : le syndicat doit rester indépendant du parti, et se consacrer seulement à la défense professionnelle.

> « De même avec les partis socialistes, ils [les syndicats] sont là pour l'organisation émancipatrice de la classe ouvrière, et non le contraire. Leur premier devoir est donc d'aider au mieux à cette organisation [...]. Le syndicat,

449. Les principaux collaborateurs d'Albert Thomas sont notamment Louis Niel, Auguste Keufer, Christian Mutschler...
450. « Notre but », *La Revue syndicaliste*, n° 1, 15 mai 1905, p. 3.
451. *Ibid.*, p. 3.
452. AN 94AP/245. Il s'agit d'une pièce manuscrite non datée.

certes, n'est pas un but en lui-même. Mais c'est une institution indispensable, dont la mission ne finira pas avec la domination capitaliste. C'est pourquoi tout ce qui peut porter atteinte à son esprit d'indépendance doit être combattu, et de même tout ce qui diminuerait sa puissance d'embauchage[453]. »

Malgré ces deux éléments, l'impact du révisionnisme dans *La Revue syndicaliste* reste faible. Les circonstances sont très particulières, et l'enjeu principal, pour Albert Thomas, est de prendre position dans les débats qui agitent le syndicalisme français. Il s'oppose ainsi à l'action directe, qui masque le rôle principal des syndicats, la défense professionnelle. Il est également hostile à leur inféodation au parti, qui entraînerait un exclusivisme politique contraire au rôle du mouvement : défendre tous les ouvriers, quelles que soient leurs convictions :

« Pour que le syndicat reste le syndicat, pour qu'il ne se laisse pas entraîner à la remorque d'un parti ou pour qu'il ne devienne pas lui-même un parti, il faut, il suffit qu'il se souvienne de son origine et de son rôle. Son rôle, c'est la défense professionnelle, on ne le répétera jamais assez[454]. »

Et, symétriquement, la réflexion de Bernstein sur les syndicats est fragmentaire : il n'aborde la question que deux fois dans les *Voraussetzungen*, d'abord pour légitimer les revendications immédiates des ouvriers (augmentation des salaires, diminution du temps de travail)[455] ; ensuite pour faire du syndicat le prolongement de la démocratie dans la sphère économique[456]. La réflexion d'Albert Thomas et de ses amis, marquée par le contexte français, n'intègre pas ces éléments et s'oriente donc dans une direction différente.

Les articles consacrés à la coopération ne permettent pas non plus de noter d'inspiration révisionniste visible. Il paraît même, parfois, que les opinions des collaborateurs de la revue soient assez opposées à ses thèses. Pour Bernstein :

« Au point de vue de leur signification sociale, les syndicats ou sociétés professionnelles représentent l'élément démocratique dans l'industrie[457]. »

Christian Mutschler, l'un des défenseurs les plus ardents de la coopération en France, précise à l'inverse :

453. Édouard Bernstein, « Un avis d'Allemagne », *La Revue syndicaliste*, supplément au n° 18, 15 octobre 1906, p. 191.
454. Albert Thomas, « Parti et syndicat », *La Revue syndicaliste*, n° 17, septembre 1906, 2e de couverture.
455. Édouard Bernstein, *Die Voraussetzungen des Sozialismus...*, Stuttgart, Dietz, 1899, p. 121.
456. *Ibid.*, p. 122.
457. *Ibid.*, p. 121.

« Ceux qui nous parlent toujours de la démocratie, de la place que doivent y tenir les travailleurs, ces coopérateurs qui considèrent volontiers la coopération comme la forme de la démocratie transportée dans les rapports économiques, ne peuvent-ils donc pas comprendre que tout cela ne résout en rien le problème du droit qui nous est posé[458] ? »

En revanche, Bernstein est utilisé pour justifier une méthode, qui consiste à adapter la théorie aux faits. Dans le même article, Mutschler étudie une brochure publiée par un coopérateur allemand hostile au socialisme qui, se fondant sur les discours des orthodoxes, tente de démontrer l'incompatibilité entre le marxisme et la coopération. Il ajoute :

« S'il avait examiné l'effort historique de la classe ouvrière qui se manifeste non pas tant dans les idées, dans les discours et les écrits qui passent, que dans les œuvres et institutions qui restent et se développent, comme Bernstein, par exemple, nous a appris à le faire et comme tout coopérateur doit le faire, il est certain que l'auteur serait arrivé à un tout autre résultat[459]. »

Si transfert il y a, il reste très marginal, ne concerne qu'une méthode et non le révisionnisme dans son ensemble.

Quoi qu'il en soit, *La Revue syndicaliste* traverse de graves difficultés financières au cours de l'année 1909. Elle ne s'était d'ailleurs jamais bien vendue : elle est tirée généralement à 1 000 exemplaires, 221 exemplaires en moyenne restant en magasin, invendus. La proportion augmente progressivement : le nombre d'invendus varie entre 252 et 499 entre le 1er juillet 1908 et février 1909[460]. Thomas doit lancer un appel à contribution[461], et l'édition est prise en charge par Marcel Rivière à partir de mai 1909. La fusion avec *La Revue socialiste* en janvier 1910 ouvre une autre période.

458. Christian Mutschler, « La coopérative au point de vue marxiste », *La Revue syndicaliste*, n° 64, 15 septembre 1909, p. 155-156.
459. *Ibid.*, p. 152.
460. À partir des documents contenus dans le dossier AN94/AP245.
461. Albert Thomas, « Situation de caisse, examen de conscience », *La Revue syndicaliste*, n° 52, janvier 1909.

La prise de contrôle de *La Revue socialiste* par Albert Thomas

Depuis l'origine, *La Revue socialiste*, dirigée à partir de 1905 par Eugène Fournière, traverse des crises liées à plusieurs facteurs. À des problèmes récurrents de gestion s'ajoutent la concurrence d'autres publications, notamment du *Mouvement socialiste*, fondé en 1899, et une difficulté à adapter son orientation originelle, très théorique. Cette situation ne correspond pas aux nouvelles ambitions de Fournière, qui « aperçoit dans la revue un moyen de maintenir, à la droite du parti [...] en échappant à un contrôle redouté, un lieu d'étude et de pouvoir[462] ». Il propose donc à Albert Thomas le poste de rédacteur en chef, et la fusion avec *La Revue syndicaliste*. 1910 constitue ainsi une rupture dans l'histoire de la revue, qui change de nom et devient *La Revue socialiste, syndicaliste et coopérative*, et baisse ses tarifs, l'abonnement annuel passant de 18 à 12 francs.

L'arrivée d'Albert Thomas à la direction de la revue donne lieu à un élargissement des collaborations. Les deux réseaux déjà constitués, qui restaient jusque-là assez indépendants l'un de l'autre, se superposent. Dans la liste du comité de direction se côtoient Georges Bourgin, Maurice Halbwachs, Emmanuel Lévy, Edgard Milhaud, représentant le socialisme normalien, Christian Mutschler et Louis Niel (syndicaliste réformiste qui prend la direction de la CGT en 1909), collaborateurs de Thomas dans *La Revue syndicaliste*. Les contributions du premier groupe (Georges et Hubert Bourgin, Emmanuel Lévy, Robert Hertz, Charles Andler et Maurice Halbwachs) s'ajoutent à celles du second (Mutschler, Ernest Poisson, Quist, Middleton, Cleuet, Lauche...). Mais cet enrichissement est de courte durée : très visibles en 1910, les normaliens se retirent rapidement. En 1913, seuls Georges Bourgin, Charles Andler et Ernest Poisson continuent de publier des articles.

À *La Revue socialiste* se concentre donc un noyau d'intellectuels favorables aux thèses d'Édouard Bernstein, venant des deux publications disparues, *Notes critiques* et *La Revue syndicaliste*. Les deux réseaux, qui s'articulaient séparément, se trouvent alors réunis en une seule structure. Quelques faits semblent confirmer que le transfert se réalise dans les pages de *La Revue socialiste*. Édouard Bernstein figure dans le comité de direction, et écrit une lettre à la rédaction, lue publiquement :

462. Madeleine Rebérioux, « La Revue socialiste », *Cahiers Georges Sorel*, n° 5, 1987, p. 23-24.

« Mais si la communauté – j'ose presque dire l'identité des idées et principes à l'égard du mouvement socialiste international –, si l'affinité des sentiments peuvent suffire à donner ce titre, j'ai, à un très haut degré, le droit de m'appeler un des collaborateurs de votre revue, de cette revue qui pendant toute sa vie a donné un si admirable exemple d'union de convictions fermes et fortes, avec un esprit large et tolérant en matière d'opinions et de discussions théoriques[463]. »

Albert Thomas répond ensuite :

« J'ai été très heureux d'entendre tout à l'heure commencer la lecture des lettres d'excuses par celle d'un homme que je considère comme un de mes maîtres au point de vue socialiste, de Bernstein. Nous serons, à *La Revue socialiste*, éternellement des révisionnistes. Nous chercherons toujours et nous tâcherons de voir exactement comme la doctrine socialiste, comme l'hypothèse socialiste peut expliquer exactement les faits nouveaux de l'évolution économique et s'adapter à eux[464]. »

Les liens avec le révisionnisme sont donc assumés d'emblée, et se manifestent dans les pages de *La Revue socialiste* à travers une dizaine d'articles parus entre 1910 et 1914[465].

Le révisionnisme dans La Revue socialiste

Les conditions favorables à la diffusion des thèses de Bernstein ne doivent pas masquer, d'abord, le poids des interprétations anciennes qui restent en vigueur. Le fait est d'autant plus vrai que *La Revue socialiste* avait elle-même présidé à un certain nombre de déformations par le passé. Ainsi, Edmond Laskine écrit un compte rendu favorable d'un ouvrage de Rudolfo Mondolfo, consacré à l'épuration du marxisme des interprétations abusives de ses épigones[466], où l'auteur réfute les arguments théoriques de Bernstein. Ainsi, la phrase révisionniste « Le

463. « Le vingt-cinquième anniversaire de *La Revue socialiste* », *La Revue socialiste*, n° 302, février 1910, p. 99.

464. *Ibid.*, p. 107.

465. Les articles sélectionnés dans *La Revue socialiste, syndicaliste et coopérative* sont : Ernest Tarbouriech, « La coopération agricole », n° 301, janvier 1910, p. 14-22 ; Eugène Fournière, « L'évolution de la doctrine socialiste sur la coopération », n° 305, mai 1910, p. 394-410 ; Hubert Bourgin, « Le socialisme et la concentration industrielle », n° 306, juin 1910, p. 486-501, n° 307, juillet 1910, p. 52-62, n° 310, août 1910, p. 155-163, n° 311, septembre 1910, p. 271-284 ; Edmond Laskine, « Socialisme, morale et science des mœurs », n° 310, octobre 1910, p. 333-350 ; Robert Hertz, « Le socialisme en Angleterre, la société fabienne », n° 323, novembre 1911, p. 426-431 ; Christian Mutschler, « L'organisation des consommateurs et la théorie marxiste », n° 326, février 1912, p. 151-181 ; Emmanuel Lévy, « L'organisation des consommateurs », n° 327, mars 1912, p. 277-279 ; Edmond Laskine, « Le matérialisme historique et son nouvel interprète », n° 342, juin 1913, p. 404-437 et n° 343, juillet 1913, p. 5-30. Le tome du premier semestre 1911 (janvier-juin) n'a pas pu être consulté.

466. Rodolfo Mondolfo, *Il materialismo storico in Frederico Engels*, Gênes, Formiggini, 1912.

mouvement est tout, le but n'est rien » est sans objet, puisque, pour Marx et Engels, c'est par l'action que la classe ouvrière peut s'élever. Et comme l'action suppose une direction, elle a nécessairement besoin d'un but. Conclusion de Mondolfo, approuvée par Laskine : c'est le but final du socialisme qui prime, le mouvement est secondaire. Ensuite, Bernstein reproche au marxisme de faire de l'action la seule force motrice de l'histoire, débouchant ainsi sur une révolution violente. Or, selon Mondolfo, Marx et Engels soulignent l'interdépendance entre la conscience et les déterminations matérielles. L'insurrection qui résulte de l'action pure du prolétariat n'est donc pas l'aboutissement inévitable des théories marxistes, l'étude des conditions économiques et sociales (ainsi que l'amélioration progressive de ces conditions) est essentielle à la construction de la société socialiste. Enfin, Mondolfo et Laskine contestent la validité des textes sur lesquels s'appuie Bernstein lorsqu'il soutient qu'Engels avait fait évoluer sa conception exclusivement économique de l'infrastructure vers l'intégration d'autres facteurs. Par ces arguments, Laskine, qui s'inspire de Mondolfo, prolonge les accusations contre Bernstein, adressées d'abord par les orthodoxes allemands puis par les socialistes français : le révisionniste voudrait détruire le marxisme. Du coup, la critique se trompe d'objectif. Elle souligne les limites de l'entreprise critique de Bernstein par le retour au texte de Marx et d'Engels, en démontrant que toutes ses objections ont déjà été résolues. Mais Bernstein ne dit pas autre chose. D'où le phénomène déjà constaté chez Jaurès : l'article prend l'apparence d'une réfutation de Bernstein, mais parvient aux mêmes conclusions. Ce sont les orthodoxes qui sont responsables de la déformation du texte marxiste, ce sont eux qu'il faut réviser :

> « Mais, au vrai, c'est à tels ou tels exégètes du marxisme et non pas aux fondateurs du socialisme scientifique qu'il convient de rapporter la responsabilité de telles théories[467]. »

De la même manière, Marx et Engels seraient favorables aux réformes. Loin de n'être qu'un économisme simple, leur théorie détermine les conditions matérielles qui rendent possible la réalisation de la volonté humaine dans une direction déterminée. Les masses doivent avoir conscience des conditions qui délimitent le champ des possibles, par une science sociale élaborée qui leur donne toutes les informations nécessaires.

467. Edmond Laskine, « Le matérialisme historique et son nouvel interprète », *La Revue socialiste*, n° 342, juin 1913, p. 426.

« Il nous faut insister sur les conséquences de cette théorie si importantes pour un parti démocratique de réformes sociales comme le parti socialiste[468]. »

Cet article montre que, sur le plan théorique, la vision de Bernstein reste identique à ce qu'elle était en 1900-1902. En revanche, l'aspect pratique du révisionnisme est utilisé par les rédacteurs de *La Revue socialiste*. L'entreprise critique doit être imitée :

« Le moment est venu, semble-t-il, où la participation à ce travail s'impose comme une tâche nécessaire à la critique socialiste, qui est elle-même inséparable du travail de la révision doctrinale[469]. »

De même, il faut rechercher, comme Bernstein, l'adéquation entre les faits et la théorie :

« Revenons en Allemagne, et nous allons voir Édouard Bernstein l'aborder de front, carrément, en homme qui a observé les faits, analysé les doctrines et les a confrontées en pleine liberté d'esprit[470]. »

Les thèses révisionnistes sont ensuite partiellement intégrées pour appuyer des positions ponctuelles. Ainsi, Eugène Fournière, montrant la valeur de la coopération, dessine un contraste entre l'orthodoxie marxiste, crispée sur sa condamnation malgré les faits, et Bernstein, qui en considère la valeur intrinsèquement socialiste :

« Voilà donc enfin la coopération considérée comme un but et non plus comme un moyen, intégrée au socialisme par sa vertu propre, qui est de socialiser tout ce qui est à sa portée. Désormais, l'État et la commune socialiseront dans leur domaine et la coopération dans le sien[471]. »

Mais Bernstein établit un lien très net entre la forme d'association économique, la coopérative de consommation, et la forme d'association politique, la démocratie. Ici, le lien est brisé : la coopération est entendue au sens strictement économique, séparée de sa signification politique, puisque l'État agit sur un domaine distinct. L'invocation du révisionnisme est utilisée dans un but polémique, car elle vise à démontrer l'immobilisme des guesdistes. Bernstein intervient dans un jeu de références contradictoires (révisionnistes contre orthodoxes) qui vise à légitimer une position qui n'est pas la sienne.

468. *Ibid.*, p. 430.
469. Hubert Bourgin, « Le socialisme et la concentration industrielle », *La Revue socialiste*, n° 306, *art. cit.*, p. 487.
470. Eugène Fournière, « L'évolution de la doctrine socialiste sur la coopération », *La Revue socialiste*, n° 305, mai 1910, p. 405.
471. *Ibid.*, p. 406.

Les idées de Bernstein sont donc divisées dans leurs éléments les plus simples, puis replacés dans des raisonnements différents qui les font intervenir comme des références. Mais il faut alors considérer la manière dont le révisionnisme s'intègre dans un corpus d'inspirations plus large.

Bernstein dans les références d'un réformisme français

Bernstein est en effet toujours mêlé à d'autres sources d'inspiration qui transforment sa signification. Ainsi, Fournière le mobilise au milieu d'autres références qui servent à légitimer sa position : la coopération a une valeur intrinsèquement socialiste. Le Belge César de Paepe, le Français Benoît Malon, l'Anglaise Béatrice Webb sont également invoqués. De sorte que le révisionnisme soutenu par Fournière dans son article est réduit à la défense de la coopération.

La cas d'Hubert Bourgin est plus intéressant encore, parce qu'il montre comment les différentes sources utilisées par les socialistes normaliens se superposent les unes aux autres, donnant lieu à une argumentation originale. Durkheim est la première. Bourgin expose la manière dont se pose, pour le socialisme, le problème de la concentration industrielle :

> « Or, l'affirmation initiale, essentielle de la critique socialiste relativement à l'économie, c'est l'affirmation, non seulement de vices d'organisation, mais d'un désordre intégral, d'un dérèglement foncier[472]. »

Il adopte une perspective durkheimienne : le capitalisme dérègle l'ordre économique et conduit à une société caractérisée par « l'anomie[473] ». C'est dans cette perspective que l'auteur interprète l'histoire des doctrines socialistes depuis Babeuf : toutes n'ont fait que dénoncer l'anarchie de la société bourgeoise. Le deuxième inspirateur est Charles Andler. Lorsque Hubert Bourgin étudie la manière dont les socialistes ont pensé, depuis la Révolution, le problème de la concentration industrielle, il établit une filiation entre le socialisme français et le marxisme, tout en soulignant l'importance de Marx et d'Engels dans la systématisation de formules jusque-là diffuses. Il reprend en cela, et presque dans les mêmes termes, les conclusions établies par Charles Andler dans son commentaire du *Manifeste* en 1901 :

> « Au moment où parut le *Manifeste communiste*, tous les éléments de la théorie socialiste de la concentration industrielle étaient donc constitués

472. Hubert Bourgin, « Le socialisme et la concentration industrielle », *art. cit.*, p. 488.
473. Le terme, utilisé plusieurs fois dans l'article, en montre très clairement l'inspiration durkheimienne.

et à peu près organisés dans la doctrine par l'œuvre persistante des socialistes français. Toutefois, c'est le *Manifeste* qui, par sa vigueur, sa concision, la disposition et l'expression de ses thèses, en fit l'une des parties principales et l'une des pièces maîtresses[474]. »

Les deux références sont superposées dans la formulation conceptuelle du problème de la concentration industrielle.

« Le phénomène de la concentration a deux aspects, l'un plus superficiel, l'autre plus intime. Il intéresse soit les rapports de forme, soit les rapports de régime entre les agents de l'économie ; il intéresse leurs relations morphologiques ou leurs relations juridiques, leur distribution dans les établissements de l'économie ou leur indépendance comme porteurs de droits[475]. »

Les « relations morphologiques » sont étudiées par la méthode sociologique[476], et la deuxième question, celle des « relations juridiques », est nettement inspirée par Andler. Bernstein s'ajoute à ces deux sources d'inspiration, et fournit à Bourgin un modèle pour entreprendre une réévaluation de la doctrine marxiste. La référence ne va d'ailleurs pas plus loin : l'auteur, ayant démontré que le problème de la concentration industrielle se pose depuis l'aube du socialisme, conclut que « le révisionnisme socialiste [...] n'est qu'un rappel à une large compréhension des phénomènes qui a été dans le socialisme initial et durable[477] ».

En somme, le révisionnisme est d'abord vidé de son contenu théorique, pour être divisé en fragments réintégrés ensuite dans des argumentaires différents, selon les besoins du rédacteur. Mais, après avoir constaté ce phénomène, que reste-t-il du révisionnisme ? Il est avant tout employé comme une référence, servant à légitimer un point de vue, comme un type de posture critique envers le marxisme, non comme un ensemble d'arguments qui peuvent aider à élargir la théorie.

Albert Thomas révisionniste ?

Les espoirs de renouvellement suscités par l'arrivée d'Albert Thomas et de son réseau à *La Revue socialiste* font long feu. Thomas est élu député de la Seine dans la circonscription de Sceaux, en mai 1910, puis

474. Hubert Bourgin, « Le socialisme et la concentration industrielle », *art. cit.*, p. 496.
475. *Id.*, « Le socialisme et la concentration industrielle », *La Revue socialiste*, n° 307, *art. cit.*, p. 56.
476. *Ibid.*, p. 62.
477. *Id.*, « Le socialisme et la concentration industrielle, *La Revue socialiste*, n° 306, *art. cit.*, p. 499.

maire de Champigny-sur-Marne en 1912. Ses nouvelles responsabilités l'empêchent de se consacrer à la revue, à laquelle il ne donne que huit articles entre janvier 1910 et juin 1914. Il s'en plaint à Fournière :

> « Si je n'avais pas été élu député et si surtout je n'étais pas devenu maire de Champigny, il m'aurait été possible de trouver encore chaque mois quelques heures pour la *Revue*, pour des articles ou pour la composition de la *Revue*[478]. »

La collaboration entre les deux hommes ne se fait d'ailleurs pas sans heurts : alors que Fournière veut préserver la revue de tout contrôle par le parti, Thomas désire, au contraire, renforcer les liens.

Vers les responsabilités politiques

Au fond, le principal problème réside dans l'influence croissante d'Albert Thomas au sein de la SFIO. Il est, certes, un partisan fidèle de Jean Jaurès, avec qui il partage la fidélité à la tradition révolutionnaire française et au parti, la volonté d'enraciner la puissance du socialisme par son organisation et l'unité de la classe ouvrière qu'elle réalise. Mais, au moment de la crise ministérialiste, il est partisan de Millerand[479], et les deux influences agissent en contrepoids. Les orientations d'Albert Thomas sont donc nettes : il s'agit de défendre l'unité du parti, mais également de l'engager sur la voie des réformes immédiatement réalisables. C'est à l'aune de ces deux principes qu'il est possible de lire l'évolution de Thomas entre 1910 et 1914.

Sauvegarder l'unité du parti signifie maintenir la cohésion doctrinale si difficilement acquise au lendemain de l'unité de 1905. La SFIO, de ce point de vue, est bien fragile : dès sa création, certains socialistes indépendants, refusant la discipline qu'implique un parti unifié, fondent leur propre organisation. Le nouveau parti est encore traversé des luttes entre les anciennes factions, et Jaurès parvient tant bien que mal à imposer sa synthèse en 1908. L'acquis de l'unité, à cette période, doit être l'objet de toutes les vigilances, et demeurer la priorité. Et lorsque Charles Andler, qui dénonce en 1912 les tendances impérialistes de la social-démocratie allemande et prédit le ralliement du SPD à la monarchie en cas de guerre, est attaqué par Jaurès, Albert Thomas choisit de s'opposer publiquement à son ancien maître. En février 1913, il déclare à la Chambre que « le camarade Andler s'est lourdement trompé[480] ».

478. Lettre d'Albert Thomas à Eugène Fournière, 4 janvier 1913, IFHS, 14 AS 1812, n° 1402.
479. Bertus Willem Schaper, *op. cit.*, p. 64.
480. Christophe Prochasson, « L'"affaire" Andler/Jaurès. Une analyse de la controverse », *Jean Jaurès Cahiers trimestriels*, n° 145, juillet-septembre 1997, p. 45-62.

L'affaire montre que Thomas privilégie les impératifs politiques sur les impératifs scientifiques, et qu'il tente, comme Jaurès, de maintenir à tout prix l'unité. Cette préoccupation est également au cœur de son engagement syndical, puisque Thomas, dans les pages de *La Revue syndicaliste*, refuse à la fois la méthode révolutionnaire de la grève générale, qui fait du syndicat une organisation partisane, et la voie strictement réformiste, qui sacrifie l'idéal aux progrès quotidiens. De sorte que sa position dans le syndicalisme français est comparable à celle de Jaurès dans le parti au même moment, « position intermédiaire, leur point de vue réformiste étant tempéré par le souci prédominant de maintenir l'unité du mouvement[481] ».

Mais il s'engage également sur la voie d'un réformisme prononcé. Il devient porte-parole du groupe socialiste à la Chambre, et participe à la commission du budget en 1911, 1912 et 1913. Au sein du parti, il défend une politique de réformes sociales et appuie les propositions de nationalisation d'Edgard Milhaud lors du congrès de Saint-Quentin en 1911. Tous ces combats sont motivés par une même question : pourquoi, selon l'expression de Bernstein, la SFIO n'assume-t-elle pas ce qu'elle est : un parti de réformes ? L'évolution personnelle de Thomas au cours des cinq années précédant la guerre ne serait, au fond, que l'aboutissement du transfert du révisionnisme en France, dont il s'est fait l'agent.

La Politique socialiste, manifeste du révisionnisme à la française

La Politique socialiste, brochure éditée en 1913, est l'un des rares textes programmatiques publiés par Albert Thomas avant 1914. Il répond au besoin de combler l'absence de doctrine du parti français, et c'est dans cet ouvrage que l'aboutissement du transfert du révisionnisme en France est le plus visible. Albert Thomas assume d'ailleurs pleinement cet aspect lorsqu'il souligne que ses propositions sont, en réalité, déjà appliquées par le parti :

> « Par la position qu'il a prise dans les plus graves discussions, par son attitude générale, par son action positive dans tous les services publics, dans les municipalités, c'est à l'effort de réalisation progressive qu'il se consacre. De même qu'en Allemagne, après la condamnation doctrinale du révisionnisme, c'est cependant toute la politique révisionniste qui triomphe, dans les faits, en France, c'est à une politique de réalisation que le Parti consacre, en fait, tout son effort[482]. »

481. Bertus Willem Schaper, op. cit., p. 71.
482. Albert Thomas, *La Politique socialiste*, Paris, Marcel Rivière, 1913, p. 65.

La question initiale, au fondement de toute la brochure, est très proche de la problématique qui avait poussé Bernstein à publier ses *Voraussetzungen*.

> «Comment, par quels progrès immédiats, nous nous acheminerons vers notre but, comment nous réaliserons une démocratie politique véritable, l'organisation socialiste[483]. »

L'interrogation centrale de Bernstein est du même ordre :

> «Il est de peu d'importance, en somme, qu'elle [la classe ouvrière] ait ou non un but final déterminé, pourvu qu'elle poursuive énergiquement des buts les plus proches. Le point capital est que ces buts soient pénétrés d'un principe déterminé qui est l'expression d'un état supérieur de la vie sociale tout entière et d'une conception sociale qui signifie, dans l'évolution universelle, un progrès en même temps qu'une morale et une justice supérieures[484]. »

Pour Bernstein, «l'état supérieur de la vie sociale» correspond à l'idéal démocratique. Au centre de la réflexion des deux hommes est donc placée la volonté de réaliser la démocratie par le socialisme, au terme d'une évolution pacifique. Il s'agit d'adapter la théorie à la pratique, de faire débuter la réflexion par une étude des faits, puis d'en déduire des orientations générales.

> «Ce que je me propose, c'est de mettre en pleine lumière la politique que l'évolution actuelle du capitalisme et celle de la démocratie imposent à notre parti, et à laquelle, plus ou moins conscient, il se résout. J'ai la conviction que cette politique le mènera à la victoire. Mais il faut qu'il en accepte délibérément toutes les conséquences, toutes les responsabilités. Il faut surtout qu'il en perçoive et respecte les conditions[485]. »

Ce qu'Albert Thomas emprunte au révisionnisme de Bernstein, c'est donc un cadre de pensée délimité par une question simple : comment le socialisme se réalisera-t-il par la démocratie ? Il adopte également une posture politique qui déduit la théorie des faits. Bernstein en était arrivé à la conclusion suivante : contre l'orthodoxie marxiste, il faut que la social-démocratie assume son rôle de parti réformiste[486]. Albert Thomas trouve des accents similaires lorsqu'il déclare :

483. *Ibid.*, p. 5-6.
484. Édouard Bernstein, *Die Voraussetzungen des Sozialismus...*, *op. cit.*, p. 187.
485. Albert Thomas, *La Politique socialiste*, *op. cit.*, p. 6.
486. Édouard Bernstein, *Die Voraussetzungen des Sozialismus...*, *op. cit.*, p. 165.

« Il faut que notre Parti [...] se révèle aux yeux de tous ce qu'il est réellement : un parti capable, en réalisant la révolution socialiste, de faire plus qu'aucun autre, la prospérité et la grandeur de ce pays[487]. »

Malgré la ressemblance de formule, la différence est tout de même notable : Bernstein désire que le SPD assume sa volonté de réformes, Thomas veut que la SFIO reconnaisse son appartenance à la nation. Là apparaît une première déformation : l'intégration du parti socialiste à la nation faisait partie de l'argumentaire de Millerand et de Jaurès. Thomas s'inscrit dans cette lignée, et adapte la posture révisionniste à une question spécifiquement française. Sitôt ces postulats posés, il entre dans le débat qui oppose, depuis le cas Millerand, les socialistes français. Il tranche le débat entre socialisme d'opposition et socialisme de gouvernement en prenant franchement position :

« Blocard impénitent, bien plus, partisan dans certaines conditions, de la participation d'un socialiste au ministère[488]. »

De cette manière, Thomas reprend l'interprétation qu'il avait faite du révisionnisme lors de son séjour en Allemagne, en le superposant au millerandisme. Là réside l'objet premier de sa brochure : parler en faveur du soutien des socialistes au gouvernement, après l'effritement du bloc des gauches de 1902. Son argumentaire n'a rien de commun avec le révisionnisme de Bernstein, parce qu'il s'appuie sur une vision de l'histoire marquée par les expériences nationales. Le soutien au gouvernement Waldeck-Rousseau avait été légitimé par la croyance en un complot réactionnaire menaçant la République. La stratégie de Thomas consiste à faire de ces conditions particulières une règle générale de l'histoire de la IIIe République. C'est donc une relecture du passé qui est présentée, succession de tentatives par la réaction de briser le régime lorsque la volonté démocratique faiblit. Puis se produit un « réveil » des républicains, socialistes compris, qui s'unissent en un bloc, et lancent une nouvelle phase de développement démocratique. En somme, l'évolution politique serait une succession de périodes de batailles et de stagnation. Et, comme les tentatives de la réaction se répètent, le soutien des socialistes au gouvernement est historiquement nécessaire.

« En dépit des réserves formulées par quelques-uns de nos amis, cette aspiration est légitime. Elle est conforme à la logique. Elle est soutenue par les souvenirs du passé. Il paraît véritablement démontré qu'aux

487. Albert Thomas, *La Politique socialiste*, *op. cit.*, p. 30.
488. *Ibid.*, p. 30.

> heures où la réaction menace, le progrès républicain ne peut reprendre en France que par l'union des groupes de gauche[489]. »

La différence avec Bernstein est donc sensible. Alors que celui-ci ne se prononce ni pour ni contre le soutien en principe, mais en fonction des circonstances, Thomas en enracine la nécessité par une loi de l'histoire.

Mais dans quelles conditions doit se réaliser le bloc ? Il faut, en particulier, que les socialistes abandonnent l'attitude d'opposition frontale :

> « L'isolement parlementaire, l'autonomie absolue du Parti sont conformes aux vœux des ouvriers socialistes. Le Parti est, en doctrine et originairement, un parti de classe [...]. Mais il tient jalousement à affirmer son indépendance, son caractère spécial, extraordinaire en face de tous les partis bourgeois. Le refus du budget n'est qu'un symbole, une manifestation de cette opposition à tous les autres partis, à l'ensemble de la bourgeoisie. Mais ce symbole, ce rite, inscrit dans le pacte d'unité conclu entre tous les socialistes, répond à la sentimentalité du Parti[490]. »

Cette sentimentalité est nocive pour le socialisme, elle conforte les radicaux dans l'idée que ses militants sont des « opposants irréductibles, des anarchistes inadaptables, des négateurs impuissants[491] », et rend impossible toute reconstitution du bloc, les militants craignant l'abandon du but final. Ainsi :

> « Une politique de bloc ne peut donc être acceptée et soutenue d'une manière durable par la classe ouvrière que si elle semble préparer, aider l'action spécifiquement socialiste. Et elle n'est alors possible pour les radicaux que si le socialisme apparaît au pays non comme un parti de désordre, mais comme un parti d'organisation, un parti de réalisation[492]. »

De sorte que l'ambition d'Albert Thomas se résume en ces termes : donner au parti le rôle de « vrai parti national[493] ».

Le révisionnisme acquiert donc une dimension particulière pour Albert Thomas : il s'agit d'un cadre de pensée et d'une posture politique, qu'il utilise pour répondre à des enjeux spécifiquement français, et qui lui servent à légitimer sa volonté de voir se reformer le bloc des gauches, et de voir le parti intégré dans la communauté nationale. Émerge ici une tentative de sortir du dualisme fondamental du socialisme français,

489. *Ibid.*, p. 11.
490. *Ibid.*, p. 26.
491. *Ibid.*, p. 27.
492. *Ibid.*, p. 28.
493. *Ibid.*, p. 30.

défini par Alain Bergounioux et Gérard Grunberg, « entre son intégration croissante au système politique français et le refus de tirer au niveau de sa doctrine et de ses principes les conséquences de celles-ci[494] ». La solution que préconise Thomas, c'est la posture bernsteinienne, qui consiste à déduire la théorie des faits et, par conséquent, à assumer les orientations réformistes et l'intégration à la nation. C'est en ceci qu'il est possible de parler d'un révisionnisme français, qui structure, pour une part, l'appareil conceptuel et argumentaire du réformisme politique porté en France par Albert Thomas.

494. Alain Bergounioux et Gérard Grunberg, *L'Ambition et le Remords*, Paris, Fayard, 2005, p. 9.

Conclusion

Le transfert du révisionnisme a bien eu lieu en France. D'Édouard Bernstein à Albert Thomas, en passant par Charles Andler, Jean Jaurès et d'autres encore, se trame une chaîne d'interprétations continue depuis l'Allemagne, à partir d'une référence définie.

Le révisionnisme de Bernstein correspond à la volonté d'élargir le marxisme, pour qu'il soit capable de répondre aux exigences de la société du tournant du siècle, d'intégrer la dimension morale du socialisme, d'inscrire le bouleversement total du système bourgeois dans la perspective d'une réalisation de la démocratie. Mais la querelle révisionniste opère une première série de transformations des thèses de Bernstein. Ses adversaires allemands dénoncent l'éclectisme du « retour à Kant », l'antimarxisme, le renoncement à la révolution et la compromission avec le régime bourgeois. Il s'agit de déformations qui ont été favorisées par la querelle elle-même, par les stratégies des acteurs qui y participent, et même par les soutiens de Bernstein. Sans nourrir nécessairement les mêmes convictions, ceux-ci ont le même ennemi à combattre : la phraséologie orthodoxe. Dans cette alliance plus négative que positive, chacun tente d'adapter le révisionnisme à ses propres vues : le révisionnisme pratique, au fond, n'est que la dislocation des thèses élaborées par Bernstein pour justifier l'intégration au régime parlementaire, les réformes effectuées au jour le jour… De sorte que les critiques des orthodoxes se trouvent pleinement justifiées.

Cette grille d'interprétation est globalement reprise dans la première phase du transfert dans le milieu de *La Revue socialiste* (1900-1902). La traduction des *Voraussetzungen* ne fait que confirmer ces déformations. À la nuance près que les arguments de Bernstein sont adaptés pour répondre aux exigences du temps : le « retour à Kant » est ainsi utilisé pour justifier l'intervention de certains socialistes dans l'affaire Dreyfus, l'ambiguïté de Bernstein sur la question de la participation des socialistes au gouvernement sert à légitimer l'entrée de Millerand dans le ministère Waldeck-Rousseau. Cet aspect est fondamental : le débat sur le révisionnisme en France est assuré par une revue assez favorable au ministre (Fournière le soutient), de sorte que Bernstein est rapidement confondu avec lui. Cette méprise permet à Guesde d'utiliser au congrès d'Amsterdam en 1904 la motion de Dresde pour disqualifier toute participation au pouvoir, mettant fin au transfert et à l'expérience ministérielle.

Le processus est toutefois relayé par le réseau des socialistes normaliens, à la faveur d'une relève de génération. Celle des fondateurs, comme Charles Andler, développe sa critique du marxisme et son réformisme politique sur des modes différents et en fonction de références où Bernstein ne figure pas. Les plus jeunes, groupés autour d'Albert Thomas, se font les porteurs du révisionnisme, ajoutant aux deux premières une troisième strate d'interprétation : ils utilisent Bernstein comme une référence pour justifier leur propre rapport à la théorie, basée pour eux sur des faits et non sur des postulats. Ils peuvent ainsi légitimer certaines revendications pratiques, comme la coopération. Avec Albert Thomas se donne à voir l'aboutissement du processus : il emploie les interprétations et déformations cumulées pour définir et légitimer sa propre approche d'un socialisme réformiste et progressif, enraciné dans l'étude des faits, et qui doit viser à l'intégration du parti dans la nation.

Il faut, bien entendu, nuancer ce résultat. D'abord, le transfert s'exprime dans des milieux assez marginaux au sein du parti socialiste. Il faut mettre cette limite sur le compte de deux facteurs. Le premier est d'ordre méthodologique : l'étude d'un transfert privilégie l'approche microhistorique, elle met en valeur des interprétations et des écarts qu'il est très difficile de remarquer à grande échelle, et elle implique de ce fait l'analyse de réseaux nécessairement restreints. Par ailleurs, la querelle révisionniste, par les enjeux qu'elle manifeste, par les arguments qu'elle mobilise, ne peut toucher la masse des militants. Il ne s'agit pas de soutenir que le socialisme français manque de théoriciens, mais simplement que la discussion nécessite une connaissance minimale de la théorie marxiste. Et, en France comme en Allemagne, elle touche peu la base. Le fait que les conséquences de la querelle sur le parti soient importantes relève d'une autre étude, qui décrirait des phénomènes plus larges, comme, en Allemagne, le lien entre le révisionnisme et les syndicats qui s'orientent progressivement vers le réformisme, ou avec la bureaucratisation du parti. Mais le phénomène de transfert, quantitativement insignifiant, n'en revêt pas moins une importance remarquable parce qu'il aboutit à Albert Thomas.

Mais, à nouveau, une nuance s'impose. Bernstein n'est pas la seule référence utilisée par Thomas, qui a également recours au socialisme organisateur défendu par les socialistes normaliens influencés par Durkheim, à la synthèse jaurésienne entre socialisme et République et au pragmatisme de Millerand. L'étude de l'usage du révisionnisme par Thomas doit donc être complétée par celle, plus large et plus exhaustive, de sa conception générale du socialisme, et de la constellation de références qu'il met en œuvre pour la légitimer. Il faudrait également approfondir l'analyse en déterminant la manière dont ce révisionnisme adapté par Thomas s'exprime dans les luttes internes de la SFIO, dans les grandes orientations que prend le parti avant 1914. Certains éléments peuvent déjà être apportés. Il a été démontré qu'Albert Thomas et ses amis utilisent davantage les aspects pratiques du révisionnisme que ses formules théoriques, notamment sur la question agraire. Les travaux d'Édouard Lynch sur la politique agraire de la SFIO avant 1914 montrent que le milieu de *La Revue socialiste* est le « bastion du réformisme[495] » en ce domaine lorsque la question se pose dans les congrès du parti. Il faudrait explorer cette piste en repérant les individus qui écrivent sur la politique agraire, en étudiant, également, les positions en présence lors des congrès et tenter de caractériser ce réformisme, pour enfin le comparer à celui proposé par Bernstein et par ses partisans, notamment Édouard David et Friedrich Hertz. De même, l'engagement en faveur de la coopération doit faire l'objet du même type d'analyse. Ces approfondissements permettraient de nourrir l'histoire du réformisme socialiste en France avant 1914, située à la jonction de l'histoire politique et de l'histoire des idées puisqu'il s'agirait de déterminer la place des différentes références dans la construction d'un réformisme original, qui s'insère dans le jeu partisan du socialisme. Il n'en demeure pas moins que les résultats obtenus permettent de contribuer, d'une manière plus générale, à la compréhension des trois enjeux évoqués au début.

495. Édouard Lynch, « Compère-Morel et la politique agraire de la SFIO : l'élaboration d'une doctrine entre socialisme et agrarisme, 1900-1921 », mémoire pour le DEA d'histoire du XXe siècle, sous la direction de Serge Berstein, Institut d'études politiques de Paris, 1990-1991, p. 80. Plus généralement, voir p. 79-86.

L'étude du transfert du révisionnisme en France permet d'abord d'enrichir la notion de « modèle génétique » du socialisme français : il existe bien, dès l'origine, une incapacité certaine de la SFIO à éclaircir son rapport à la démocratie, à la République et à la nation. Mais cette difficulté, avant 1914, ne revêt pas encore son caractère de dilemme cornélien de l'après-guerre. Une porte de sortie reste entrebâillée, celle du réformisme d'Albert Thomas, nourri en partie du révisionnisme de Bernstein. Il faudrait naturellement déterminer les chances qu'a cette voie d'aboutir par une analyse plus détaillée des réseaux, des rapports de force, et, plus globalement, par l'histoire du réformisme français avant la Grande Guerre. Mais la place occupée par Thomas au sein du parti, mieux encore, sa nomination au sous-secrétariat d'État aux Munitions en mai 1915, puis au ministère de l'Armement en décembre 1916, lui donne une position prééminente. Ses nouvelles fonctions lui offrent l'opportunité de mettre en application ses idées, déjà formulées avant 1914, de placer bon nombre de ses amis à des postes de responsabilité[496], et, par là même, de réconcilier le socialisme avec la République. Il semble donc bien que cette voie n'ait pas échoué à cause de logiques internes à la SFIO, ou à cause de son « modèle génétique ». L'incapacité du réformisme d'Albert Thomas à devenir une option politique viable pour le parti ne devient claire qu'après la guerre, au moment où certains socialistes condamnent le soutien trop explicite qu'il donne à l'Union sacrée. Et, comme le souligne Christophe Prochasson, « le socialisme libéral s'est trouvé pourtant balayé par la tourmente d'Octobre. Les intellectuels socialistes du réseau Thomas ne saisirent pas qu'ils pénétraient en un autre âge. Leur indéniable modernité ne put résister à la nouvelle donne communiste[497]. » Fait significatif : Thomas est marginalisé au sein de son parti dès la fin du conflit, et se consacre à une autre tâche : l'édification du Bureau international du travail. Rien n'est donc joué avant 1914, le réformisme est une des orientations possibles du jeune parti.

Cette redéfinition est rendue possible par la prise en compte des influences extérieures, dans la formulation des grandes orientations théoriques et pratiques du parti. Le transfert du révisionnisme en France a permis de montrer que le socialisme hexagonal évolue dans un espace contraignant fixé par son passé ou son rapport difficile au pouvoir. Mais, précisément, les idées en provenance de l'étranger, adaptées, interprétées, déformées, permettent de déplacer les limites de cet espace fixé. Ainsi, l'utilisation par les socialistes français de la justification

496. Christophe Prochasson, *Les Intellectuels, le Socialisme et la Guerre, 1900-1938*, Paris, Seuil, 1993, p. 122-129.
497. *Ibid.*, p. 129.

morale du socialisme par Bernstein leur permet de tirer leur mouvement vers la République et la démocratie, et de le faire sortir de l'extériorité théorique où l'avaient laissé le marxisme et ses épigones. La thèse d'une spécificité française doit donc être nuancée : l'exemple de l'utilisation du révisionnisme en France montre que le mouvement sait faire de l'étranger une source d'inspiration pour résoudre ses propres problèmes.

Allons plus loin. Cette circulation et cette utilisation d'idées et de thèses extérieures montrent que les problèmes auxquels les partis français et allemands sont confrontés partagent, *mutatis mutandis*, des caractéristiques communes. Et lorsque l'on prend en compte le fait que Bernstein, partiellement il est vrai, s'inspire de la Fabian Society à Londres ; que celle-ci est elle-même une source d'inspiration pour le réseau des socialistes normaliens[498], il faut bien reconnaître que le mouvement des idées socialistes détachées du marxisme est beaucoup plus dynamique et plus étendu que la simple relation binaire entre Bernstein et les Français. C'est tout un appareil argumentaire qui semble être partagé, des sources d'inspiration communes, des préoccupations comparables. La méthode utilisée pour décrire le transfert du révisionnisme en France, enrichie par un approfondissement conceptuel et expérimental, pourrait ainsi servir à écrire une histoire plus large : celle d'un discours alternatif au marxisme au sein même du socialisme, partagé dans toute l'Europe, de Londres à Paris en passant par Berlin.

498. *Ibid.*, p. 125-126.

Annexes

Bibliographie

Sources et imprimés

Archives

Fonds Albert Thomas, Archives nationales, 94AP, cartons 235 à 252, 471.
Fonds Andler, IFHS, 14AS188.
Fonds Fournière, IFHS, 14AS181.

Revues et journaux

Notes critiques. Science sociale (1900-1906).
La Revue socialiste (1898-1914).
La Revue syndicaliste (1905-1910).
Revue de métaphysique et de morale (1896-1914).
Le Temps (1898-1903).

Textes publiés

Textes allemands

BERNSTEIN, Édouard, *Die Voraussetzungen des Sozialismus und die Aufgaben der Sozialdemokratie*, Stuttgart, Verlag von Dietz, 1899. Édition française : *Socialisme théorique et Social-démocratie pratique*, Paris, Stock, 1900.
BERNSTEIN, Édouard, *Socialisme et Science, conférence faite à un groupe d'étudiants de Berlin*, Paris, Giard et Brière, 1902 (traduction Ed. Schneider).
ENGELS, Friedrich, *Anti-Dühring*, Paris, Éditions sociales, 1963.
KAUTSKY, Karl, *Le Marxisme et son critique Bernstein*, Paris, Stock, 1900 (traduction Martin Leray).
MARX, Karl, *Œuvre*, tome I, Paris, Gallimard, « Bibliothèque de la Pléiade », 1963.
MENGER, Anton, *Le Droit au produit intégral du travail*, Paris, Giard et Brière, 1900 (traduction Alfred Bonnet).
MENGER, Anton, *L'État socialiste*, Paris, Société nouvelle de librairie et d'édition, 1904 (traduction Edgard Milhaud).
SCHMOLLER, Gustav, *Luttes de classes et domination de classes*, Paris, Giard et Brière, 1905.

Textes français

ANDLER, Charles, *Les Origines du socialisme d'État en Allemagne*, Paris, Alcan, 1897.
ANDLER, Charles, « Introduction historique et commentaire », in MARX, Karl et ENGELS, Friedrich, *Manifeste communiste*, Paris, Société nouvelle de libraire et d'édition, collection « Bibliothèque socialiste », 1901.
ANDLER, Charles, *La Civilisation socialiste*, Paris, Marcel Rivière et Cie, 1912.
ANDLER, Charles, *L'Humanisme travailliste, essais de pédagogie sociale*, Paris, Bibliothèque de la civilisation française, 1927.
BLUM, Antoinette (édition établie, présentée et annotée par), *Correspondance entre Charles Andler et Lucien Herr, 1891-1926*, Paris, Presses de l'ENS, 1992.
DURKHEIM, Émile, *Le Socialisme*, Paris, Puf, 1928.
HERR, Lucien, *Choix d'écrits*, tome I, Paris, L'Harmattan, 1994.
JAURÈS, Jean, *Bernstein et l'évolution de la méthode socialiste*, Paris, Librairie populaire, 1926.
JAURÈS, Jean, *Les Deux Méthodes*, Paris, Librairie populaire, 1933.
MILLERAND, Alexandre, *Le Socialisme réformiste français*, Paris, Société nouvelle de librairie et d'édition, 1903.

PRAT, Michel, « Lettres de Georges Sorel à Édouard Bernstein (1898-1902) », *Mil neuf cent*, n° 11, 1993, p. 141-197.
THOMAS, Albert, *Le Syndicalisme allemand, résumé historique* (1848-1903), Paris, Société nouvelle de librairie et d'édition, 1904.
THOMAS, Albert, *La Politique socialiste*, Paris, Marcel Rivière et Cie, collection « Les documents du socialisme », n° 13, 1913.
THOMAS, Albert, *Histoire anecdotique du travail*, Paris, association Le souvenir d'Albert Thomas, 1961 (3e édition).

Témoignages

ANDLER, Charles, *La Vie de Lucien Herr*, Paris, Éditions Maspéro, 1977.
BLUM, Léon, *Souvenirs sur l'Affaire*, Paris, Gallimard, « Folio », 1981.
BOURGIN, Hubert, *De Jaurès à Léon Blum, l'École normale et la politique*, Paris, Fayard, 1938.
RAPPOPORT, Charles, *Une vie révolutionnaire, 1883-1940*, édition établie et annotée par Harvey Goldberg et Georges Haupt, Paris, Éditions de la Maison des sciences de l'homme, 1991.
TONNELAT, Ernest, *Charles Andler. Sa vie, son œuvre*, Strasbourg, Publications de la Faculté des lettres de Strasbourg, 1937.

Ouvrages et articles

Méthodologie : les transferts culturels et les relations franco-allemandes entre 1871 et 1914

« Les échanges universitaires franco-allemands du Moyen Âge au XIXe siècle », Actes du colloque de Göttingen (3-5 novembre 1988), Paris, Éditions Recherches de la civilisation, 1991.
ALBRET, Helga et GRUNEWALD, Michel (herausgegeben von), *Frankreich aus deutscher Sicht (1871-1914)*, Peter Lang, 1995.
APRILE, Sylvie, « Translations politiques et culturelles, les proscrits français et l'Angleterre », in *Genèses, sciences sociales et histoire*, n° 38, mars 2000, p. 33-55.
DIGEON, Claude, *La Crise allemande de la pensée française*, Paris, Puf, 1959.
ESPAGNE, Michel et WERNER, Michael (dir.), *Qu'est-ce qu'une littérature nationale ?*, Paris, Éditions de la Maison des sciences de l'homme, 1994.
ESPAGNE, Michel, « Sur les limites du comparatisme en histoire culturelle », in *Genèses, sciences sociales et histoire*, n° 17, septembre 1994, p. 112-121.
ESPAGNE, Michel (textes rassemblés par), *L'École normale supérieure et l'Allemagne*, Leipzig, Leipziger Universitätsverlag, 1995.
ESPAGNE, Michel, *Les Transferts culturels franco-allemands*, Paris, Puf, 1999.
GRUNEWALD, Michel (études réunies par), *Le Milieu intellectuel de gauche en Allemagne, sa presse, ses réseaux (1890-1960)*, Berne, Peter Lang, 2002.
KOTT, Sandrine et NADAU, Thierry, « Pour une pratique de l'histoire sociale comparative », in *Genèses, sciences sociales et histoire*, n° 17, septembre 1994, p. 103-111.
POPA, Ioanna, « Dépasser l'exil, degrés de médiation et stratégies de transfert littéraire chez des exilés de l'Europe de l'Est en France », in *Genèses, sciences sociales et histoire*, n° 38, mars 2000, p. 5-32.
WERNER, Michael, « Les émigrations allemandes au XIXe (1815-1914) », in *Émigrés français en Allemagne, émigrés allemands en France, 1685-1945*, livret de l'exposition réalisée par l'Institut Goethe et le ministère des Relations extérieures à Paris en 1983.

Le socialisme

Ouvrages généraux

BERGOUNIOUX, Alain et MANIN, Bernard, *Le Régime social-démocrate*, Paris, Puf, 1989.
DREYFUS, François-Georges (dir.), *Réformisme et Révisionnisme dans les socialismes allemand, autrichien et français*, Paris, Éditions de la Maison des sciences de l'homme, 1984.
DROZ, Jacques (dir.), *Histoire générale du socialisme*, tomes I et II, Paris, Puf, 1972.
LAZAR, Marc (dir.), *La Gauche en Europe depuis 1945, invariants et mutations du socialisme européen*, Paris, Puf, 1996.
LEFRANC, Georges, *Le Socialisme réformiste*, Paris, Puf, 1971.
SASSOON, Donald, *One Hundred Years of Socialism*, Londres, I. B. Taurus Publishers, 1996.

Socialisme français

BECKER, Jean-Jacques et CANDAR, Gilles, *Histoire des gauches en France*, 2 volumes, Paris, La Découverte, 2004.
BERGOUNIOUX, Alain et GRUNBERG, Gérard, *Le Long Remords du pouvoir*, Paris, Fayard, 1992.
BERGOUNIOUX, Alain et GRUNBERG, Gérard, *L'Ambition et le Remords, les socialistes français et le pouvoir (1905-2005)*, Paris, Fayard, 2005.
BREDIN, Jean-Denis, *L'Affaire*, Paris, Fayard, 1993.
GIRAULD, Jacques (dir.), *L'Implantation du socialisme en France au xxe siècle. Parti, réseaux, mobilisation*, Actes de la journée d'études du Centre de recherche sur l'espace, les sociétés et les cultures, Université de Paris XIII, Villetaneuse, Publications de la Sorbonne, 2001.
GOLDBERG, Harvey, *Jean Jaurès*, Paris, Fayard, 1970.
JUDT, Tony, *Le Marxisme et la Gauche française*, Paris, Hachette, 1987.
KRIEGEL, Annie, *Le Pain et les Roses, jalons pour une histoire du socialisme*, Paris, Puf, 1968.
LEFRANC, Georges, *Le Mouvement socialiste en France*, tome I, Paris, Payot, 1963.
PORTELLI, *Le socialisme français tel qu'il est*, Paris, Puf, 1980.
REBÉRIOUX, Madeleine, «*La Revue socialiste*», *Cahiers Georges Sorel*, n° 5, 1987, p. 15-38.
STUART, Robert, *Marxism at Work. Ideology, Class and French Socialism during the Third Republic*, Cambridge (Mass.), Cambridge University Press, 1992.
TOPALOV, Christian (dir.), *Laboratoires du nouveau siècle, la nébuleuse réformatrice en France et ses réseaux, 1880-1914*, Paris, Éditions de l'EHESS, 1999.
VERLHAC, Jean, *La Formation de l'unité socialiste, 1898-1905*, Paris, L'Harmattan, 1997.
WILLARD, Claude, *Le Mouvement socialiste en France (1893-1905) : les guesdistes*, Paris, Éditions sociales, 1965.
ZIEBURA, Gilbert, *Léon Blum et le Parti socialiste (1872-1934)*, Paris, Librairie Armand Colin, Cahiers de la FNSP, 1967.

Socialisme allemand

BLAUG, Mark (éd.), *Gustav Schmoller (1838-1917) and Werner Sombart (1863-1941)*, Cambridge, Elgar Publishing Company, 1992.
FLONNEAU, Jean-Marie, *Le Reich allemand de Bismarck à Hitler*, Paris, Armand Colin, 2003.
FRÖHLICH, Paul, *Rosa Luxemburg. Sa vie et son œuvre*, Paris, L'Harmattan, 1991.
GOUGEON, Jacques-Pierre, *La Social-démocratie allemande*, Paris, Aubier, 1996.
GROH, Dieter, *Negative Integration und revolutionärer Attentismus, die deutsche Sozialdemokratie am Vorabend des Ersten Weltkrieges*, Francfort-sur-le-Main, Propyläen, 1973.
GUTSMANN, Wilhelm Leo, *The German Social Democratic Party : 1875-1933 : From Ghetto to Government*, Londres, G. Allen and Unwin, 1981.
LIDTKE, Vernon, *The Outlawed Party : Social Democracy in Germany, 1878-1890*, Princeton, Princeton University Press, 1966.
MILHAUD, Edgard, *La Démocratie socialiste allemande*, Paris, Alcan, 1903.

RAY, Joanny, *Ponophysiocratie d'hier, socialismes d'aujourd'hui*, Annales de l'Université de Lyon, troisième série, fascicule 7, Paris, Librairie du recueil Sirey, s. d.
ROVAN, Joseph, *Histoire de la social-démocratie allemande*, Paris, Seuil, 1978.
SCHORSKE, Carl E., *German Social Democracy 1905-1917, the Development of the Great Schism*, Cambridge (Mass.), Harvard University Press, 1995.
STEENSON, Gary P., *Karl Kautsky, 1854-1938, Marxism in the Classical Years*, Pittsburgh, University of Pittsburgh Press, 1978.
WACHENHEIM, Hedwig, *Die deutsche Arbeiterbewegung 1844 bis 1914*, Opladen, Westdeutsche Verlag Opladen, 1971.

Le révisionnisme et Bernstein

ANGEL, Pierre, *Édouard Bernstein et l'évolution du socialisme allemand*, Paris, Marcel Didier, 1961.
CARSTEN, Francis Ludwig, *Bernstein, 1850-1932, eine politische Biographie*, Munich, Beck, 1993.
GAY, Peter, *The Dilemma of Democratic Socialism, Eduard Bernstein's Challenge to Marx*, New York, Columbia University Press, 1952.
GUSTAFSSON, Bo, *Marxismus und Revisionismus*, Francfort-sur-le-Main, Europäische Verlagsanstalt, 1972.
LABEDZ, Leopold (éd.), *Revisionism, Essays on the History of Marxist Ideas*, Londres, George Allen and Unwin Ldt., 1962.
STEGER, Manfred B., *The Quest for Evolutionary Socialism, Eduard Bernstein and Social Democracy*, Cambridge (Mass.), Cambridge University Press, 1997.

Les intellectuels français et le socialisme

ANDREU, Pierre, *Georges Sorel, entre le noir et le rouge*, Paris, Syros, 1982.
BILLARD, Yves, « Georges Renard, historien socialiste », *Jean Jaurès Cahiers trimestriels* n° 148, avril-juin 1998, p. 9-25.
CHARLE, Christophe, *Paris fin de siècle. Culture et politique*, Paris, Seuil, 1998.
CLARK, Terry Nichols, *Prophets and Patrons, The French University and the Emergence of Social Sciences*, Cambridge (Mass.), Harvard University Press, 1973.
FILLOUX, Jean-Claude, *Durkheim et le socialisme*, Genève, Librairie Droz, 1977.
FOURNIER, Marcel, *Marcel Mauss*, Paris, Fayard, 1994.
LEFRANC, Georges, *Jaurès et le socialisme des intellectuels*, Paris, Aubier, 1968.
LEYMARIE, Michel et SIRINELLI, Jean-François (dir.), *L'Histoire des intellectuels aujourd'hui*, Paris, Puf, 2003.
LINDENBERG, Daniel, *Le Marxisme introuvable*, Paris, Calmann-Lévy, 1975.
LINDENBERG, Daniel, « Herr, Andler, Sorel, trois intellectuels décomposent le marxisme » in *Georges Sorel, Cahier de l'Herne*, Paris, Éditions de l'Herne, 1986.
LINDENBERG, Daniel, MAYER, Pierre-André, *Lucien Herr, le socialisme et son destin*, Paris, Calmann-Lévy, 1977.
ORY, Pascal et SIRINELLI, Jean-François, *Les Intellectuels en France*, Paris, Perrin, 2004.
PROCHASSON, Christophe, « Sur la réception du marxisme en France : le cas Andler (1890-1920), *Revue de synthèse*, IVe série, n° 1, janvier-mars 1989, p. 85-120.
PROCHASSON, Christophe, *Les Années électriques*, Paris, La Découverte, 1991.
PROCHASSON, Christophe, *Les Intellectuels, le Socialisme et la Guerre, 1900-1938*, Paris, Seuil, 1993.
PROCHASSON, Christophe, « L'"Affaire" Andler/Jaurès, une analyse de la controverse », in *Jean Jaurès Cahiers trimestriels* n° 145, juillet-septembre 1997, p. 45-62.
PROCHASSON, Christophe, *Les Intellectuels et le socialisme, XIXe/XXe siècle*, Paris, Plon, 1997.
REBÉRIOUX, Madeleine et CANDAR, Gilles (dir.), *Jaurès et les intellectuels*, Paris, Éditions de l'Atelier, 1994.
SAND, Shlomo, *L'Illusion du politique*, La Découverte, Paris, 1985.
SAND, Shlomo, JULLIARD, Jacques (dir.), *Georges Sorel en son temps*, Paris, Seuil, 1985.
SCHAPER, Bertus Willem, *Albert Thomas, trente ans de réformisme social*, Paris, Puf, 1959.

SIRINELLI, Jean-François, *Génération intellectuelle. Khâgneux et normaliens dans l'entre-deux-guerres*, Paris, Puf, 1988.
SIRINELLI, Jean-François, *Comprendre le XXe siècle français*, Paris, Fayard, 2005.
SMITH, Robert J., « L'atmosphère politique à l'École normale supérieure à la fin du XIXe siècle », *Revue d'histoire moderne et contemporaine*, vol. XX, avril 1973, p. 248-268.
SOULIÉ, Stéphane, « La *Revue de métaphysique et de morale*, 1893-1906 », in *Jean Jaurès Cahiers trimestriel*, n° 146, octobre-décembre 1997, p. 45-73.
TREBITSCH, Michel et GRANJON, Marie-Christine (dir.), *Pour une histoire comparée des intellectuels*, Paris, Éditions Complexe, 1998.
WINOCK, Michel, *Le Siècle des intellectuels*, Paris, Seuil, 1997.
WINOCK, Michel, *La Belle Époque, la France de 1900 à 1914*, Paris, Perrin, 2003.

Travaux universitaires

GOERGEN, Marie-Louise, « Les Relations entre socialistes allemands et français à l'époque de la Deuxième Internationale, 1889-1914 », thèse de doctorat dirigée par Madeleine Rebérioux en juin 1998 à l'université de Paris VIII.
LYNCH, Édouard, « Compère-Morel et la politique agraire de la SFIO : l'élaboration d'une doctrine entre socialisme et agrarisme, 1900-1921 », mémoire pour le DEA d'histoire du XXe siècle, sous la direction de Serge Berstein, Institut d'études politiques de Paris, 1990-1991.
PROCHASSON, Christophe, « Le Socialisme normalien 1907-1914, recherches et réflexions autour du Groupe d'études socialistes et de l'École socialiste », mémoire de maîtrise sous la direction de Maurice Agulhon, université de Paris I Panthéon-Sorbonne, 1981.
WINLING, Raymond, « Péguy et l'Allemagne », thèse de doctorat soutenue le 11 mars 1978 à l'université de Strasbourg II, Lille, Atelier de reproduction des thèses de Lille III.

Index

Cet index nominatif intègre les notes de bas de page, à l'exclusion des références bibliographiques. Les références en gras renvoient à des documents iconographiques.

Table des matières

Deuxième partie
Le révisionnisme dans le socialisme français : chronique d'un échec (1898-1904)

Troisième partie
Du révisionnisme de Bernstein au réformisme d'Albert Thomas (1900-1914)

Annexes

Le Prix de la Fondation Jean-Jaurès

La Fondation Jean-Jaurès attribue chaque année un prix récompensant un travail universitaire sur l'histoire du socialisme (XIXe-XXIe siècles). Il est destiné à promouvoir une étude originale permettant de retracer l'histoire des différents mouvements ouvriers et socialistes (français ou étrangers) – que ce soit sous l'angle des événements ou de la vie de militants et de responsables politiques -, mais aussi d'étudier leur organisation, leur implantation sociale et géographique, et les débats d'idées qu'ils suscitent.

Lauréats précédents :

2000 : Sandra Mériaudeau, *Histoire d'une fédération du Parti socialiste SFIO : la fédération socialiste de l'Ain, 1944-1969* – maîtrise d'histoire contemporaine, sous la direction d'Étienne Fouilloux – Université Lumière-Lyon II – Note de la Fondation Jean-Jaurès n° 21, avril 2001.

2001 : François Kraus, *Les Assises du socialisme, ou l'échec d'une tentative de rénovation d'un parti (octobre 1974)* – maîtrise d'histoire contemporaine, sous la direction de Jean-Louis Robert et de Frank Georgi – Université Paris I-Centre d'histoire sociale du XXe siècle – Note de la Fondation Jean-Jaurès n° 31, juillet 2002.

2002 : Remi Darfeuil, *La Mémoire du mitterrandisme au sein du Parti socialiste* – DEA de sociologie politique, sous la direction de Gérard Grunberg – IEP de Paris – Note de la Fondation Jean-Jaurès n° 34, mars 2003.

2003 : Romain Ducoulombier, *Régénérer le socialisme. L'ascétisme révolutionnaire et la figure de l'homme nouveau prolétarien dans le premier communisme français, 1917-1924* – DEA d'histoire politique, sous la direction de Marc Lazar – IEP de Paris – Note de la Fondation Jean-Jaurès n° 42, août 2004.

2004 : Thomas Jouteux, *Le Parti socialiste dans la campagne de François Mitterrand en 1981. L'organisation militante d'une campagne présidentielle* – maîtrise d'histoire contemporaine, sous la direction de Jean-Louis Robert et de Frank Georgi – Université Paris I-Centre d'histoire sociale du XXe siècle – Note de la Fondation Jean-Jaurès n° 47, avril-mai 2005.

2005 : Bruno Demonsais, *« Gavroche », anatomie d'un hebdomadaire culturel socialiste (1943-1948)* – maîtrise d'histoire contemporaine, sous la direction de Pascal Ory – Université Paris-I-Centre d'histoire sociale du XXe siècle (publié dans la collection *Des poings et des roses* en juillet 2006).

Ex-aequo avec

Christelle Flandre, *Approcher la social-démocratie. Le regard du Parti socialiste sur la social-démocratie allemande, 1971-1981* – maîtrise d'histoire contemporaine, sous la direction de Frank Georgi et d'Annie Fourcaut – Université Paris-I-Centre d'histoire sociale du XXe siècle (publié dans la collection *Des poings et des roses* en décembre 2006).

Des poings et des roses :
une équipe et un projet

Cette collection est dirigée par Pierre Mauroy, président de la Fondation Jean-Jaurès, et par Alain Bergounioux, président de l'Office universitaire de recherche socialiste.

Elle est coordonnée et mise en œuvre par un comité éditorial composé de responsables de la Fondation Jean-Jaurès (Laurent Cohen, Emmanuelle Jouineau, Thierry Mérel) et de l'OURS (Frédéric Cépède, Denis Lefebvre, Gilles Morin), avec le concours de chercheurs.

Des poings et des roses reprend le titre de l'ouvrage publié par le Parti socialiste en 2005 à l'occasion de son centenaire. Cette métaphore du combat des socialistes – Marx exigeait « du pain et des roses » pour les damnés de la terre – associe au poing des luttes et de la prise en main par les hommes de leur destin, la rose rouge, fleur d'espoir, d'amour, de passion. « Le poing et la rose » est le symbole imaginé et traduit en image par la fédération socialiste de Paris en 1970, animée par des militants du CERES. Il est devenu le logo du Parti socialiste après le congrès d'Épinay.

Des poings et des roses a comme principaux objectifs d'éditer trois à quatre fois par an des ouvrages de référence, destinés à un public le plus large possible :

— des documents d'archives illustrant l'histoire des socialistes, des origines du mouvement à nos jours ;

— des travaux inédits de chercheurs, et notamment le Prix de la Fondation Jean-Jaurès ;

— et des actes de colloques ou de journées d'étude consacrés à l'histoire de la gauche.

Dans le cadre de ces trois grands axes, notre collection est aussi ouverte aux manuscrits et propositions de recherche qui pourraient lui être soumis.

Pour tout contact :
cas@jean-jaures.org
info@lours.org

La Fondation Jean-Jaurès est une fondation politique.

La Fondation Jean-Jaurès a été créée en 1992.

La Fondation Jean-Jaurès, reconnue d'utilité publique le 21 février 1992, a pour buts, selon ses statuts, « de favoriser l'étude du mouvement ouvrier et du socialisme international, de promouvoir les idéaux démocratiques et humanistes par le débat d'idées et la recherche, de mener des actions de coopération économique et culturelle concourant à l'essor du pluralisme et de la démocratie dans le monde ».

La Fondation Jean-Jaurès est présidée par Pierre Mauroy.
www.jean-jaures.org
fondation@jean-jaures.org

L'Office universitaire de recherche socialiste (L'OURS)

Fondé en 1969 par Guy Mollet (1905-1975), secrétaire général du Parti socialiste SFIO (1946-1969), L'OURS est une association (loi de 1901) qui réunit une équipe de citoyens (militants, chercheurs, journalistes…) venus d'horizons différents. Il fonctionne comme un centre de recherches historiques et théoriques non seulement sur le socialisme, et son histoire, mais encore sur tous les problèmes humains de notre temps, s'appuyant sur des publications (*L'OURS*, mensuel socialiste de critique littéraire, culturelle et artistique, et *Recherche socialiste*, revue trimestrielle thématique d'actualité politique et d'histoire sociale), des séminaires, colloques et manifestations, une bibliothèque et un centre d'archives ouverts au public.

L'OURS est présidé par Alain Bergounioux.
www.lours.org
info@lours.org

L'HARMATTAN, ITALIA
Via Degli Artisti 15 ; 10124 Torino

L'HARMATTAN HONGRIE
Könyvesbolt ; Kossuth L. u. 14-16
1053 Budapest

L'HARMATTAN BURKINA FASO
Rue 15.167 Route du Pô Patte d'oie
12 BP 226
Ouagadougou 12
(00226) 50 37 54 36

ESPACE L'HARMATTAN KINSHASA
Faculté des Sciences Sociales,
Politiques et Administratives
BP243, KIN XI ; Université de Kinshasa

L'HARMATTAN GUINÉE
Almamya Rue KA 028
En face du restaurant le cèdre
OKB agency BP 3470 Conakry
(00224) 60 20 85 08
harmattanguinee@yahoo.fr

L'HARMATTAN CÔTE D'IVOIRE
M. Etien N'dah Ahmon
Résidence Karl / cité des arts
Abidjan-Cocody 03 BP 1588 Abidjan 03
(00225) 05 77 87 31

L'HARMATTAN MAURITANIE
Espace El Kettab du livre francophone
N° 472 avenue Palais des Congrès
BP 316 Nouakchott
(00222) 63 25 980

L'HARMATTAN CAMEROUN
BP 11486
Yaoundé
(00237) 458 67 00
(00237) 976 61 66
harmattancam@yahoo.fr

566468 - Mai 2014
Achevé d'imprimer par